John Strelecky
Zeit für Fragen im Café am Rande der Welt

W0039383

JOHN STRELECKY

Zeit für Fragen
im Café am Rande
der Welt

Mit Illustrationen von
Root Leeb

Aus dem Englischen von
Bettina Lemke

dtv

2. Auflage 2024

dtv Verlagsgesellschaft mbH & Co. KG, München
© 2023 John Strelecky
Aspen Light Publishing
Titel der amerikanischen Originalausgabe:
Your Questions, My Answers
Deutschsprachige Ausgabe:
© 2024 dtv Verlagsgesellschaft mbH & Co. KG, München
Das Werk ist urheberrechtlich geschützt.
Sämtliche, auch auszugsweise Verwertungen bleiben vorbehalten.
Gesetzt aus der Fairfield LT Std
Layout und Satz: www.zweiband.de
Druck und Bindung: Friedrich Pustet, Regensburg
Printed in Germany · ISBN 978-3-423-26407-5

Inhalt

Einleitung

Ich stelle liebend gerne Fragen. Allerdings habe ich ziemlich lange gebraucht, um diesen Punkt zu erreichen. Als ich jünger war, mangelte es mir ziemlich an Selbstbewusstsein. Obwohl ich viele Fragen hatte, wollte ich nicht dumm wirken, indem ich sie stellte. Denn dann, so befürchtete ich, würden alle wissen, dass ich die Antworten nicht kannte.

Diese Gedankengänge waren ziemlich verquer. Aber so ist es im Leben nun einmal. Manchmal pflegen wir ein selbstzerstörerisches Verhalten, bis wir es besser wissen. Wir befinden uns alle in einem fortwährenden Entwicklungsprozess.

Die gute Nachricht ist, dass ich an einem bestimmten Punkt eine tiefe Wahrheit erkannt habe. *Niemand* kennt alle Antworten. Und es ist besser, Fragen zu stellen und zu riskieren, dass wir dumm erscheinen, als zu versuchen, alles alleine zu ergründen. Denn alles alleine herausfinden zu wollen, das ist *wirklich* ein dummer Ansatz.

Die Sache ist die: Wir erleben diese menschliche Erfahrung auf unsere eigene Weise, mit unseren eigenen Problemen, und betrachten sie von unserer eigenen Warte aus. Unsere Erfahrungen und Überzeugungen, unsere Erziehung, unsere Unsicherheiten und Begabungen ... lassen unser überaus besonderes, einzigartiges *Selbst* entstehen. Und aufgrund dieser Einzigartigkeit betrachten wir alles auch durch eine einzigartige Brille.

Aber es geht noch um etwas anderes: Wir alle haben gewisse Scheuklappen und diese sind bei jedem Menschen unterschiedlich. Ich habe lange gebraucht, um auch das zu erkennen. Dort, wo ich vielleicht ein massives Hindernis auf meinem Weg sehe, erkennst du womöglich eine riesige Chance.

Ich schaue in meinen Kühlschrank, sehe Eier, eine Tomate sowie eine einzelne Frühlingszwiebel und denke, es ist nichts zum Essen da. Wenn du die gleichen Dinge erblickst, erkennst du vielleicht ein Omelett, das zubereitet werden will. So funktioniert die menschliche Erfahrung eben.

Das bedeutet: Es lohnt sich, die Augen offen zu halten und zu beobachten, was andere tun. So verschaffen wir uns selbst die besten Chancen, im Leben möglichst viele wertvolle Minuten zu erhalten. Es lohnt sich zudem, Fragen zu stellen, wenn wir das Gefühl haben festzustecken, oder wenn wir einfach nur neugierig sind.

Das bringt uns zu diesem Buch. Seit ich die Bücher über das *Café am Rande der Welt* und zu den *Big Five for Life* sowie sieben weitere geschrieben habe, erhielt ich viele Fragen von Lesern. Das ist sehr schmeichelhaft. Ich fühle mich sehr geehrt, dass Menschen aufgrund dieser Werke der Meinung sind, ich wisse etwas über die menschliche Erfahrung. Es macht mich überdies ziemlich demütig, weil es viele Tage gibt, an denen ich, was die menschliche Erfahrung betrifft, relativ ratlos bin.

Folgendes kann ich anbieten: Ich bin die vielen Fragen, die mir geschickt wurden, durchgegangen und habe intensiv darüber nachgedacht. Manche davon sind sehr ernst. Andere sind eher etwas skurril. (Zum Beispiel: »Wirst du manchmal durch Obst inspiriert?«) Und dann habe ich meine Antworten aufgeschrieben.

Ich kann nicht garantieren, dass es in irgendeiner Weise die »richtigen« Antworten sind. Wobei viele davon Ideen und Erkenntnisse beinhalten, die für mich und andere, denen ich sie vermittelt habe, eine lebensverändernde Wirkung hatten. Daher hoffe ich, dass sie auch für dich in gewisser Weise lebensverändernd, erkenntnisreich und transformativ sind.

Es sind insgesamt 46 Fragen. Es ist ziemlich unwahrscheinlich, dass alle 46 genau den Fragen entsprechen, die dich interessieren. Wobei die Obstfrage bestimmt auf der Top-Ten-Liste der meisten Leser steht. (Na gut, wahrscheinlich nicht. Aber sie hat mich zum Lachen gebracht.)

Jedenfalls denke ich folgendermaßen über Bücher: Wenn ich eines lese und auch nur von einem einzigen Satz eine Gänsehaut bekomme oder wenn ich einen einzigen Rat erhalte, bei dem ich tief im Herzen spüre, dass er wirklich wertvoll ist, dann hat es sich absolut gelohnt, meine Zeit und mein Geld dafür zu investieren. Ich profitiere schließlich nicht nur einmal von dem Satz oder dem Rat. Ich nehme ihn wahr, beschäftige mich intensiv damit, entwickle mich deshalb persönlich weiter und nutze ihn daraufhin *für immer* in meinem Leben. Und das ist wirklich eine lange Zeit.

Zudem habe ich es immer so empfunden: Wenn ich ein Buch lese und etwas darin entdecke, was mir potenziell mein ganzes Leben lang eine gewisse Führung bieten kann, dann war das Buch ein Vielfaches meiner Zeit und meiner finanziellen Investition wert. Denn solche Erkenntnisse versetzen uns in die Lage, bedeutende Verhaltensänderungen umzusetzen, was uns wiederum wunderbare Realitäten eröffnet, die wir uns häufig nicht einmal vorgestellt haben. Und von all dem profitieren wir ebenfalls *für immer*. Und das ist ebenfalls eine wirklich lange Zeit.

Ich bin davon überzeugt, dass du eine Menge von beidem in diesem Buch finden wirst. Zumindest hoffe ich es. Allerdings möchte ich Folgendes betonen: Was für eine Person eine lebenslange Orientierungslinie sein kann, ist für eine andere vielleicht lediglich eine weitere Idee von vielen. Daher empfehle ich dir, nicht einfach mit der ersten Frage anzufangen und das Buch bis zum Ende durchzulesen. Denn dieses Buch funktioniert anders.

Sieh dir stattdessen das Inhaltsverzeichnis an, suche dir

die Fragen heraus, die dich am neugierigsten machen oder die dich am meisten ansprechen oder mit denen du selbst am meisten zu kämpfen hast, und beginne damit. Wenn du etwas liest, das bei dir eine Gänsehaut erzeugt, das in deinem Herzen auf eine große Resonanz stößt oder sich wie eine tiefgreifende Erkenntnis anfühlt, unterstreiche es, markiere es farbig oder schreibe eine Notiz an den Rand. Und wenn du es wirklich auffällig markieren möchtest, klebe eine Haftnotiz auf die Seite.

Sieh dir dann erneut das Inhaltsverzeichnis an, wähle eine weitere Frage aus und lies an dieser Stelle im Buch weiter. Dieser Prozess könnte Wochen dauern. Oder sogar Monate. Denn je nach Inhalt könnten ein oder zwei Fragen pro Tag das Maximum für dich sein. Das ist in Ordnung. Es ist sogar perfekt. Das Ziel besteht nicht darin, möglichst rasch das Ende zu erreichen, sondern die Inhalte zu verarbeiten und anzuwenden.

Für die Leserinnen und Leser meiner Bücher wünsche ich mir stets, dass sie ein außergewöhnliches Leben führen. Ein Leben, das sie regelmäßig mit großer Freude, voller Enthusiasmus und Zufriedenheit betrachten. Ich bin überzeugt, dass die Antworten in diesem Buch dir dabei helfen werden. Nur lies es bitte nicht von vorne bis hinten durch.

Und damit kommen wir zur Inspiration, die auf Obst basiert, sowie zu den anderen Fragen.

Dein Reisegefährte bei dieser Erfahrung namens Leben

Denkst du manchmal auf eine sonderbare Weise über das Leben nach?

Es fühlt sich jedenfalls so an. Der Begriff »sonderbar« lässt sich schließlich sehr weit gefasst definieren. Was für eine Person normal ist, könnte für eine andere keineswegs normal sein. Aber ich bewege mich gedanklich definitiv auf Pfaden, die etwas seltsam wirken. Allerdings führen sie interessanterweise am Ende häufig zu etwas Nützlichem.

Hier ist ein Beispiel dafür:

Wäre es möglich, dass wir in einer Art gigantischem Videospiel leben? Diesen Gedanken hatte ich, als ich mit meiner damals sechsjährigen Tochter einmal ein Videospiel spielte. Ich kann mich nicht mehr an den Namen des Spiels erinnern, aber es hatte irgendetwas mit Feen zu tun.

Meine Tochter liebte das Spiel, und nur darauf kam es an. Und sie liebte es, mir die Spielregeln zu erklären, was mir großen Spaß machte. Eines Tages saßen wir also zusammen auf der Couch und sahen das Spiel auf dem Fernsehbildschirm an, und sie brachte mir die Grundlagen bei. Zunächst suchte man sich aus, welche Figur man sein wollte. Es gab eine große Auswahl an Feen mit vielen verschiedenen Haarfarben und Augen, unterschiedlicher Kleidung und Flügelgestaltung und diversen Zauberstäben ... Außerdem gab es weitere Charaktere wie Kobolde oder magische Kaninchen.

Nachdem man ausgewählt hatte, wer man sein und wie man aussehen wollte, konnte man weitere Details bestimmen. Sie vervollständigten das Erscheinungsbild und die Fähigkeiten, die man sich wünschte. Meine Tochter liebte diesen Teil des Spiels. Sie hatte einige Lieblingslooks. Außerdem war sie von bestimmten Fähigkeiten begeistert, wie etwa von der Supergeschwindigkeit, der Kenntnis von Zaubertränken und dem Vermögen zu fliegen. Nachdem die wesentlichen Merkmale der Figur bestimmt waren, bestand der nächste Schritt darin, auszuwählen, in welcher Welt man spielen wollte. Manche waren hell und verspielt. Andere waren geheimnisvoller. Wieder andere waren voller ungewöhnlicher Tiere, die man entdecken konnte.

Jeden Tag beziehungsweise jedes Mal, wenn man spielte, konnte man all diese Entscheidungen treffen, was eine Quelle großer Freude für meine Tochter war. Anfangs wusste sie nichts über das Spiel, daher war sie neugierig, alles zu erkunden. Als sie es besser kannte, stieß sie auf ihre Favoriten, die sie stärker ansprachen als andere. Bei allen gab es gewisse Abstriche. Wenn man zum Beispiel über die Supergeschwindigkeit verfügte, konnte man nicht fliegen. Und wenn man statt einer Fee ein magischer Hase war, konnte man mit Tieren sprechen, hatte aber keine Zauberkräfte.

All das gehörte zum Prozess des Lernens und der Selbsterkundung dazu.

Nachdem ich unter der begeisterten Anleitung meiner Tochter etwa fünf Mal zugesehen hatte, wie sich all das entwickelte, begann mein Geist ein paar Parallelen zum Leben zu ziehen. Vielleicht erahnst du diese bereits.

Aber warte noch einen Augenblick ab, denn es wird gleich noch interessanter. Sobald ihre Figur im Spiel auftauchte, war eins der ersten Dinge, die meine Tochter mir erklärte, wie man Vergnügen daran hat. Ich hatte sie gefragt, wie man das Spiel gewinnt. Darauf antwortete sie: »Es gibt viele Ebenen. Deshalb tut man einfach die Dinge, die Spaß machen, und erkundet weiter. Aber eigentlich kann man nicht komplett gewinnen, weil es so viele Ebenen gibt.«

Sie zeigte mir außerdem die verschiedenen Hilfsmittel, die den Figuren zur Verfügung standen. Wenn man zum Beispiel in den Blumenwald wanderte und die magische Box mit den Zaubersprüchen fand, erhielt man mehr Energie. Wenn man jedoch im Sumpf feststeckte und lange im Kreis herumlief, verringerte sich die eigene Energie.

Half man einer anderen Figur dabei, ein Haus zu bauen, erhielt man Goldmünzen dafür und konnte mit diesen das Material für ein eigenes Haus kaufen. Wenn man niemandem half, gab's keine Goldmünzen.

Wieder erkannte ich zahlreiche Parallelen zum Leben, und in gewisser Weise war ich gleichzeitig fasziniert und etwas nervös. Denn was, wenn »John« lediglich die Figur wäre, die meine Seele ausgewählt hatte, bevor sie die menschliche Form annahm? Und was wäre, wenn »sehr kreativ und Autor« lediglich einige der Merkmale wären, die zusammen mit »John« ausgewählt wurden? Wie viel von mir bin ich tatsächlich selbst, und wie viel ist irgendwie eine Vorauswahl?

Es ist eine ganze Reihe von Jahren her, dass sich all das zugetragen hat, und ich bin mir immer noch nicht richtig schlüssig darüber, ob wir uns in einem Videospiel befinden oder nicht. Im Moment würde ich sagen, die Chancen stehen 50 zu 50, dass alles hier eine riesige Simulation ist. Etwas habe ich allerdings für mich geklärt: Falls wir uns in irgendeinem Spiel befinden, enthalten die tatsächlichen Videospiele innerhalb dieses gigantischen Spiels einige nützliche Tipps, wie die Erfahrung uns insgesamt Spaß machen kann.

Denn genauso wie beim Spiel meiner Tochter ist die Wahrheit in diesem Spiel des Lebens – zumindest in einem gewissen Maß –, dass wir viele Wahlmöglichkeiten haben, wie unsere Figur aussieht und wie sie ist. Unsere Haarfarbe und Kleidung, unsere Fähigkeiten und Freunde, unsere persönliche Energie ... Es ist alles definierbar. Ebenso können wir bestimmen, wo wir leben, was wir lernen, wohin wir gehen, auf welche Abenteuer wir uns begeben, ob wir essen, was uns Energie verleiht oder nicht.

Und je mehr wir diese Dinge bewusst auswählen – anstatt etwa davon auszugehen, wir hätten keine Wahl –, desto besser gefällt uns das Spiel.

Was die Ebenen betrifft, gibt es im Leben offenbar unendlich viele davon. Allein für die Orte, die wir bereisen können, bräuchten wir 20 Runden der kompletten menschlichen Erfahrung, um nur entfernt den Eindruck zu bekommen, die Menschen und Landschaften der Welt gesehen zu haben. Und dann hätten wir uns noch nicht einmal ansatzweise mit all den verschiedenen Dingen beschäftigt, die wir erlernen oder erleben können. Ganz zu schweigen davon, dass sich das Spiel ständig verändert. Vor 30 Jahren sah die chinesische Stadt Peking vollkommen anders aus als heute.

Obendrein lässt sich die Art unseres Spiels weitgehend individuell gestalten, wenn wir mutig genug sind, eine Wahl zu treffen. Du wünschst dir eine Sache, bei der du schnell unterwegs sein kannst? Dafür gibt es zahlreiche Möglichkeiten. Fahr auf Skiern schwarze Pisten hinab, setz dich ans Steuer von Rennautos, geh zum Fallschirmspringen, jag mit einem Jetski über riesige Wellen ... Oder interessierst du dich eher für ein Lernspiel, bei dem du dein Wissen im Laufe der Zeit vergrößern kannst? Das ist definitiv eine Option. Von Botanik über Chemie bis hin zu Webdesign und Tausenden von anderen Bereichen gibt es unendlich viele Lerninhalte, die deiner Figur zur Verfügung stehen.

Spricht es dich vielleicht stärker an, den Bösewicht zu besiegen, eine Heldin zu sein oder etwas zu bauen? Interessanterweise gibt es auch dafür in diesem Spiel namens Leben viele Möglichkeiten, aus denen du wählen kannst.

Ich sage dir, wir befinden uns inmitten einer sehr interessanten Realität oder Fiktion.

Also ja! Ich denke manchmal auf eine sonderbare Weise über das Leben nach.

Was ist das größte Hindernis für ein Leben, das wir uns wünschen?

Wenn du gerne Geschichten magst und es noch nicht gelesen hast: Über diese Frage spreche ich ziemlich ausführlich in meinem Buch *Safari des Lebens*. Vor allem in den Kapiteln, in denen es um den Ziegenhirten Epelpo geht.

Ich beantworte dir die Frage nun auf eine andere Weise, ohne die Geschichte nachzuerzählen. Du sollst allerdings vorab wissen, dass es sich um eine längere Antwort handelt. Du kannst sie daher gerne in Abschnitten lesen, wenn dir das lieber ist.

Also gut, legen wir los. Soweit ich es beurteilen kann, beruht das größte Hindernis, das Leben zu führen, das wir uns wünschen, im Wesentlichen auf zwei Dingen. Entweder wir wissen nicht, wie dieses Leben aussieht. Oder wir setzen es nicht um. Beginnen wir mit dem ersten Punkt: Wir wissen nicht, wie es aussieht.

Es ist ziemlich schwierig, zum Abendessen unser Lieblingsgericht zu bekommen, wenn wir nicht wissen, was es ist. Es ist ziemlich schwierig, unseren Lieblingssong zu hören, wenn wir nicht wissen, *welcher* es ist. Es ist auch ziemlich schwierig, unser Lieblingsoutfit anzuziehen, wenn wir nicht wissen, welches es ist.

Das alles scheint recht offensichtlich zu sein. Das ist mir klar. Doch aus irgendeinem Grund überfordert es die Menschen manchmal, dieses Prinzip auf eine höhere Ebene zu übertragen, um das Leben zu führen, das sie sich wünschen. Doch in Wirklichkeit geht es um dasselbe Prinzip.

Wenn wir nicht wissen, welches Leben wir führen wollen, ist es unmöglich, es zu verwirklichen.

Solltest du in dieser Situation sein, lautet die gute Nachricht jedoch: Wir können eine Menge aus den drei eben genannten Beispielen lernen. Wie hast du zum Beispiel entschieden, was dein Lieblingsgericht zum Abendessen ist? Wie sieht es bei deinem Lieblingssong aus? Und wie bei deinem Lieblingsoutfit?

Nimm dir einen kurzen Moment Zeit für diesen persönlichen Aha-Moment ...

Genau! Du hast eine Reihe verschiedener Dinge ausprobiert und mit der Zeit herausgefunden, welche du lieber mochtest als die anderen. Lieber in Bezug darauf, welches Gefühl sie dir vermittelt oder welche Emotionen sie bei dir hervorgerufen haben. (Vielleicht empfindest du Essen nicht als etwas Emotionales, aber meiner bescheidenen Meinung nach kann der erste Bissen einer köstlichen Pizza eine zutiefst emotionale Erfahrung sein.)

Wenn du daher nicht weißt, welche Art von Leben du führen möchtest, solltest du eine Reihe verschiedener Dinge ausprobieren und darauf achten, welche davon dir am besten gefallen. Es gibt viele einfache Möglichkeiten, um das zu tun. Fast jede Stadt hat eine Liste mit wöchentlichen Veranstaltungen. Nimm an Aktivitäten teil. An einem Wochenende machst du einen Töpferkurs, am nächsten gehst du zum Line Dance und am darauffolgenden zum Windsurfen ... Bald werden diese Aktivitäten dann nicht mehr nur Worte auf einem Blatt Papier oder dem Bildschirm sein. Sie werden eine Bedeutung haben und mit Emotionen verknüpft sein, weil du echte Lebenserfahrungen damit verbindest.

Mach das ein Jahr lang einmal pro Woche, dann wirst du bei diesem Erkundungsprozess viel weiter sein, als du es im Moment bist. Ist es erforderlich, dafür über deine Komfortzone hinauszugehen? Ja, wahrscheinlich schon. Denn unser Gehirn neigt dazu, angesichts neuer Dinge zu zögern. Doch hier kommt eine lebensverändernde Erkenntnis: Mit jeder neuen Sache, die du ausprobierst, wird es immer leichter, die nächsten neuen Dinge zu erkunden.

Bei deinen Versuchen wirst du – genauso wie beim Essen, den Songs und der Kleidung – feststellen, dass dir bestimmte Aktivitäten lieber sind als andere. Perfekt. Sobald du das herausgefunden hast, suche nach Wegen, sie noch häufiger in dein Leben zu integrieren.

Das bringt uns zu dem zweiten Hindernis, das Leben zu führen, das wir uns wünschen: Wir setzen es nicht um.

Das habe ich schon häufig erlebt. Jemand kommt mit einem Traum zu mir und fragt mich um Rat. Ich helfe ihm dabei, die Dinge zu durchdenken. Wir entwickeln einen großartigen Plan. Dann sehe ich diesen Menschen sechs Monate später und frage ihn, wie es läuft. Er erzählt mir, dass er keine großen Fortschritte gemacht hat, und tatsächlich verbringt er seine Zeit mittlerweile damit, sich auf vier neue Dinge auszurichten.

Es ist, als hätte er Angst davor, wirklich das Leben zu führen, das er sich wünscht. Oder er befürchtet, dass das Leben, das er zu wollen glaubt, doch nicht das richtige ist, und daher zweifelt er ständig an sich selbst.

Wenn das auch auf dich zutrifft, mach dir bewusst, dass die Lösung möglicherweise auf denselben Pfaden zu finden ist, auf denen du bereits erfolgreich unterwegs warst. Hast du etwa Angst davor, dir deinen Lieblingssong anzuhören? Zweifelst du daran, dass es *wirklich* dein Lieblingssong ist? Nein. Du hörst ihn einfach. Und warum? Weil die Konsequenzen ziemlich unbedeutend sind, falls du doch feststellen solltest, dass irgendein anderer Song dir besser gefällt.

Warum ist es dann nicht dasselbe, wenn es um das Leben geht, das du dir wünschst? Vielleicht liegt es daran, dass die Konsequenzen scheinbar größer sind. Wobei für fast alle Dinge im Leben gilt, dass wir immer zu dem zurückkehren können, was wir vorher gemacht haben. Wir können wieder in eine Stadt zurückziehen, wieder zu einem vorigen Arbeitgeber zurückwechseln, wieder in eine Branche zurückkehren, in der wir früher gearbeitet haben ...

Die Schwierigkeiten entstehen zum Teil aufgrund der Ansammlung von Codes, die wir im Laufe unseres Lebens verinnerlicht haben. Mit Code meine ich, dass eine Erfahrung bestimmte emotionale oder körperliche Folgen hatte und wir daraufhin eine Regel damit verknüpft haben.

Angenommen, du warst acht Jahre alt, als dein bester Freund es für eine großartige Idee hielt, das hintere Ende seines Fahrrads mit dem vorderen Teil deines Fahrrads zusammenzubinden und dann richtig schnell zu fahren. Und als er mit seinem Fahrrad über einen riesigen Spalt im Bürgersteig fuhr, dessen eine Kante viel höher war als die andere, rutschte dein Fahrrad seitlich weg, woraufhin du in hohem Bogen hinuntergeflogen bist und dir den Schneidezahn ausgeschlagen hast. Und das hat SEHR wehgetan. (Falls das überaus detailliert und persönlich klingt, ist das aus gutem Grund so.)

Da es sehr schmerzhaft ist, wenn wir uns den Schneidezahn ausschlagen (es war übrigens ein bleibender Zahn, und meine Eltern waren alles andere als erfreut darüber), schreibt unser Gehirn einen Code, der besagt: »Binde das Fahrrad von deinem Freund nicht an deinem fest, um damit über große Spalten im Bürgersteig zu fahren.«

Es ist absolut sinnvoll, dass unser Gehirn das tut. Es ist im Prinzip ein Weg, uns basierend auf tatsächlichen Lebenserfahrungen auf das Überleben zu programmieren. Und in diesem Fall war es wahrscheinlich ein solider Rat fürs Leben. Allerdings handelt es sich in den meisten Fällen *nicht* um solide Lebensratschläge. Sondern um Lebensratschläge, die aus der Perspektive eines sehr jungen Geistes geschrieben wurden, ohne die entsprechende Lebenserfahrung, um das Ganze ins rechte Verhältnis zu setzen. Das bedeutet, wenn wir den Code nie aktualisieren, riskieren wir, dass unser Verhalten auf längst überholten Informationen basiert, die uns an dem Leben hindern, das wir uns wünschen.

Stell dir zum Beispiel vor, du bist ein fünfjähriges Kind, und dein Vater sagt dir, dass du dir als Belohnung, weil du so artig warst, ein Spielzeug aussuchen darfst. Du gehst mit ihm von der langweiligen Kleiderabteilung des Geschäfts in die Spielwarenabteilung. Da stehst du nun zwischen den Regalen und hast *Hunderte* von Wahlmöglichkeiten. Es gibt Spielsachen vor dir, links und rechts von dir, über dir und hinter dir auf noch mehr Regalen ... Es gibt bunte Stofftiere, Spiele, Legosteine, Puppen, Bälle, Elektrospielzeug, das akustische Geräusche von sich gibt. Es ist großartiger als alles, was du je gesehen hast.

Dein Vater ist nervös, weil er versucht, an diesem Tag 20 verschiedene Dinge unter einen Hut zu bringen. Er sagt dir, du sollst dich beeilen und ein Spielzeug auswählen. Du bist unschlüssig. Dein kleiner Geist hat kein Referenzsystem für eine solche Situation. Er kann nicht auf jahrzehntelange Erfahrungen zurückgreifen. Also wählst du eine kleine Plastikfigur aus. Dann stellst du sie wieder zurück, weil sie sich nicht gut anfühlt.

Du ziehst ein Spiel aus dem Regal. Es ist zu schwer. Also stellst du es wieder zurück. Dann nimmst du einen Ball in die Hand. Er ist zu weich. Dein angespannter Vater schaut auf sein Handy und stellt fest, dass er sein anderes Kind in 15 Minuten von der Schule abholen muss. Das weißt du natürlich nicht. Du versuchst, eine deiner verwirrendsten, aber wichtigsten Entscheidungen deines Lebens zu treffen. Du ziehst ein Stofftier aus dem Regal, aber es hat ein kratziges Fell, also stellst du es wieder zurück.

In diesem Moment sagt dein Vater: »Weißt du was, vergiss es. Wir müssen los. Komm. Wir machen das an einem anderen Tag.« Dann nimmt er dich bei der Hand und führt dich rasch fort. Er will dich damit nicht tadeln. Sein Verhalten entspricht lediglich der Realität des Moments. Aber welcher Code wird in deinem Gehirn festgeschrieben?

Wenn ich mich umentscheide, gehe ich leer aus.

Hier ist ein weiteres Beispiel: Ein Kleinkind möchte seinen Kinderwagen selbst schieben. Das kommt die ganze Zeit vor. Es fasst mit seinen kleinen Händen oben nach den Griffen und beginnt zu schieben. Es kann nicht sehen, wohin es geht, weil der Kinderwagen größer ist als es selbst. Weil es nicht sehen kann, wohin es läuft, und weil es motorisch noch nicht so geschickt ist wie ein Erwachsener, stößt ein Rad des Kinderwagens gegen die Bordsteinkante, sodass der Wagen umfällt.

Die Mutter hat nicht richtig aufgepasst und reagiert gestresst. Aus Liebe. Sie befürchtet, das Kind könnte sich wehtun. Aber aufgrund dieser Angst schimpft sie mit dem Kind. Welcher Code wird wohl festgeschrieben?

Wenn ich neue Dinge ausprobiere, werden Menschen, die mich mögen, böse auf mich.

Wir haben Tausende, vielleicht sogar Zehntausende solcher Codes verinnerlicht. Wir haben sie mit unserem kleinen Geist geschrieben, als wir noch nicht die Lebenserfahrung hatten, um sie ins rechte Verhältnis zu setzen.

Ich erinnere mich noch genau an eine solche Situation aus meiner Kindheit. Es ist wirklich eigenartig, weil ich nicht viele Erinnerungen an die Zeit habe, als ich vier Jahre alt war. Es zeigt, wie häufig negative Erfahrungen im Vergleich mit den zahllosen wunderbaren Erlebnissen, die wir sicherlich ebenfalls hatten, tief in uns verwurzelt sind.

Jedenfalls war ich im Kindergarten, und wir sollten ein

Bild ausmalen. Es zeigte den Umriss eines Baums. Ich malte den Baum orange aus. Der Lehrerin gefiel das nicht. Sie schickte das Bild nach Hause zu meinen Eltern, versehen mit der Anmerkung, dass Bäume grün zu sein hätten. Tja, ich nehme an, dass mein vierjähriges Selbst nicht wusste, dass es darauf ankam. Vielleicht wollte ich auch einfach einen orangefarbenen Baum malen, und vielleicht kam es mir nicht so wichtig vor.

Aber ich erinnere mich bis heute an das abwertende Gefühl, etwas »falsch« gemacht zu haben. Und wenn man etwas »falsch« machte, wurde man kritisiert. Ein Code wurde festgeschrieben. Ich denke nicht, dass meine Erfahrung einzigartig ist. Erleben wir nicht alle irgendwann in unserem Leben Momente, in denen wir eine Angst davor entwickeln, gesagt zu bekommen, dass wir etwas falsch gemacht haben? Oder eine tiefsitzende Angst davor, etwas falsch zu machen?

Und wenn dieser Code nicht überschrieben wird, ist er ständig vorhanden und lässt uns zögern, eine Entscheidung zu treffen, die sich am Ende möglicherweise als »falsch« erweisen könnte. Und dieses Zögern oder diese Inaktivität wird letztlich zu einem großen Hindernis für uns, das Leben zu führen, das wir uns wünschen.

Hier noch ein letztes Beispiel, auf welche Weise ein alter Code uns von etwas abhalten kann und wie wir darauf reagieren können. Vielleicht haben wir in unserer »Herdentriebkultur« schon früh erkannt, dass wir potenziell eher kritisiert, ausgelacht und ausgegrenzt werden, wenn wir nicht mit dem Strom schwimmen. Das zeigt sich häufig besonders in der Schule in den Jahren der Mittelstufe, wenn sich kleine Cliquen bilden, die Hormone verrücktspielen und manche beginnen, sich wie Alphatiere aufzuführen.

Mit vier Jahren ist es uns ziemlich egal, ob andere Kinder denken, dass es »cool« ist, sich auf eine bestimmte Weise zu kleiden. Wir ziehen an, was immer wir möchten. Aber so mit elf, zwölf, dreizehn spielt die Meinung der anderen plötzlich eine größere Rolle. Und aufgrund der Erfahrungen anderer oder aufgrund eigener Erlebnisse stellen wir fest, wie schrecklich und einsam die Situation ist, wenn die Gruppe sich kollektiv darüber lustig macht, was wir tragen, oder uns ausgrenzt.

In unseren Tagen als Jäger und Sammler war es vermutlich überlebenswichtig, einem Stamm anzugehören. Angesichts von Raubtieren oder einer Gruppe von Kriegern eines anderen Stamms auf sich alleine gestellt zu sein, bedeutete wahrscheinlich schlechte Chancen. Daher lernten wir, Angst davor zu haben, nicht dazuzugehören. Um unserer persönlichen Sicherheit willen passten wir uns an.

Unsere Zellen tragen Codes in sich, und wir haben noch immer den Jäger-Sammler-Code in uns, weil wir alle aus solchen Gesellschaften stammen. Auch wenn das bereits sehr lange her ist.

Vielleicht liegt es also auch an dieser alten Angst, die dich davon abhält, die notwendigen Veränderungen für das Leben vorzunehmen, das du dir wünschst. Logisch betrachtet, könnte man meinen, dass dieser alte Code angesichts der geringen Anzahl natürlicher Raubtiere und marodierender Krieger, die heutzutage durch die Straßen ziehen, mittlerweile automatisch geändert worden wäre.

Dasselbe gilt für all die anderen Beispiele, die ich erwähnt habe. Aus unserer Erwachsenenperspektive heraus sollte man meinen, dass wir selbstverständlich automatische Codeveränderungen vornehmen, wenn es um Dinge geht wie »die Angst, etwas falsch zu machen« oder »die Angst, unsere Meinung zu ändern«.

Allerdings glaube ich nicht, dass es so funktioniert. Aus irgendeinem Grund wird ein vorhandener Code nicht einfach automatisch überschrieben, wenn wir andere Erfahrungen machen. In vielen Fällen sind ein gewisses Bewusstsein und eine gezielte Absicht erforderlich, um einen alten Code zu löschen und einen neuen hinzuzufügen.

Vor diesem Hintergrund möchte ich dir dabei helfen, die Hürden zu überwinden, die dich davon abhalten, das Leben zu führen, das du dir wünschst, und dir eine besonders erfolgreiche Technik verraten. Ich habe sie im Zusammenhang mit einem Code entdeckt, der etwas mit Angst zu tun hat.

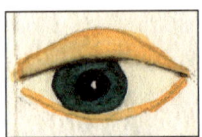 Manchmal besteht der beste Weg, einen neuen Code zu schreiben, darin, die Angst, die uns von dem Leben abhält, das wir uns wünschen, durch eine Angst zu überwinden, die daher rührt, dieses Leben nicht zu führen. Hier ist ein Beispiel, wie es funktioniert. Mal dir sehr detailliert das Leben aus, das du gerne führen möchtest. Schreib alle Aspekte auf, die dir dazu einfallen. Wie wird es aussehen, wie wird es sich anfühlen und klingen? Mach dir in aller Deutlichkeit klar, welche Emotionen du erleben wirst, wenn du dieses Leben führst. Stell dir die wunderbaren Museumstag-Momente vor, die du verbuchen könntest. (Wenn du nicht weißt, was Museumstag-Momente sind, lies das Kapitel »Ist jeder Tag ein Museumstag?«.)

Sobald du dir all das genau ausgemalt hast, beobachte, wie es sich langsam auflöst, weil du es nicht erlebt hast. Achte darauf, wie es sich anfühlt, wenn ein Moment nach dem anderen verschwindet und nie deine Realität wird. Es wird sich wirklich schlimm anfühlen. Das kann ich dir im Voraus verraten.

Es wird sich sogar so miserabel anfühlen, dass die Angst, dieses Leben nicht zu führen – die sich wahrscheinlich bewahrheiten wird, wenn du nicht aktiv wirst –, die weitaus irrationalere Angst vor einem viel weniger wahrscheinlichen Szenario besiegen wird, wonach du von einem Wolf gefressen oder von marodierenden Kriegern überfallen wirst.

Das meine ich, wenn ich dir empfehle, die kleinere Angst mithilfe der größeren Angst zu überwinden. Wenn wir schon zulassen, dass Angst bei diesem Thema eine Rolle spielt, sollten wir sie zumindest zu unserem Vorteil nutzen.

Das war eine lange Antwort. Danke fürs Durchhalten. Zusammengefasst hoffe ich, dass du folgende Erkenntnis gewonnen hast: Das Leben, das du führen möchtest, wartet auf dich. Finde heraus, wie es aussieht, und unternimm die nötigen Schritte, um es zu *deinem* Leben zu machen, dann wirst du es so leben können. Millionen von Menschen haben das für sich umgesetzt, und du kannst das auch.

Was ist der kosmische Algorithmus des Universums?

Mich fasziniert, wie die Welt funktioniert. Je mehr ich beobachte, was um mich herum geschieht, desto mehr erkenne ich Muster in allem. So kommt es zum Beispiel dort, wo ich wohne, jedes Jahr etwa Mitte September zu einer deutlichen Wetterveränderung. Morgens wird es allmählich kälter. Der Wind nimmt nach der sommerlichen Flaute zu. Es regnet nicht mehr jeden Nachmittag. Jedes Jahr passiert das etwa um die gleiche Zeit.

Im nahen Ozean findet kurz darauf eine große Migration statt. Abermillionen von Köderfischen, sogenannte Meerbarben, beginnen von den Flussmündungen über tausend Kilometer weit zu schwimmen und ziehen auf ihrer langen Reise nach Süden an der Ostküste der Vereinigten Staaten entlang.

Ihnen folgen Raubfische in allen Größen und Formen. Haie, Tarpune, Blaufische und Makrelen wissen alle irgendwie, dass der große Fischzug stattfindet. Sie schießen aus dem Wasser heraus und landen dann platschend inmitten der Fischschwärme, um sich dort an den Köderfischen zu laben. Reiher, Pelikane und Seemöwen stürzen sich immer wieder schwallartig aus der Luft ins Meer hinein. Das kann stundenlang dauern, bis die Vögel so vollgefressen sind, dass sie buchstäblich keinen Fisch mehr verdrücken können.

Es ist ein wahrlich großartiges Naturschauspiel, das lediglich ein paar Wochen dauert, und irgendwann schwimmen die Meerbarben dann in den Ozean hinaus, um dort zu laichen. Niemand weiß genau, wohin sie schwimmen oder wie der Prozess am Ende ihrer Wanderung abläuft. Aber er wiederholt sich jedes Jahr fast genau zur gleichen Zeit.

Unsere Vorfahren hatten ein feines Gespür für diese Dinge. Sie wussten, dass es bald regnen würde, weil eine bestimmte Blume stets drei Tage vor einem Gewitter blühte. Sie wussten auch, wann Biber und Otter einen besonders strengen Winter ankündigten, da diese ihre Höhlen in den Herbstmonaten dann mit einer zusätzlichen Erdschicht bedeckten.

Es passiert so viel mehr, als wir in der Regel wahrnehmen.

Eins der eindrücklichsten Beispiele dafür und gleichzeitig eine der stärksten Kräfte, die ich kenne, ist der kosmische Algorithmus des Universums. Die Art und Weise, wie er funktioniert, gehört zu den Dingen, die mich an der Vorstellung einer riesigen Simulation zweifeln lassen, die ich im Kapitel »Denkst du manchmal auf eine sonderbare Weise über das Leben nach?« beschreibe.

Ich werde nun erläutern, worum es sich bei diesem Algorithmus handelt, wie er funktioniert und warum es sich lohnt, etwas darüber zu wissen. Offenbar gibt es eine Kraft im Leben, die unser Verhalten und unsere Gedanken registriert und gleichzeitig wahrnimmt, auf welche Bereiche wir uns konzentrieren und wie wir unsere persönlichen Ressourcen einsetzen. Und daraufhin schenkt diese Kraft uns mehr von dem, was uns offenbar so brennend interessiert.

Wir haben bereits ein gewisses Grundverständnis für ein solches System. Stell dir vor, du gibst 50-mal am Tag den Begriff »violette Gorillas« in die Google-Suchleiste ein. Rasch wird der Google-Algorithmus dein besonderes Interesse an violetten Gorillas registrieren und die Informationen, die er dir liefert, speziell auf dich zuschneiden, damit du mehr Inhalte über violette Gorillas erhältst.

Die Suchergebnisse werden Artikel, YouTube-Videos, Bilder, Studien und Werbeanzeigen für Produkte enthalten, die alle etwas mit violetten Gorillas zu tun haben. Der Algorithmus reagiert so, weil er weiß, dass du eingeben kannst, was du willst. Was immer du auch in die Suchleiste eingibst, muss also etwas sein, das dich wirklich interessiert.

Selbst an einem Tag, an dem du den Begriff »violette Gorillas« nicht eingibst, wird der Algorithmus dir nach wie vor alle neuen Inhalte über violette Gorillas liefern, die ihm zur Verfügung stehen. Für alle Fälle.

So funktioniert der Google-Algorithmus. Kommen wir nun zum kosmischen. Ich möchte dabei von Anfang an klarstellen, dass ich nicht behaupte, der kosmische Algorithmus sei der einzige Faktor, der eine Rolle spielt, wenn es um die verschiedenen Aspekte unseres Lebens oder generell um die menschliche Erfahrung geht. Wenn du andere Kapitel in diesem Buch liest, wirst du verstehen, was ich meine. Dazu gehört auch die Tatsache, dass wir manchmal ein Nebendarsteller oder ein Statist im Spiel des Lebens sind. Daher kann das, was wir erleben, möglicherweise viel mehr damit zu tun haben.

Aber der kosmische Algorithmus ist ein WICHTIGER Faktor, daher lohnt es sich sehr, das Prinzip zu verstehen. Und so funktioniert dieser Algorithmus:

Wir sind Geschöpfe mit einem freien Willen. Daher haben wir die Freiheit und Flexibilität, jeden Tag zu tun, was wir möchten. Dazu gehört auch die Möglichkeit zu entscheiden, woran wir denken. Der kosmische Algorithmus ist eine freundliche und wohlwollende Präsenz. Weil er weiß, dass wir Geschöpfe mit einem freien Willen sind und entscheiden können, was wir wollen, nimmt der Algorithmus an, dass wir das, was wir tun, OFFENBAR auch WOLLEN. Logischerweise entscheiden wir uns für Aktivitäten, die uns positive Emotionen bescheren – wie Freude, Liebe, Zufriedenheit, Glück und Begeisterung ...

Wenn wir also zwölf Stunden täglich an unserem Schreibtisch sitzen und in unseren Computerbildschirm schauen, sagt sich der Algorithmus: »Dieser Mensch muss das wirklich gerne tun. Sieh nur, wie viel Zeit er damit verbringt. Obwohl er dabei offensichtlich Rückenschmerzen bekommt und viele andere Dinge verpasst, die ihn begeistern, widmet er sich weiterhin dieser Tätigkeit! Da er das offensichtlich so gerne macht, werde ich ihm mehr davon schenken.«

Der Algorithmus wendet dieselbe Logik bei den Dingen an, denen wir unsere geistige Energie widmen. Wir können selbst bestimmen, woran wir denken, was immer es auch sein mag. Daher geht der Algorithmus davon aus, dass das, worauf wir die meiste Zeit verwenden, etwas sein MUSS, wovon wir uns mehr wünschen.

Wenn wir daher nicht aufpassen, könnten wir am Ende genau mit den Dingen überschüttet werden, von denen wir uns eigentlich stärker lösen wollten.

Aber hier kommt die gute Nachricht: Sobald wir die Tendenzen unseres Geistes und die Wirkweise des kosmischen Algorithmus des Universums erkannt haben, können wir die Vorzeichen zu unseren Gunsten verändern. Wenn wir unsere Gedanken, unsere Aufmerksamkeit und Energie nicht länger den Dingen widmen, die wir nicht wollen, sondern sie darauf ausrichten, was wir uns tatsächlich wünschen, verändert sich das Spiel. Denn nun überschütten uns all die Quellen mit Informationen, Kontakten, Chancen und Ressourcen, die zu dem Leben passen, das wir uns wünschen.

In *Wiedersehen im Café am Rande der Welt* äußert sich Casey im Gespräch mit Jessica zu diesem Thema: »Wenn jemand sagt, dass er sich ein anderes Leben wünscht, mehr Freiheit, eine schönere Umgebung ... aber 40 bis 50 Stunden pro Woche in einem kleinen Büro sitzt und für einen Chef arbeitet, der ihn schlecht behandelt ... Dann sagt der Algorithmus: ›Sieh nur, wie oft dieser Mensch seine Zeit im Büro verbringt. Er muss es LIEBEN! Und weil ich diesen

Menschen liebe, werde ich ihm sogar noch mehr davon schenken.‹«

Es geht aber nicht nur um die Arbeit, sondern auch um die Beziehungen, in die wir unsere Zeit und Energie investieren, die Gedanken, mit denen wir uns befassen, die Erfahrungen, auf die wir uns einlassen und die diese Gedanken fördern. Der Algorithmus wirkt bei all diesen Dingen.

Das stärkt uns auf wunderbare Weise, nicht wahr? Zu erkennen, dass wir in einer wechselseitigen Beziehung zum Algorithmus stehen und mit ihm zusammenarbeiten. Die Dinge geschehen nicht zufällig. Sie befinden sich nicht vollkommen außerhalb unserer Kontrolle. Wenn wir unser Leben verändern, senden wir andere Signale an den Algorithmus und erhalten im Gegenzug andere Ergebnisse.

Wenn wir die Inputs verändern, verändern sich auch die Ergebnisse. Das ist eine Erkenntnis, die eine Gänsehaut erzeugt, nicht wahr?

Übrigens, falls es dir schwerfällt, herauszufinden, welche Signale du *wirklich* an den kosmischen Algorithmus des Universums senden willst, solltest du das Kapitel lesen: »Wie werde ich glücklich? Im Sinne von wirklich glücklich?«

Ist jeder Tag ein Museumstag?

 Ich habe das Konzept des Museumstages in dem Buch *The Big Five for Life* vorgestellt. Als Autor ist es mir eine besonders große Freude, Fans zu begegnen und von ihnen zu erfahren, welche Teile eines Buchs sie am meisten angesprochen haben. Das Konzept des Museumstags wird dabei häufig hervorgehoben.

Im Laufe der Jahre habe ich viele Briefe und E-Mails bekommen, die mit Sätzen enden wie »Hab einen großartigen Museumstag« oder »Ich wünsche dir ein Museumstag-Wochenende«. Es gibt auch ein paar Songs rund um die Idee. Vor ein paar Tagen erhielt ich ein Foto eines Paares, das gerade geheiratet hatte. Auf der Hochzeitseinladung erwähnte das Paar den Museumstag, und auf dem Schild, das die Gäste an der Rezeption empfing, stand: »Heute ist ein Museumstag«.

All das begeistert mich. Ich finde es supercool, dass die Idee Eingang in die Alltagssprache mancher Menschen gefunden hat und einen großen Anteil daran hat, auf welche Weise sie das Leben betrachten.

Falls du das Konzept noch nicht kennst, werde ich es hier kurz erklären. Dann beantworte ich die eigentliche Frage, ob jeder Tag ein Museumstag ist.

Hier ist also das Konzept:

Stell dir vor, jeder Tag unseres Lebens würde katalogisiert werden. Alles, was wir tun, alles, was wir sagen, und die Dinge, mit denen wir unsere Zeit verbringen. Und am Ende unseres Lebens würde uns zu Ehren ein Museum errichtet werden.

Allerdings würde es unser Leben genau so aufzeigen, wie wir es gelebt haben.

Wenn wir die meiste Zeit mit einem Job verbrächten, der uns nicht gefällt, oder mit Aktivitäten, die uns keinen Spaß machen, oder nicht nach bestem Vermögen handeln würden ... dann wäre das in unserem Museum zu sehen. Alles wäre auf Infoterminals, Videos, Fotos und Schautafeln dokumentiert.

Wenn wir gerne Zeit mit der Familie und Freunden, mit einer bestimmten Passion oder einem Hobby verbrächten, aber diesen Vorlieben aus welchem Grund auch immer nur wenig Zeit widmen würden ... dann wäre auch nur ein kleiner Teil unseres Museums diesen Dingen gewidmet – so sehr wir uns auch etwas anderes wünschen würden. Wahrscheinlich gäbe es dazu nur ein paar Bilder in der Nähe des Ausgangs zu sehen.

Stell dir vor, wie es wäre, genau jetzt durch dein Museum zu gehen. Was würdest du sehen? Wie würdest du dich dabei fühlen? Stell dir nun vor, der Himmel oder das Jenseits oder wie auch immer du dir diesen Teil im Spiel des Lebens vorstellen magst, sähe so aus, dass wir auf ewig Führungen in unserem eigenen Museum machen würden.

So sieht also das Konzept aus. Sich das vor Augen zu halten ist eine großartige Möglichkeit, uns zu inspirieren, das Leben zu entdecken, das wir uns wünschen, und es dann dementsprechend zu gestalten. Denn ob es uns bewusst ist oder nicht, wir errichten jeden Tag unser Museum.

Nun zurück zur eigentlichen Frage. Ist jeder Tag ein Museumstag?

Wie gerade erwähnt, gestalten wir täglich Elemente unseres Museums, egal ob wir glücklich darüber sind, wie ein Tag verläuft, oder nicht. Daher ist in dieser Hinsicht tatsächlich jeder Tag ein Museumstag. Doch so wie die Frage formuliert ist, glaube ich, dass die Person eher wissen möchte, ob jeder Tag tatsächlich ein so guter Tag ist, dass ich mich sehr darüber freue, ihn in meinem Museum zu haben.

Die Antwort darauf lautet nein. Aber manchmal bringen sogar die Tage, die sich definitiv nicht wie großartige Museumstage anfühlen, wichtige Erkenntnisse mit sich. Ich gebe dir ein Beispiel dafür.

Ich wohne an einem kleinen See mit einem Steg. Am Ufer des Sees wachsen riesige Wasserpflanzen und andere Kletterpflanzen, die den Steg förmlich überwuchern, wenn man sie nicht kontrolliert. Daher ziehe ich etwa alle drei Monate lange Hosen, ein langärmliges Hemd, Arbeitsschuhe und Handschuhe an. So ausgerüstet mache ich mich mit einer Machete daran, den gesamten Bewuchs zurückzuschneiden.

Wie du dir vielleicht vorstellen kannst, ist das KEINE glamouröse Arbeit. Ich versuche sie später am Tag zu erledigen, wenn es etwas kühler ist. Aber im Sommer sind es dann immer noch 33 Grad, statt 35. Das allein reicht also nicht aus, um diese Tätigkeit in der Kategorie eines Museumstags positiv zu bewerten.

Außerdem lieben es die Mücken, wenn ich diese Arbeit erledige, denn für sie bedeutet es Fütterungszeit. Deshalb trage ich die langen Hosen und das langärmlige Hemd. Die Stiefel sind für den Fall, dass ich reinfalle, damit die Alligatoren nicht ebenfalls denken, es sei Fütterung.

Tja, und eines Tages, als ich mich gerade mit der Machete durch die riesigen Wasserpflanzen hindurchkämpfte, kam meine Familie zum Steg, um mir zu sagen, dass sie eine Weile unterwegs sein werde. Daraufhin erwiderte ich: »Viel Spaß, bitte sperrt die Tür nicht ab, ich habe keinen Schlüssel dabei.«

Eine Stunde später ist es fast dunkel, ganze Mückenschwärme belagern mich, ich bin schweißgebadet, mein

Hemd ist vollkommen durchnässt, und ich überlege, ob ich aufhören soll. Aber ich bin fast mit allem fertig. Also kämpfe ich mich noch eine weitere halbe Stunde durch und schließe die Arbeit ab. Mittlerweile ist es vollkommen dunkel.

Ich verlasse also den Steg, gehe hoch zum Haus, strecke meine Hand nach der Tür aus ... doch sie ist verschlossen. »Das kann nicht sein«, denke ich und versuche es erneut. Es ist definitiv abgeschlossen. »Vielleicht haben sie die Vordertür offen gelassen«, überlege ich.

Also gehe ich ums Haus herum zur Vordertür. Sie ist versperrt.

Ich habe kein Handy dabei, kein Wasser, bin völlig verdreckt, ausgelaugt, schweißgebadet und komme nicht in mein eigenes Haus hinein. Und da es dunkel ist, sind die Mücken jetzt ÜBERALL.

Mir wird mit einem Mal klar, wie absurd das ist. Ich bin nur wenige Zentimeter von allem entfernt, was ich brauche, um in diesem Moment glücklich zu sein. Eine Dusche, saubere Kleidung, ein Glas Wasser, die Pizza, die ich in den Ofen schieben wollte und auf die ich mich schon die ganze letzte Stunde gefreut habe.

Alles, was ich bräuchte, wäre ein Schlüssel! Ein kleines, vier Zentimeter langes Stück Metall hält mich von meinem Nirwana ab.

Mittlerweile scheinen die Mücken mich bei lebendigem Leibe auffressen zu wollen. Ich sehe nach, ob jemand von meinen Nachbarn da ist, aber in keinem der Häuser brennt Licht. Da man bei meinem Auto von außen einen Code eingeben kann, um die Tür zu öffnen, beschließe ich, dorthin zu flüchten und dann weiter zu überlegen, welche Optionen ich habe.

Also gebe ich den Code ein, setze mich ins Auto und schließe die Tür. Wie ich allerdings wenige Momente später feststellen muss, ist eine bestimmte Funktion mit der Eingabe des Codes verknüpft. Wenn man das Auto nach einer gewissen Zeit nicht startet oder es den Schlüssel nicht erkennt, geht das System davon aus, dass jemand versucht, das Auto zu *stehlen*. Daher wird der Alarm ausgelöst.

Sekunden später ertönt ein unglaublich lautes Tuut, tuut, tuut. Die Scheinwerfer gehen ständig an und aus. Die Hupe dröhnt. Und ich kann das alles nicht abstellen. Ich könnte es natürlich ... wenn ich nur den Schlüssel hätte. Der hängt aber am Schlüsselbund, der sich im Haus befindet, in das ich nicht hineinkomme, weil ich – den anderen Schlüssel nicht habe.

Wie du dir wahrscheinlich vorstellen kannst, war weder das eine positive Museumstag-Erfahrung noch die stundenlange Warterei, bis meine Familie wieder zurückkam und ich ins Haus hineinkonnte.

Doch als ich ein paar Tage später darüber nachdachte, was das Universum – falls es mir etwas mitteilen wollte – mir mit dieser Erfahrung zu sagen versuchte, kam mir plötzlich eine Erkenntnis.

Seit *Das Café am Rande der Welt* durch mich hindurchgeströmt ist, war das Café ein Ort, der mir immer wieder wichtige Schlüssel geliefert hat. Es waren keine physischen Schlüssel, sondern vielmehr Konzepte, Ideen, Geschichten, Weisheiten und Erkenntnisse, die mir vollkommen neue Welten eröffneten. Die mir die Chance boten, das Leben auf eine außergewöhnliche Weise zu erleben. Ob es die Geschichte mit der grünen Meeresschildkröte war, die Geschichte des Fischers oder der Hinweis, wie ich wieder eine Verbindung zu meinem Spielplatz finden konnte ...

Im Café finde ich Antworten auf Fragen, die ich offenbar nirgendwo sonst finde. Und was besonders spannend ist an den Schlüsseln, die das Café mir schenkt: Ich kann sie nie verlieren oder aus Versehen irgendwo liegen lassen. Anders als bei meinem Versuch, in mein eigenes Haus hineinzugelangen, habe ich die Caféschlüssel IMMER bei mir. Sie unterstützen mich unaufhörlich dabei, mir das Außergewöhnliche zu erschließen.

Ich hoffe zwar, dass ich bereits vor dem Abend, an dem ich ausgesperrt war, gebührend zu schätzen wusste, was die Caféwelt mir geschenkt hat. Sowohl was meine eigenen Erkenntnisse betrifft, als auch in Bezug darauf, wie viel Freude es mir macht, andere Menschen daran teilhaben zu lassen. Aber aufgrund der Ereignisse an jenem Abend bekam all das eine vollkommen andere Bedeutung.

Und genau das meine ich, wenn ich das als positiven Museumstag bezeichne. Ich möchte diese Erfahrung bestimmt nicht immer wieder aufs Neue machen. Wenn ich sie allerdings mit ehrlichem Interesse im Rückspiegel des Lebens betrachte, erkenne ich, dass sie Teil eines ziemlich besonderen Tages war.

Nichtsdestotrotz habe ich seitdem einen Schlüssel draußen versteckt, nur für den Fall, dass so etwas noch einmal passieren sollte.

Ich möchte das Thema Museumstage mit einem letzten Gedanken abschließen. Egal in welche Richtung sich unser Leben entwickelt hat oder wie alt wir sind oder wo wir mal gestrauchelt sind: Jeder Tag auf diesem Planeten, an dem wir am Leben sind, bietet uns die Gelegenheit, einen wunderbaren Teil unseres Museums zu errichten.

Gestalte es daher stets aktiv weiter!

Hast du schon über deine eigene Beerdigung nachgedacht? Gibt es irgendwelche Pläne oder Ideen, was du dir dafür wünschst?

Ich weiß nicht genau warum, aber diese Frage hat mich beim Lesen zum Lachen gebracht. So, wie ich sie in der Vorstellung höre, klingt sie sehr beiläufig. »Übrigens, hast du schon Pläne für das Wochenende? Gehst du heute Abend irgendwohin zum Essen? Hast du irgendwelche Pläne für deine Beerdigung?«

Die Frage klingt in gewisser Weise sehr sachlich. Als wüsste die Person, die sie stellt, etwas, das ich nicht weiß, aber vielleicht mit Blick auf meine Lebenszeitachse grundsätzlich wissen sollte. Und das hat mich aus irgendeinem Grund zum Lachen gebracht.

Vielleicht deshalb: Das Leben verstreicht ziemlich schnell. Als ich jünger war und noch zur Schule ging, habe ich es nicht so empfunden. Damals wirkten die Tage erdrückend lang. Aber dann nehmen die Dinge an irgendeinem Punkt Fahrt auf. Zum Beispiel mit etwa Anfang 30. Plötzlich sind wir nicht mehr ganz jung. Wir sind noch nicht alt, aber auch nicht mehr sehr jung.

Als ich Vater wurde, schien sich die Zeit in gewisser Weise noch einmal zu verlangsamen. Aber das blieb nur ein paar Jahre so, denn bevor ich mich's versah, war aus dem kleinen Baby ein voll funktionstüchtiger Mensch geworden, der ging, sprach und eigene Pläne hatte. Und damit verstrich die Zeit wieder schneller. Wenn wir dann 50 werden, beschleunigen sich die Dinge ungemein. Wir versuchen verzweifelt, unseren Geist und Körper, unser Verhalten und unsere Überzeugungen vor dem Alterungsprozess zu bewahren.

Und wenn wir um die 50 sind, sterben leider die ersten Menschen aus unserem Bekanntenkreis. Was echt schrecklich und deprimierend ist. Denn es waren tolle Leute, die gerne noch viele Dinge getan, gesehen und erlebt hätten. Aber sie haben keine Gelegenheit mehr dazu, denn für sie ist die Geschichte vorbei.

Wenn ich das Ganze sehr locker sehen würde, könnte ich wahrscheinlich etwas Lustiges sagen, wie etwa: »Wenn wir zu Beerdigungen gehen, können wir dort Dinge auswählen, die uns für unsere eigene Bestattung am stimmigsten erscheinen – wenn es dann eines Tages so weit ist.«

Also beispielsweise: »Ach, der Song ›Wind beneath my wings‹ hat die Anwesenden emotional wirklich sehr berührt. Ich setze das mit auf meine iTunes-Playlist für meine Beerdigung.« Oder: »Es war eine schöne Geste, dass alle Anwesenden ein Buch von der Autorin bekommen haben. Ich möchte unbedingt, dass jeder eine Geschenktüte erhält.« Oder: »Nachos mit Käse? Nicht euer Ernst! Das soll der Snack beim Empfang sein? Bei meiner Beerdigung wird es definitiv gesündere Dinge geben.«

Vielleicht wird es so sein, wenn ich das Glück habe, ein paar weitere Jahrzehnte zu leben, und schließlich einen Punkt erreiche, an dem ziemlich offensichtlich ist, dass mein Lebensende kurz bevorsteht. Ich habe miterlebt, dass mein Vater sich dessen bewusst war. Er war viele Jahre krank gewesen und bat mich eines Tages, bei ihm vorbeizuschauen. Als ich bei meinen Eltern ankam, baten sie mich nach dem üblichen netten Austausch zu Beginn, mich hinzusetzen, um ein paar Dinge mit ihnen zu besprechen.

Dann reichten sie mir einen Ordner mit Bestattungsunterlagen. Es verging noch ein Jahr, bevor mein Vater verstarb, aber rückblickend denke ich, er wusste, dass sein Lebensende nahte, und wollte dafür sorgen, dass alles geregelt war.

Zum jetzigen Zeitpunkt meiner Existenz sehe ich das ganze Beerdigungsthema aus einer etwas anderen Perspektive. Ein Teil von mir hofft definitiv, dass die Menschen traurig sein werden. Nicht, weil ich möchte, dass sie einen traurigen Tag verbringen, sondern weil ich hoffentlich ein guter Freund, Vater, Reisegefährte war ... sodass sie mich vermissen werden. Und hoffentlich trage ich auf dieser Welt etwas genügend Positives bei, sodass die Menschen diesen Input, der mit meinem Verschwinden ja ebenfalls nicht mehr da sein wird, vermissen werden.

Was ehrlich gesagt eine ziemlich gute Basis dafür ist, darüber nachzudenken, wie ich mein Leben gestalte, während ich noch am Leben bin. In meinem Buch *The Big Five for Life* geht es in einem der emotionalsten Abschnitte darum, dass Thomas im Sterben liegt und darüber spricht, dass wir das Ende zuerst schreiben sollten. Das meine ich mit der Basis. Wenn ich mir wünsche, dass Menschen bei meiner Beerdigung traurig sind, weil ich ihr Leben bereichert habe und sie meine Gesellschaft vermissen, dann sollte ich überaus bewusst darauf achten, wie ich mich jetzt gegenüber anderen Menschen verhalte. Und morgen. Und im nächsten Jahr. Bis hin zu dem Zeitpunkt, an dem ich nicht mehr da sein werde.

Um mir das zu verdeutlichen, stelle ich mir weniger meine Beerdigung vor als vielmehr mein Museum. (Wenn du nicht weißt, worauf ich mich beziehe, sieh dir das Kapitel »Ist jeder Tag ein Museumstag?« an.) Es ist so ähnlich wie mit dem Fokus auf die eigene Beerdigung, hat aber eine viel weitreichendere Wirkung, weil es darum geht, unser Leben für alle Ewigkeit immer wieder neu erlebbar zu machen, sowie darum, wie wir anderen für alle Zeiten in Erinnerung bleiben werden.

Ich finde es bei Beerdigungen immer verrückt, dass eine

wunderbare Geschichte nach der anderen erzählt wird. Wahrscheinlich ist es in vielerlei Hinsicht kathartisch für alle Beteiligten. Und vielleicht veranlasst die Endgültigkeit des Todes Menschen dazu, sich Zeit zu nehmen, um innezuhalten und nachzudenken. Vielleicht verleiht sie ihnen auch den Mut, aufzustehen und etwas zu erzählen.

Es kommt mir einfach nur so schade vor, dass die Verstorbenen diese Geschichten nicht hören. Es wäre großartig, wenn es für Menschen, die uns lieben, normal wäre, solche Geschichten zu erzählen, wenn wir uns zur Feier eines besonderen Geburtstags versammeln.

Stell dir vor, welch positive Wirkung das auf die Menschheit haben könnte. Zum einen wäre es für die Leute wunderbar zu hören, wie sehr sie geschätzt werden, solange sie noch da sind. Es könnte sehr gut bei Depressionen und Gefühlen der Einsamkeit helfen. Nur selten nehmen wir uns die Zeit, um uns bei anderen dafür zu bedanken, auf welche Weise sie unser Leben bereichern. Selbst bei engen Freunden und unserer Familie tun wir das ziemlich selten.

Und zum anderen wäre es eine großartige Motivation für Menschen, sich positiv in der Welt zu engagieren. Gute Menschen sind gut, weil sie sich bewusst dafür entschieden haben. Sie würden also nicht aufgrund der Wertschätzung anderer zu »guten Menschen«. Aber die Wertschätzung wäre ein schönes Sahnehäubchen auf dem Kuchen.

Außerdem werden meistens sehr alte Menschen beerdigt. Und wahrscheinlich haben jüngere Anwesende keinen so starken Bezug dazu. Wenn es jedoch eine Tradition gäbe, bei der alle zehn Jahre zu unseren runden Geburtstagen Menschen zusammenkämen und Geschichten darüber erzählen würden, inwiefern unser Verhalten eine positive Wirkung auf sie hatte, würde es die Leute vollkommen anders inspirieren.

Kleinere Kinder, die bei den Geburtstagen ihrer zehn-jährigen Geschwister oder Cousins dabei wären, würden dazu angeregt werden, freundlich zu sein, gute Dinge zu tun, ihrer Leidenschaft zu folgen sowie viele weitere wunderbare Eigenschaften zu fördern, von denen man häufig in Geschichten bei Beerdigungen hört. Es würde sie schon früh im Leben dabei unterstützen, eine überaus stimmige, positive Richtung einzuschlagen. Und da eine solche Feier alle zehn Jahre stattfinden würde, hätten wir alle eine klarere Vorstellung davon, was uns bevorstehen würde. Wir könnten sie sehr gut auf unser eigenes Leben übertragen. Außerdem bekämen wir durch die Feiern älterer Freunde und Verwandter eine längerfristige Perspektive.

Mir ist bewusst, dass all das wahrscheinlich nicht passieren wird. Aber wer weiß? Es wäre bestimmt großartig, wenn es dazu käme. Schließlich gibt es viel seltsamere Traditionen, die Teil unserer Kultur sind. Warum sollte eine Feier des Lebens alle zehn Jahre zu unseren Lebzeiten nicht dazugehören?

Und damit zurück zu der Frage, mit der all dies begonnen hat. Nein, bevor ich deine Frage gelesen und die Antwort darauf geschrieben habe, hatte ich an sich keine besonderen Pläne für meine Beerdigung. Und um ehrlich zu sein, das ist immer noch so. Aber ich glaube tatsächlich, dass ich in einigen Jahren eine großartige Party zur Feier des Lebens planen werde, wenn ich meine nächste Dekade vollendet habe. Daher bedanke ich mich bei dir dafür, dass du zu dieser Idee beigetragen hast.

Warum sind so viele Leute heutzutage offenbar so gemein und dumm?

Ich glaube, dass leider schon seit Langem viele Leute gemein und dumm sind. In der Geschichte der Menschheit mangelt es nicht an Beispielen, die darauf schließen lassen. Daher bin ich nicht sicher, ob der Anteil der gemeinen und dummen Leute in der Gesamtbevölkerung in der letzten Zeit zugenommen hat.

Was tatsächlich zugenommen hat, ist die Wahrscheinlichkeit, dem ausgesetzt zu sein. Entweder weil wir es selbst erleben oder weil wir Geschichten darüber lesen.

Gewiss können Onlinebewertungen etwas Wunderbares sein, aber sie bieten den gemeinen und dummen Leuten auch die Möglichkeit, ihre Toxizität auf nie dagewesene Weise zu verbreiten. Außerdem konnten Leute in der Vergangenheit gemein oder dumm oder beides sein, aber wenn sie aufs Geratewohl etwas kommentierten, hatte es eine kurze Wirkung, die schnell wieder vorbei war. Heutzutage haben solche Kommentare langanhaltende negative Wirkungen.

So habe ich zum Beispiel einen großartigen Arzt, der sowohl Doktor der Medizin als auch Homöopath ist. (Mehr dazu kannst du gerne im Kapitel »Was hältst du von ganzheitlicher Gesundheit?« lesen.) Nachdem er zehn Jahre lang als Arzt praktiziert hatte, machte er eine Ausbildung in Homöopathie, weil er das Gefühl hatte, lediglich Medikamente zu verschreiben. Sein Abschluss entsprach seinem Doktortitel. Er investierte diese zusätzlichen Jahre seines Lebens nicht etwa, weil er medizinischen Rat für sich selbst gebraucht hätte. Sondern er tat es, weil er anderen Menschen helfen wollte.

Dann eröffnete er ein medizinisches Zentrum, in das alles

miteingeflossen ist, was er in beiden Disziplinen gelernt hat. Es ist ein großartiger Ort und ganz anders als die meisten Arztpraxen, wo es aufgrund der Strukturen des Gesundheitssystems in der Regel darum geht, möglichst viele Patienten in möglichst kurzer Zeit zu behandeln. Der Ansatz dieses Arztes basiert dagegen darauf, sich Zeit für seine Patienten zu nehmen, sie eingehend zu befragen, zuzuhören, wie sie sich fühlen, um dann Möglichkeiten zu finden, die ihnen helfen, wieder gesund zu werden.

Wie du dir sicher vorstellen kannst, geht es bei diesen Begegnungen nicht um fünfminütige Gespräche und das Ausstellen eines Rezepts. Wie du dir vielleicht auch denken kannst, musste sich der Arzt über die Bezahlung selbst Gedanken machen, um seine überaus patientenorientierte Praxis aufzubauen. Wer einen Termin bei ihm haben möchte, muss grundsätzlich selbst bezahlen. Es wird nicht durch etwas anderes abgedeckt.

Jedenfalls suchte ich neulich einmal seine Telefonnummer heraus, weil ich ihn einem Freund empfehlen wollte. Dabei stieß ich zufällig auf seine Online-Google-Bewertungen. Wie zu erwarten war, hat er aufgrund seiner großartigen patientenorientierten Praxis zahlreiche begeisterte Fünf-Sterne-Bewertungen bekommen. Dennoch gibt es auch einige Ein-Stern-Bewertungen mit gemeinen und dummen Kommentaren. Manchen Leuten missfiel, dass sie die Rechnung selbst bezahlen mussten, andere störten sich an dem Betrag. Wieder andere waren wütend, weil sie innerhalb von einer Woche keinen Termin bekamen.

Früher brachten dumme Leute ihre Dummheit gegenüber anderen dummen Menschen zum Ausdruck, und uns allen war das ziemlich egal. Aber heutzutage kann ihre Toxizität auch schnell eine übergreifende negative Wirkung haben. Hier eine Berechnung, die die meisten Menschen sich nicht bewusst machen: Mathematisch betrachtet, sind 79 Fünf-Sterne-Bewertungen erforderlich, um den Schaden einer einzigen Ein-Stern-Bewertung auszugleichen. 79! Daher ist es wirklich leicht für destruktive Menschen, gemeine Dinge zu tun, und schwer für anders Gesinnte, das wieder auszugleichen.

Das führt mich zu dieser Schlussfolgerung: Erstens glaube ich nicht, dass gemeine und dumme Leute aufhören werden, gemein und dumm zu sein. Allerdings machen sie wahrscheinlich einen relativ kleinen Teil der Gesamtbevölkerung aus. Schätzungsweise fünf bis sieben Prozent. Daher ist es wichtig, dass die netten und intelligenten Menschen ihrer Stimme Gehör verschaffen.

Das nimmt natürlich Zeit in Anspruch. Und es ist unfair, dass die netten und klugen Menschen Minuten ihres Lebens aufwenden müssen, nur um dem Verhalten der Gemeinen und Dummen etwas entgegenzusetzen. Aber so ist es nun einmal.

Als ich die gemeinen und dummen Bewertungen über meinen Arzt gelesen habe, nahm ich mir daher die Zeit, eine super Bewertung zu schreiben. Wie ich anhand des vorigen Rechenbeispiels erklärt habe, wird meine Bewertung leider nicht genügen, um eine der gemeinen und dummen Bewertungen auszugleichen. Nicht einmal annähernd. Aber es hilft ein bisschen und ist zumindest ein Schritt in eine positive Richtung. Wann immer es möglich ist und du dich angesprochen fühlst, solltest du daher denjenigen ein Lob schicken, die es verdienen.

Meine zweite Empfehlung für uns alle ist, uns auf das Gute zu konzentrieren. (Mehr darüber, was das mit deinem eigenen Leben zu tun hat, findest du im Kapitel »Was ist der kosmische Algorithmus des Universums?«.) Ich empfehle das, weil unsere Aktivitäten sich – abgesehen von den Elementen des kosmischen Algorithmus – heutzutage unmittelbar auf das Verhalten anderer Menschen auswirken. Wenn zum Beispiel ein Artikel oder Video über gemeines und dummes Verhalten erscheint und wir es anklicken, bekommen die Content-Ersteller das mit. Denn viele Klicks bedeuten, dass sie mehr Anzeigen verkaufen können.

Ihre Strategie ist, sich die am meisten angeklickten Inhalte anzusehen und eine ganze Reihe ähnlicher Inhalte zu generieren. Je häufiger wir also gemeine und dumme Inhalte anklicken oder anschauen, desto mehr wird davon produziert. Um es auf den Punkt zu bringen: Wenn wir bewusst auswählen, was wir anklicken oder ansehen, können wir etwas zur Lösung beitragen, um eine glücklichere und freundlichere Welt zu gestalten.

Natürlich ist das nicht immer ganz einfach. Schließlich testen die Content-Ersteller Überschriften und Bilder, um herauszufinden, welche am reizvollsten sind. Welche die tiefsten Ängste der Menschen ansprechen oder die größte Neugier hervorrufen.

Dennoch wird es dir langfristig gesehen nutzen, der Versuchung zu widerstehen, die dummen und gemeinen Inhalte aufzurufen, egal wie verlockend die Überschrift auch klingen mag. Und es ist für dich genauso nützlich, stattdessen die inspirierenden und angenehmen Inhalte aufzurufen. Denn hierbei gelten dieselben Prinzipien. Wenn solche Inhalte viel Aufmerksamkeit bekommen, werden mehr davon generiert. Darüber hinaus befasst du dich mit einer wohlwollenderen Sicht auf die Menschheit, was sich positiv auf deine Energie und deine Perspektive auf das Leben auswirken wird.

Außerdem sollten wir uns noch etwas bewusst machen: Wir leben heutzutage in einer globalen Gesellschaft. Das heißt, wir haben Zugang zu Inhalten aus der ganzen Welt. Das macht es Content-Erstellern leicht, einen ständigen

Strom aus dummen und gemeinen Dingen zu liefern. In Wirklichkeit gibt es allerdings wahrscheinlich keine besondere Häufung dummer und gemeiner Attacken in deinem persönlichen geografischen Umfeld. Das heißt, die Situation ist nicht so schlimm, wie sie vielleicht erscheinen mag, wenn wir nur Onlinefeeds ansehen.

Und wenn du von der Tatsache *profitieren* möchtest, dass wir eine globale Gesellschaft sind, solltest du darüber nachdenken, einige Zeit in Finnland zu verbringen. Oder dich zumindest darüber informieren, was das Land ausmacht. Sieben Jahre in Folge wurde es zum glücklichsten Land der Welt gekürt. Die Menschen dort schreiben das unter anderem etwa dem Umstand zu, dass sie sich nicht mit ihren Nachbarn vergleichen und die positiven Wirkungen der Natur nutzen.

Offensichtlich spielt auch der Faktor Großzügigkeit eine Rolle. Denn sie haben eine kostenlose Masterclass über das Glück gestaltet, die dabei helfen soll, unseren »inneren Finnen« zu finden. Das klingt nach einer sehr lohnenden Art, Zeit zu verbringen. Hier ist der Link:

www.visitfinland.com/de/finde-deinen-inneren-finnen/

Wie werde ich glücklich?
Im Sinne von wirklich glücklich? (Teil 1)

Das Glück war im Fokus ziemlich vieler Fragen von Fans. Was bedeutet es, glücklich zu sein? Wie kann ich glücklich sein? Warum fällt es Menschen schwer, sich glücklich zu fühlen? Was bedeutet Glück?

Dies sind nur einige davon.

Offensichtlich ist es ein Thema, das die Menschen häufig beschäftigt.

Meiner bescheidenen Meinung nach ist der ultimative Glückszustand, einfach glücklich zu *sein*. Wenn wir glücklich aufwachen. Den Tag über glücklich bleiben. Glücklich zu Bett gehen. Wenn es unser natürlicher Gemütszustand ist.

Ich stelle mir jemanden vor, der häufig lacht, sich über die kleinsten Dinge freut und angstfrei lebt. Ich sage, ich stelle es mir vor, denn obwohl ich danach strebe, habe ich das noch nicht erreicht. Mein Ziel ist, eine immer größere Prozentzahl meiner 1440 Minuten pro Tag so zu erleben. Aber ich befinde mich hier definitiv in einem Prozess, der noch nicht abgeschlossen ist.

Allerdings habe ich eine ganze Reihe von Dingen entdeckt, die mir geholfen haben. Und ich verrate sie dir gerne.

Zunächst solltest du dich fragen, warum du glücklich sein möchtest. Also warum nicht entspannt, zufrieden, begeistert oder eine Reihe anderer Dinge, die sich mit Adjektiven beschreiben lassen? Was hat es mit dem »Glücklichsein« auf sich, dass es so verlockend scheint?

Das ist gar nicht böse gemeint. Und ich will damit nicht sagen, dass das Streben nach Glück nicht perfekt wäre. Ich bin lediglich neugierig, worauf dein Wunsch, glücklich zu sein, basiert.

Vermutlich sind einige Dinge mit dem Begriff verknüpft. Ein Gefühl, das du in der Vergangenheit erlebt hast, als du mit einer bestimmten Person zusammen warst, dich einer bestimmten Aktivität gewidmet oder einen besonderen Ort aufgesucht hast. Wahrscheinlich erinnerst du dich an Zeiten, in denen du »glücklich« warst.

Und wenn du fragst, »Wie *werde* ich glücklich?«, ist damit das Streben nach einem emotionalen Zustand gemeint, den du bereits kennst, aber gerne dauerhaft erleben möchtest? Oder ist es der Wunsch, eine intensivere Version des Glücks zu erleben? So wie es in der Frage als »wirklich« glücklich formuliert wurde?

Da ich den Namen der Person, die diese Frage gestellt hat, nicht mehr habe, kann ich diesbezüglich nicht nachhaken. Daher werde ich von einigen Annahmen ausgehen und darauf Bezug nehmen. Ich vermute, dass der Wunsch danach besteht, erneut das Gefühl zu haben, »glücklich« zu sein, so wie die Person es bereits erlebt hat. Und es idealerweise noch etwas zu intensivieren, damit sie es wirklich in ihrem gesamten Sein empfindet.

Zu Beginn würde ich daher vorschlagen, ein Glücksinventar zu erstellen. Nimm dir die nächsten paar Tage jeweils 20 bis 30 Minuten Zeit und schreib Momente aus deiner Vergangenheit auf, in denen du glücklich warst. Vielleicht klingt das sehr technisch, aber erst mal wäre es hilfreich, die folgenden Dinge zu wissen:

1. Um welche Situation handelt es sich?
2. Was an dieser Situation hat sie zu einem glücklichen Moment gemacht?
3. Mit wem warst du zusammen, und hat das für dein Glücksempfinden eine Rolle gespielt?

Es empfiehlt sich, die Liste auf ein paar Tage verteilt zu erstellen, weil wir an verschiedenen Tagen, während wir verschiedene Dinge tun, unterschiedliche Erinnerungen aktivieren. Sobald wir einen Zugang dazu gefunden haben und uns etwas Zeit geben, neigt unser Geist außerdem dazu, neue Verbindungen zu Dingen herzustellen, die wir vergessen hatten.

Das Anschauen von Fotos oder Videos kann eine weitere effektive Technik sein, um uns an glückliche Momente zu erinnern. Nutze also die Fototechnik, wenn es dir zu wenig bringt, dich hinzusetzen und Dinge aufzuschreiben. Ich empfehle dir, 20 Glücksmomente auszuwählen. Falls sie dir schnell und mühelos einfallen, ist das großartig. Generell sind 20 Momente eine gute Arbeitsgrundlage.

Versuche Tendenzen zu erkennen, nachdem du die oben aufgeführten Fragen für alle 20 Momente beantwortet hast. Haben einige deiner Lieblingserinnerungen etwas mit einer bestimmten Aktivität zu tun? Spielt eine bestimmte Umgebung eine Rolle, wie zum Beispiel die Natur, das Meer, ein Club? Gibt es eine Verbindung etwa der Art, mit wem du zusammen warst? Das könnte übrigens auch niemand gewesen sein. Manchmal macht es uns glücklich, Zeit für uns alleine zu haben.

Wenn du damit fertig bist, stell dir ein paar andere große Lebensfragen. Die folgenden drei eignen sich gut dafür, etwas Ordnung in ein mögliches geistiges Chaos zu bringen.

1. Wenn du nur noch 24 Stunden zu leben hättest, mit wem würdest du sie verbringen, was würdest du tun, sehen oder erleben, und warum?
2. Wenn du das Leben weiterhin so führst, wie du es gerade tust, was wirst du am Ende am meisten bereuen? Und was wird deine größte Quelle für Erfüllung sein?

3. Welche Veränderung würde dein Leben viel besser machen, wenn du sie jetzt umsetzen würdest?

Wenn du all diese Fragen beantwortet hast, ist es an der Zeit, die Erkenntnisse und das Wissen für dich zu nutzen. Du kannst mit kleinen Dingen anfangen. Tausche jeden Tag einen kleinen Zeitabschnitt, der dich nicht glücklich macht, gegen etwas aus, das dich – wie du nun weißt – durchaus glücklich macht. Es könnte etwas so Einfaches sein wie deinen Tag mit Musik zu beginnen, die du gerne magst, anstatt dich mit Nachrichten zu befassen.

Oder du nimmst dir während deiner Mittagspause zehn Minuten Zeit, um eine meditative Atmung durchzuführen, anstatt wahllos auf deinem Handy herumzuscrollen. Du könntest jeden Abend als letzte Aktivität vor dem Einschlafen vielleicht ein Kapitel in einem Buch lesen, das dir gefällt, anstatt fernzusehen.

Wenn du in deinem Leben hin und wieder etwas freie Zeit zur Verfügung hast, fülle jede Woche jeweils eine Zeiteinheit von einer Stunde mit etwas aus, das du definitiv mit Glück verbindest. Plane es konkret ein und miss diesem Termin die allergrößte Bedeutung bei. Das heißt, streiche ihn nicht wieder und verschiebe ihn auch nicht, weil du denkst, dass du später noch dazu kommen wirst. Mach ihn zur obersten Priorität für diesen Tag.

Es ist erstaunlich, wie sehr nur eine Stunde voller Glückszeit pro Woche die Stimmung für die restliche Woche verändert. Es liegt daran, dass sie uns Hoffnung schenkt. Sie erinnert uns daran, dass es solche Glücksmomente gibt.

Manchmal, wenn wir weit von dem entfernt sind, was uns glücklich macht, kommt es uns besonders schwer vor, die Aktivitäten in Angriff zu nehmen, die nötig sind, um uns den Glücksmomenten näher zu bringen. Solltest du je dieses

Gefühl haben, kannst du ausprobieren, ob dir folgender Hinweis hilft, der von einem Gast in meinem Podcast stammt: Wenn sie keine Lust habe, Sport zu treiben, erzählte die Frau, dann wisse sie, dass sie ihn am nötigsten habe. Diese einfache neue Perspektive helfe ihr, jegliches Zögern zu überwinden.

Das finde ich genial, und ich nutze den Tipp, seit ich davon gehört habe. Falls es dir also schwierig erscheint, wieder Glücksmomente in dein Leben zu bringen, bedeutet es wahrscheinlich, dass du sie mehr als je zuvor brauchst. Lass es zur obersten Priorität werden und beschenke dich selbst damit, dass du sie JETZT zeitlich einplanst! Du hast es verdient.

Wie werde ich glücklich?
Im Sinne von wirklich glücklich? (Teil 2)

Wenn wir mit etwas kämpfen, können sieben Seiten mit Übungen und Ratschlägen uns manchmal überfordern. Daher habe ich die Frage an der Stelle vorhin abgeschlossen.

Unser Geist mag das Gefühl, etwas erledigt zu haben. Und das lässt sich leichter erreichen, wenn du diese zwei Extraseiten liest, anstatt die Fragen im ersten Teil zu beantworten. Aber wenn du wirklich Probleme damit hast, dein Glück zu finden, nimm dir bitte die Zeit für die Übungen im ersten Teil und komm dann wieder hierher zurück. Du wirst froh sein, dass du es so gemacht hast.

Wenn du immer noch am Lesen bist: super. Du hast die Übungen im ersten Teil abgeschlossen. Lass uns mit ein paar weiteren Ideen fortfahren, die dir helfen, dein Glück zu finden. Stell dir die folgenden Fragen und schau dann, welche Antworten du darauf findest.

1. Welche Dinge, die früher in deinem Leben nicht existiert haben, aber jetzt eine Rolle spielen, könnten im Moment dein Glück verhindern? Beispiele könnten etwa bestimmte Aspekte bei deiner Arbeit sein, dein Chef, eine Beziehung, der Nachbar unter dir, dein Wohnort ...

2. Welche Dinge machen dich in deinem Leben unglücklich, und wie würde das Gegenteil aussehen?

3. Wer sind die zwei glücklichsten Menschen, die du kennst, und was ist ihr Geheimnis? Abgesehen von deiner eigenen Einschätzung, wie ihr Geheimnis aussieht, ist es eine sehr gute Idee, sie einfach danach zu fragen.

4. Stell dir vor, dein bester Freund oder deine beste Freundin würde dein Leben führen und dich um Hilfe bitten, damit dieses Leben glücklicher wird. Welche Veränderung würdest du ihm beziehungsweise ihr vorschlagen, um am ehesten mehr glückliche Minuten pro Woche zu bekommen?

Diese letzte Frage ist aus mehreren Gründen besonders interessant. Erstens sind die Antworten, die wir suchen, manchmal offensichtlicher, wenn wir unser Leben auf jemand anderen übertragen. Und zweitens hilft es uns, die Dinge ins rechte Verhältnis zu setzen, wenn es darum geht, womit wir unsere Zeit verbringen.

Die meisten Menschen verwenden 70 Prozent ihrer Zeit im Wachzustand von Montag bis Freitag auf Aktivitäten rund um die Arbeit. Das ist eine riesige Menge an Zeit. Wenn wir daher von einem Job, der lediglich in Ordnung ist, oder sogar schlimmer, der uns tatsächlich unglücklich macht, zu einem Job wechseln, der uns glücklich macht, hat das einen ENORMEN Einfluss auf unser allgemeines Glücksempfinden.

Okay, es ist an der Zeit für einige abschließende Betrachtungen. Es ist sehr nützlich zu wissen, was uns unglücklich macht. Es ist sehr nützlich zu wissen, was uns glücklich macht. Um richtig glücklich zu *sein*, im Sinne von wirklich glücklich, müssen wir allerdings einige mutige Schritte tun und all diese Erkenntnisse umsetzen. (Wenn es dir schwerfällt, mutig zu sein, lies das Kapitel »Wie kann ich mutiger sein und weniger Angst haben?«.)

Was hältst du von ganzheitlicher Gesundheit?

Ich möchte vorausschicken, dass ich kein Arzt bin. Alles, was mit dieser Frage zusammenhängt, sollte daher mit diesem Filter gelesen werden. Allerdings bin ich ein Denker. Ich verbreite meine Meinungen nicht wahllos in der Welt, ohne vorher intensiv über eine Frage oder ein Thema nachzudenken. Verwende für alles daher bitte gerne auch diesen Filter.

Meinen Recherchen zufolge handelt es sich bei ganzheitlicher Gesundheit nach der gängigsten Definition um einen Ansatz, der gleichzeitig die körperlichen, mentalen, emotionalen, sozialen und spirituellen Aspekte der Gesundheit berücksichtigt. Demnach entsteht ein gesundheitliches Problem nicht aufgrund einer einzigen Situation, losgelöst von anderen Faktoren, sondern ist vielmehr das Ergebnis vieler miteinander verflochtener Variablen, die unseren Körper, unseren Geist, unsere Seele, die Menschen in unserem Umfeld, unsere Kultur und unsere Umgebung umfassen.

Aufgrund meiner Lebenserfahrungen ist das für mich plausibel. Ein sonniger Tag »fühlt« sich körperlich buchstäblich anders »an« als ein verhangener. Laute, chaotische Situationen »empfinde« ich als weniger angenehm. Wenn ich mich in einer solchen Situation befinde, wird meine Atmung flach, ich kneife meine Augen zusammen, meine Nerven sind aufs Äußerste gespannt ... Wenn ich wegen einer Entscheidung gestresst bin, bei der ich mir nicht sicher bin, »spüre« ich es in meinem Bauch und erlebe es nicht nur in meinem Geist.

Von daher habe ich tatsächlich den Eindruck, dass viele miteinander verbundene Variablen sich auf meinen Zustand auswirken. Aus *meiner* Perspektive betrachtet, erlebt jeder

Einzelne von uns im Laufe des Lebens somit unterschiedliche Dinge, die für die Gesundheit relevant sind. Und aufgrund dieser Einzigartigkeit ist die Gesundheitsfürsorge vom Ansatz her eine ziemliche Herausforderung.

Schließlich unterscheiden sich selbst einiige Zwillinge im Hinblick auf ihre Gedankenwelt, ihr Verhalten, ihre Ernährung und Lebenserwartung. Daher kommt es in puncto Gesundheit nur äußerst selten vor, dass etwas für fast jede Person genau gleich funktioniert. Mit anderen Worten, es gibt nur sehr wenige Lösungen, die für alle geeignet sind.

Das ist an sich sehr schade. Es wäre großartig, wenn die Gesundheit so einfach wäre. Stattdessen haben wir die Aufgabe herauszufinden, was am besten für *uns* und *unseren* Körper funktioniert.

Nach meiner Erfahrung läuft es darauf hinaus, bestimmte Muster wahrzunehmen. Wie geht es mir, wenn ich etwas Bestimmtes esse? Wie wirkt ein bestimmtes Präparat bei mir? Welchen Einfluss hat eine bestimmte Aktivität auf meinen geistigen und körperlichen Zustand?

Wenn wir genügend aufmerksam sind, erkennen wir nach und nach, was bei uns gut funktioniert und was nicht. Überdies haben wir die Möglichkeit, uns von Menschen unterstützen zu lassen, die im Gesundheitsbereich arbeiten und darin geschult sind, Muster in einem größeren Zusammenhang zu erkennen. Sie befassen sich täglich mit gesundheitlichen Themen, lesen darüber, tauschen sich mit anderen aus und verfügen somit über ein großes Wissen, das die meisten von uns nicht haben.

Der Trick ist, jemanden zu finden, dem wir in dieser Hinsicht vertrauen. Häufig läuft das auf Versuch und Irrtum und persönliche Empfehlungen hinaus. Das ist nicht unbedingt der effektivste Prozess, aber wenn es passt, dann ist wirklich viel gewonnen.

Außerdem ist es sinnvoll, auf eine gemeinsame Ausrichtung zu achten. Dieses Konzept hat mir Jacques Guenette erläutert, über den ich im Buch *Das Leben gestalten mit den Big Five for Life* schreibe. Und wie es mit Konzepten nun mal so ist, kann eine gemeinsame Ausrichtung zu bahnbrechenden Veränderungen führen.

Im Zusammenhang mit der Gesundheit geht es darum zu verstehen, welche Interessen und Ziele jemand hat und wer oder was vom Ansatz her dazu passt. Eine medizinische Einrichtung, in der die allgemeine Gesundheit, das Wohlbefinden und die Zufriedenheit der Patienten die Basis für den Fortbestand sind, wird automatisch auf die Gesundheit, das Wohlbefinden und die Zufriedenheit der Patienten ausgerichtet sein. So formuliert scheint es eigentlich selbstverständlich zu sein, nicht wahr?

Wenn es richtig gemacht wird und Menschen sehr gute medizinische Empfehlungen oder Behandlungen bekommen, wenn sie gute Erfahrungen machen und ihre gesundheitlichen Probleme erfolgreich therapiert werden, erzählen sie anderen davon. Dadurch kommen weitere Patienten zu den Leuten, die diese großartige Arbeit geleistet haben, wodurch diese noch erfolgreicher werden. Insgesamt eine gute Übereinstimmung der Interessen.

Wenn die allgemeine Gesundheit, das Wohlbefinden und die Zufriedenheit der Patienten dagegen nicht die wesentlichen Erfolgsfaktoren der medizinischen Einrichtung sind, sondern der Erfolg auf anderen Dingen basiert ... dann wird der Fokus auf diese »anderen Dinge« ausgerichtet sein. Genauso funktioniert es auch beim menschlichen Gehirn und der jeweiligen persönlichen Ausrichtung. Es gibt kein zufälliges Verhalten. Es gibt Gründe, warum Menschen und Institutionen sich auf eine bestimmte Weise verhalten. Und meistens hat es etwas mit Belohnungen zu tun.

All das versuche ich in Betracht zu ziehen, wenn es um meinen Einsatz für mein eigenes Wohlbefinden geht.

Insgesamt gesehen scheint mir die ganzheitliche Medizin einen größeren Überblick über die Optionen zu eröffnen, die mir zu Verfügung stehen. Besonders wenn sie mit anderen medizinischen Verfahren kombiniert wird. Es käme mir irrwitzig vor, diese Möglichkeiten zu ignorieren, wenn es mein grundlegendes Ziel ist, mich gesund zu fühlen.

Der Arzt, zu dem ich gehe, hat mein Leben im wahrsten Sinne verändert. (Mehr über ihn findest du im Kapitel »Warum sind so viele Leute heutzutage offenbar so gemein und dumm?«. Und falls es nicht ohnehin bereits offensichtlich ist, er gehört zu den freundlichen und intelligenten Menschen, die ich in meinen Ausführungen erwähne.) Als ich gesundheitliche Probleme hatte, betrachtete er mein Blutbild, hörte sich an, wie es mir ging, und empfahl mir dann verschiedene Präparate sowie kleine Verhaltensänderungen. All das basierte auf seiner 35-jährigen praktischen Erfahrung und seinen Erkenntnissen, was anderen geholfen hatte.

Die Kombination der neuesten Technologien mit Erkenntnissen der ganzheitlichen Medizin hat bei mir super gewirkt. Mein Arzt ist offen für diese Verbindung, denn das bringt sein Interesse, *meine Gesundheit zu fördern,* mit meinem Interesse, *gesund zu sein,* in Einklang. Anschließend berichte ich allen, wie toll er ist, was dazu führt, dass er weitere Patienten gesundheitlich unterstützen kann. Wir profitieren also beide davon.

Es ist schwierig, in vielen verschiedenen Bereichen ein ausgewiesener Experte zu sein. Ich halte das für eine Grundregel des Lebens. Wo es möglich ist, zum Beispiel beim Thema Gesundheit, suche ich mir jemanden, dem ich vertraue, der ein Experte ist, der vom Ansatz und der Ausrichtung her gut zu mir passt, und lasse mich von ihm beraten.

Das heißt nicht, dass ich nicht aktiv beteiligt wäre. Schließlich ist es für eine andere Person unmöglich, besser als ich selbst zu wissen, wie ich mich fühle. Tatsächlich wäre die ganzheitliche Medizin ohne die Beteiligung der Patienten nicht sehr ganzheitlich. Aber mir ist bewusst und ich akzeptiere, dass andere Menschen manchmal von außen Dinge bei uns erkennen können, die wir selbst nicht wahrnehmen. Oder dass sie über eine Fachkompetenz verfügen, die wir nie haben werden. Offen für ihr Wissen und ihr Können zu sein, kann erheblich dazu beitragen, dass wir gesund bleiben.

Nichtsdestotrotz spielen wir bei dem gesamten Prozess eine entscheidende Rolle. Vor allem bei größeren gesundheitlichen Problemen ist es wichtig, aufmerksam auf intuitive Eingebungen zu achten.

Ich gebe dir ein Beispiel dafür. Vor ein paar Jahren hatte meine Mutter Probleme mit ihrem Herzen. Also suchte sie ein paar Experten auf, die ihr mitteilten, dass zwei Dinge problematisch waren.

Zum einen schloss eine Herzklappe nicht richtig, und zum anderen hatte sie Herzrhythmusstörungen. Die Ärzte vermuteten, dass die Herzrhythmusstörungen eine Begleiterscheinung des Herzklappenfehlers waren. Offenbar kompensierte das Herz meiner Mutter die Klappeninsuffizienz, indem es einen Rhythmus entwickelte, der die Herzfunktion aufrechterhielt, aber eigentlich nicht ideal war.

Meine Mutter ließ sich daraufhin operieren und der Herzklappenfehler wurde behoben. In einem nächsten Schritt – und das ist ein Beispiel für die großartigen technologischen Fortschritte, die wir nutzen können – sollte ihr Herz angehalten und danach wieder in Gang gebracht werden. Genau. Einmal das Herz anhalten und dann *einen Neustart durchführen*! Wer hätte gedacht, dass so etwas überhaupt möglich ist?

Beides wurde gemacht, aber der Herzrhythmus veränderte sich nicht, sondern blieb so wie zuvor. Am nächsten Tag hielten die Ärzte das Herz erneut an und setzten es wieder in Gang, in der Hoffnung, dass es dieses Mal einen neuen Rhythmus entwickeln würde. Doch das tat es nicht.

Als ich meine Mutter im Krankenhaus besuchte, erklärte sie mir all das, und meine Intuition befeuerte mich mit einer Eingebung dazu. Ich fragte meine Mutter, wie lange sie schon kurzatmig war und körperlich nicht mit anderen mithalten konnte. Sie erwiderte, dass sie diese Symptome schon immer gehabt hatte. Als Kind war sie beim Bergaufwandern oder beim Laufen im Sportunterricht stets die Letzte gewesen, weil sie immer außer Atem gewesen war.

Der Punkt beim Anhalten des Herzens ist, dass es nur drei Mal gemacht wird. Wenn das Herz danach nicht zu einem neuen Rhythmus gefunden hat, wird die Maßnahme nicht mehr durchgeführt. Letztlich ist das die Realität für beinahe ein Drittel der Patienten, die dieses Verfahren durchlaufen. In dieser gewissermaßen entscheidenden Situation kam mir ein Gedanke: Wenn meine Mutter dieses Problem bereits ihr ganzes Leben hatte, warum sollte das Anhalten und Wieder-in-Gang-Setzen ihres Herzens es plötzlich einen neuen Rhythmus finden lassen? Das wäre so, als würde man darauf setzen, dass eine bestimmte Software auf dem Computer nicht geladen würde, nur weil man den Computer ein- und ausschaltet. Oder als erwarte man, dass jemand einen anderen Weg von der Arbeit nach Hause fährt, nur weil er ein neues Auto hat.

Ich erklärte meiner Mutter, dass die Ärzte etwas von ihrem Herz erwarteten, es aber nicht wusste, *wie es ging*. Es sollte einen Rhythmus übernehmen, den es noch nie erlebt hatte. Also schlug ich vor, dass wir einen gesunden Herzrhythmus aufnahmen und meine Mutter ihn sich im Vorfeld des dritten Versuchs mehrere Stunden pro Tag anhörte. Und es sollte der letzte Klang sein, den sie hörte, bevor der dritte Eingriff vorgenommen wurde.

Sie war offen dafür, es zu versuchen, und den Ärzten muss man zugutehalten, dass auch sie es waren. Sie sagten, sie hätten so etwas noch nie gehört, wären aber bereit, es auszuprobieren. Also machten wir es so, und stell dir vor, es funktionierte. Ehrlich gesagt war der schwierigste Teil, meiner Mutter beizubringen, den Bluetooth-Kopfhörer, den wir ihr gekauft hatten, mit ihrem Handy zu koppeln, um die Audiodatei abzuspielen.

Wie anfangs bereits gesagt, bin ich kein Arzt. Aber meiner Erfahrung nach gibt es Zeiten, in denen wir aus gutem Grund solche plötzlichen Eingebungen haben. Und ich habe festgestellt, dass die Bereitschaft, solchen Eingebungen zu vertrauen und zu beobachten, wohin sie uns führen werden, zu meinem Umgang mit ganzheitlicher Medizin gehört und, wie sich zeigte, auch zu dem meiner Mutter.

Wie kann ich mutiger sein und weniger Angst haben?

Mut ist die Bereitschaft, ohne Sicherheit einen Schritt ins Leere zu machen. Es ist die Bereitschaft, es einzugestehen, wenn wir unser Potenzial nicht ausgeschöpft haben. Es ist die Bereitschaft, uns in Situationen zu begeben, in denen wir uns vollkommen auf unsere eigenen Fähigkeiten verlassen müssen.

Mut begeistert mich. Es gefällt mir, dass er aus der Tiefe unserer Seele zu uns spricht. Dass er uns dazu auffordert, uns einer Situation zu stellen, und zwar auf eine Weise, die uns erkennen lässt, wie dumm unsere Ängste sind. Er fördert unsere Größe zutage, da er uns die Stärke verleiht, für die Dinge einzutreten, die wir als wahr erkannt haben. Auf bestimmten Konditionen zu bestehen, die uns zukommen.

Zudem begeistert es mich, auf welche Weise der Mut uns seine vielen Gesichter zeigt. Etwa wenn ein Kind wagemutig von einem Stück des Bürgersteigs zum nächsten springt. Wenn eine Existenzgründerin ein ganzes Unternehmen nur aus einer Idee heraus aus dem Nichts aufbaut. Wenn ein Skifahrer nach einer schweren Verletzung und monatelanger Reha wieder in die Falllinie geht und erneut den Berghang hinunterrast.

Wir alle werden mit einer großen Portion Mut geboren, und er ist aus einem entscheidenden Grund in unserer DNA vorhanden. Ich bekam eine Ahnung davon, als ich das Buch *Safari des Lebens* schrieb. Während ich die Hauptfigur beobachtete und ihr zuhörte, wie sie die menschliche Erfahrung erklärte, hatte ich eine Vision. Demnach suchen wir uns die Herausforderungen aus, denen wir uns im Leben stellen wollen, bevor wir unsere physische Gestalt annehmen. So ähnlich wie bei einem Urlaub, für den wir uns all die Orte überlegen, die wir sehen wollen, und die Dinge planen, die wir tun möchten.

Allerdings mit dem Unterschied, dass diese Erfahrung vor unserer Geburt die Richtung unseres Lebens vorgibt. Und dieses gestalten wir mit der Absicht, durch die Dinge, die wir auswählen, persönlich zu wachsen. Daher suchen wir uns natürlich keine einfachen, leicht bewältigbaren Erfahrungen aus. Denn diese würden nicht zu großem persönlichem Wachstum führen. Stattdessen nehmen wir große Herausforderungen an. Körperliche etwa, wenn es um unser Aussehen geht. Bei anderen dreht es sich darum, eine Verletzung oder Krankheit zu bewältigen. Bei wieder anderen könnte es sich um mentale Herausforderungen handeln, beispielsweise wenn wir mit Menschen in unserem Leben fertigwerden müssen, die uns nicht unterstützen oder die extrem kritisch sind.

Zu den Herausforderungen, die wir uns aussuchen, kommen die positiven Eigenschaften, mit denen wir ausgestattet sind. Unser persönlicher, einzigartiger Superpower-Mix. Dabei gehört der Mut zu den wichtigsten Eigenschaften. Dann werden wir geboren und erinnern uns weder an die Herausforderungen, die wir ausgewählt haben, noch an unsere positiven Eigenschaften. Das alles gehört zum Spiel dazu.

Während sich unser menschliches Leben entfaltet, treten die Herausforderungen zutage. Das eröffnet uns die Möglichkeit, unsere Superkräfte zu entdecken und einzusetzen, um die Herausforderungen anzunehmen.

Wenn wir diese Strukturen verstehen, haben wir die Chance, das Leben aus einem völlig anderen Blickwinkel zu betrachten. Wir erkennen, dass wir keine Panik vor den Herausforderungen des Lebens haben sollten. Vielmehr geht es darum, sie zu überwinden, da dies Teil unseres Wegs zu einem fantastischen Leben ist. Mit einem Mal sind wir keine hilflosen, ängstlichen, unvorbereiteten Teilnehmer mehr. Wir sind Abenteurer mitten in einem Spiel.

Wir erkennen, dass die Herausforderungen nicht von selbst verschwinden werden. So ist das Spiel nicht gedacht. Es ist tatsächlich so angelegt, dass die Probleme immer wieder aufs Neue und mit jedem Mal massiver auftreten, solange wir uns ihnen nicht stellen.

Anstatt also vor dem Leben davonzulaufen, widmen wir uns dem Spiel. Und dazu gehört, nach den Superkräften zu suchen, mit denen wir uns ausgestattet haben, damit sie uns dabei helfen zu gewinnen. Wenn diese uns zur Verfügung stehen, bewegen wir uns im Spiel mutig vorwärts, mit dem Wissen, dass nicht jeder Moment einen Sieg bereithält. Allerdings sind wir auch nicht darauf ausgelegt zu scheitern.

Allein die Bereitschaft, das Leben in diesem Kontext zu betrachten, erfordert Mut. Denn es weist uns selbst Verantwortung zu. Wir tragen die Verantwortung für unser eigenes Schicksal. Wir sind die Schöpfer unserer Realität. Wir kontrollieren, was uns widerfährt. Wenn alles gut läuft, fällt uns das leicht. An einem Tag jedoch, an dem wir vor einer großen Herausforderung stehen, kann das viel bedrohlicher wirken.

Deshalb sind wir bei diesem Abenteuer nicht alleine. Denn an einem Tag, an dem es uns an Mut mangelt, können wir ihn einfach mithilfe von Beispielen anderer in unserem Umfeld wiedererlangen. Wir haben Zugang zu einer endlosen Menge von Geschichten realer Menschen, die sich ihren Herausforderungen gestellt haben und über sich selbst hinausgewachsen sind. Die Beispiele ihres Muts erinnern uns daran, dass es auch in uns selbst steckt, mutig zu sein. Wir verfügen ebenfalls über die nötigen Fähigkeiten – nicht nur, um zu überleben, sondern auch, um uns persönlich weiterzuentwickeln, uns zu entfalten und uns selbst zu übertreffen.

Es gibt eine unglaubliche Bandbreite von Szenarien, die zeigen, auf welche Art und Weise andere ihren Mut unter Beweis gestellt haben. Eltern überwinden Hindernisse, um ihre Kinder großzuziehen, Teenager machen Neues, blinde Menschen erlernen die Brailleschrift, Männer und Frauen fliegen in den Weltraum, Abenteurer überqueren Ozeane mit einem Ruderboot, Wissenschaftler entdecken Heilmittel für Krankheiten ... Egal mit welchen Herausforderungen wir konfrontiert werden, es gibt Beispiele von Menschen, die genau die gleichen oder sehr ähnliche Probleme gemeistert haben.

Diese Beispiele für Mut müssen nicht nur von Menschen stammen, die aktuell noch am Leben sind. Sicherlich gibt es viele solcher Beispiele, doch die Geschichten über Mut reichen Hunderte und sogar Tausende von Jahren zurück.

Es ist beeindruckend, solche Geschichten zu erfahren. Häufig erscheinen unsere eigenen Probleme im Vergleich dazu klein, denn egal vor welchen Herausforderungen wir stehen, es gibt stets jemanden, der mit einer noch schwierigeren Situation konfrontiert war und sie dennoch bewältigt hat.

Wenn du deinen Mut also fördern möchtest, solltest du die zahlreichen technologischen Vorteile nutzen, die uns zur Verfügung stehen, um Mut in Aktion zu sehen. Geh auf YouTube und gib »Inspirierende Videos« in die Suchleiste ein. Such auf Google nach »Menschen, die ... überwunden/bewältigt haben«. Trag in die Lücke die Herausforderung ein, der du gegenüberstehst, worum auch immer es sich dabei handeln mag. Sieh dir TED-Vorträge an.

Geh in eine Buchhandlung oder eine Bibliothek und dort in die Jugendbuchabteilung. Nimm dir eine Reihe von Biografien über Menschen mit nach Hause, von denen du gehört hast, deren wahre Geschichte du aber nicht kennst.

Biografien aus der Jugendbuchabteilung sind großartig, weil sie in der Regel kürzer und kompakter sind. Daher kannst du eine ganze Biografie in etwa einer Stunde durchlesen. In den USA gibt es eine tolle Buchreihe mit dem Titel *Wer war ...?* und *Wer ist ...?*.

Die Reihe ist unglaublich gut geschrieben. Die Bücher erzählen von den guten Zeiten sowie von den Herausforderungen und Hindernissen, mit denen diese Menschen in ihrem Leben konfrontiert waren. Das ist wirklich beeindruckend, denn wenn wir etwas darüber lesen und erfahren, was die Person getan hat, um sie zu überwinden, erhalten wir großartige Ideen, um mit unseren eigenen Hürden und Herausforderungen fertigzuwerden.

Abgesehen davon, dass wir etwas aus den Geschichten anderer lernen, wie können wir unseren Mut zusätzlich fördern? Vor allem, wenn wir uns innerlich klein fühlen?

Eine Möglichkeit ist, aus unseren vergangenen Erfolgen zu lernen. Es gab einmal eine Zeit, in der du ein Baby warst. Ein Baby, das nicht viel mehr tun konnte, als dazuliegen und die Arme und Beine etwas zu bewegen. Die Entwicklung von diesem Zustand hin zum Krabbeln und Laufen passierte nicht an einem Tag. Es war ein Prozess. Monatelang beobachten Babys, wie es aussieht zu laufen. Dann kräftigen sie durch das Krabbeln ihre Muskeln. Wenn sie schließlich stark genug sind, ziehen sie sich hoch und üben zu stehen. Wenn sie das gemeistert haben, versuchen sie zu gehen. Dann, und wirklich erst dann, fangen sie an zu rennen. Du hast all das in deinem Leben bereits getan. Du kennst den Prozess.

Folge einem ähnlichen Pfad, um mutiger zu werden.

Wenn du ein Abenteurer sein möchtest, aber Angst vor dem Reisen hast, dann beginne mit etwas Kleinem, zum Beispiel damit, eine neue Straße in deiner Stadt entlangzugehen. Nur eine einzige neue Straße. Fünf Minuten in die eine

Richtung und fünf Minuten wieder zurück. Leg diese Strecke eine Woche lang jeden Tag zurück. In der nächsten Woche suchst du dir dann eine andere Straße aus. Nach einem Monat versuchst du, mit dem Fahrrad aufs Geratewohl irgendwohin und wieder nach Hause zu fahren. Darauf baust du dann auf und fährst mit dem Bus an einen Ort, an dem du noch nie warst. Dies alles sind Mini-Abenteuer. Betrachte sie wie Teile eines Spiels. Lass deine Fähigkeiten sich immer mehr entwickeln.

Unterstütze dich bei diesen kleinen Mutaktivitäten weiterhin mit den Büchern, Videos und Geschichten. Denn etwas aus einer Geschichte, das dich zu Beginn deiner Entwicklung heillos zu überfordern schien, wird nach ein paar Monaten oder einem Jahr durchaus im Bereich des Machbaren sein. Schon bald wirst du Dinge tun, die es wert sind, selbst ein inspirierendes Buch darüber zu schreiben oder ein Video dazu aufzunehmen.

Ein entscheidender Schlüssel für persönliches Wachstum liegt darin, dir bewusst zu machen, in welche Richtung du dich weiterentwickelst. Was ist das Ziel? Wann wirst du wissen, dass du angekommen bist? Und was den Mut betrifft – frage dich, was es für dich bedeutet, »mutig zu sein«.

Ist es die Fähigkeit, vor einem Publikum zu stehen und deine Geschichte zu erzählen? Bedeutet es, ehrlich gegenüber dir selbst zu sein, wenn du einen Fehler gemacht hast? Bedeutet es, einen Job zu kündigen oder eine Beziehung zu beenden, wenn diese dir nicht guttun? Oder ist es eine Reise oder das Erlernen einer neuen Fähigkeit?

Wenn wir uns über unser Ziel im Klaren sind, können wir uns auf unser Wachstum konzentrieren, während wir unser Mutpotenzial ausbauen. Wir können Vorbilder für unsere einzigartige Situation finden. Denk nur an die Bücher und Videos. Es ist fantastisch, etwas über die verschiedensten

Formen von Mut zu erfahren. Noch besser ist es, etwas über Menschen zu erfahren, deren mutiges Verhalten ihnen dabei geholfen hat, eine bestimmte Hürde zu überwinden oder Herausforderung zu meistern, die genau dem entspricht, womit wir selbst konfrontiert sind. Oder ihnen geholfen hat, ein Ziel zu verfolgen, von dem auch wir träumen.

Eine nützliche Technik, um unser Mut-Ziel zu erkennen, ist die Verwendung der Kategorien »Stopp«, »Start« und »Weiter so«. Mut bedeutet für dich, dass du womit aufhören wirst? Vielleicht ist es ein bestimmtes Verhalten dir selbst gegenüber. Vielleicht machst du dich selbst nieder, entweder verbal oder mit deinen Gedanken. Möglicherweise geht es um ein bestimmtes Verhalten anderen gegenüber, das dir nicht gefällt, das du aber aus irgendeiner Angst heraus nicht beenden willst.

Wie sieht es bei der Start-Kategorie aus? Wenn du vor Mut nur so strotzen würdest, welche Dinge würdest du dann tun, die du jetzt nicht machst? Würdest du dich auf eine bestimmte Weise kleiden? Würdest du an ein bestimmtes Reiseziel fahren? Würdest du deine Zeit mit Aktivitäten verbringen, denen du jetzt nicht nachgehst, weil du Angst davor hast, was andere Menschen denken könnten?

Oder zögerst du, weil du denkst, dass du am Anfang bei diesen Aktivitäten nicht gut wärst? Falls dem so ist, solltest du dir Folgendes bewusst machen: Jeder Tänzer, jede Künstlerin, jeder Unternehmer, jede Filmemacherin, jeder Bäcker, jede Wissenschaftlerin, jeder Sportler, jede Erfinderin ... sie alle wussten am Anfang nichts über die Dinge, die sie später meisterlich beherrschten. So wie damals, als du laufen gelernt hast, sind wir alle zu Beginn weit von dem entfernt, wozu wir letztlich in der Lage sind. Doch wenn wir nicht damit anfangen, werden wir nie besser werden.

Und schließlich ist da noch die Kategorie »Weiter so«.

Häufig bedeutet Mut, an etwas dranzubleiben, das wichtig für uns ist, selbst wenn der Rest der Welt uns offenbar für verrückt hält. Welchen Aktivitäten, die deine Seele erfüllen, widmest du dich im Moment? Ist es eine wöchentliche Radtour durch den Wald? Yoga an jedem Freitag? Sorg dafür, dass du diesen Dingen weiterhin nachgehst und ihnen noch mehr Raum gibst. Dafür musst du vielleicht erneut zur Stopp-Kategorie zurückkehren. Die meisten Menschen haben ein ziemlich ausgefülltes Leben. Mehr Zeit für einen Bereich zur Verfügung zu stellen bedeutet daher, dass wir mit etwas anderem aufhören müssen. Etwas zu beenden wird zunehmend leichter, wenn uns bewusst ist, dass wir nicht nur damit *aufhören*, sondern es vielmehr durch eine Alternative ersetzen, mit der wir uns – wie wir bereits wissen – lebendiger fühlen werden.

Mit dem letzten Gedanken zum Thema Mut möchte ich dich dazu ermuntern, die richtige Motivation zu finden. Denn wenn die Motivation groß genug ist, werden wir stets Herausforderungen annehmen, die uns sonst unüberwindbar erscheinen würden. Zu erkennen, dass unser Verhalten für unsere Kinder vorbildhaft wird, ist eine sehr nützliche Motivation für Eltern. Wenn die Kinder sehen, dass wir mutig sind, hilft es ihnen, ebenfalls mutig zu sein. Und diejenigen von uns, die keine Eltern sind, können sich bewusst machen, dass Menschen, die uns wichtig sind, sich an unserem vorbildhaften Verhalten orientieren.

Häufig tun wir mehr für andere als für uns selbst. Wenn wir beherzt unseren Mut fördern, um unsere Herausforderungen zu bewältigen und unsere Version eines fantastischen Lebens zu verwirklichen, ist das ein Beispiel dafür. Denn wir tun dies nicht nur für uns selbst, sondern auch, damit die Menschen, die uns etwas bedeuten, ebenfalls die besten Chancen auf ein wunderbares Leben haben.

Wie bist du ein Autor geworden?

Das ist tatsächlich eine etwas bizarre Geschichte. Sie hängt mit den Aspekten zusammen, über die ich im Kapitel »Was ist der Sinn des Lebens?« gesprochen habe. Vielleicht liest du es daher gleich im Anschluss.

Mein Weg zum Autor verlief alles andere als geradlinig und war sehr ungewöhnlich. Damit du ein vollständiges Bild bekommst, müssen wir uns in eine bestimmte Zeit zurückversetzen – etwa 15 Jahre, bevor ich ein Autor wurde. Ich war gerade 17 und Schüler an der Highschool.

Damals befand ich mich an einem Punkt im Leben, an dem Leute anfingen zu fragen, was man studieren wollte. Was stark mit der Frage verknüpft war, wie man sich seinen Lebensunterhalt verdienen wollte. Ich sage »damals«, weil der Druck auf junge Leute heutzutage offensichtlich noch früher ausgeübt wird. Meiner Meinung nach ist das völlig witzlos. Wie um alles in der Welt soll ein 15-jähriger Mensch wissen, wie er sich seinen Lebensunterhalt verdienen will?

Jedenfalls wurde mir die Frage oft gestellt, und ich hatte keine Ahnung. Ich war ein guter Schüler, daher hatte ich verschiedene Optionen, aber ich hatte keinen blassen Schimmer, was ich machen wollte. Und mein Weltbild war ziemlich begrenzt. Wahrscheinlich hätte ich nicht einmal bei zehn Berufen sagen können, was die alltäglichen Aufgaben sind. Vielleicht nicht einmal bei fünf.

In unserer Schule gab es allerdings einen Eignungstest, der uns Hinweise geben sollte, wozu unsere Begabungen und Interessen gut passten. Mit gespannter Erwartung nahm ich an dem Test teil und hoffte, gute Tipps zu bekommen, um mein zunehmendes Gefühl der Beklemmung zu überwinden. Das Testergebnis besagte, dass ich Manager einer

Rockband werden sollte. Ich fragte den Berufsberater, was das bedeutete, da ich kein Instrument spielte, keinerlei musikalisches Wissen oder Können hatte und mich nicht übermäßig für Bands oder Konzerte interessierte. Er sagte, er habe keine Ahnung.

Ich hatte auch keine Ahnung. Und keine der Broschüren, die ich von Universitäten erhielt, hob »Rockband-Manager-Programme auf Weltniveau für Leute, die nicht übermäßig an Musik interessiert sind« hervor. Mitten im zunehmenden Stress, was ich bloß nach dem Abschluss der Highschool machen sollte, sah ich den Film *Top Gun*. Es ist ein dramatischer, testosterongesteuerter Film über das Fliegen von Kampfjets gegen die allerbesten Piloten. Mit seiner dramatischen Musik und den adrenalingeladenen Szenen, in denen Düsenjäger mit Mach 3 am Himmel entlangschießen, führte dieser Film bei mir irgendwie zu der Schlussfolgerung, dass ich ... Pilot werden sollte.

Hier eine kleine Randnotiz für alle, die im Moment in einer Phase sind, in der sie herausfinden wollen, was sie beruflich machen möchten: Hollywoodfilme sind keine wirklich gute Basis für wichtige Lebensentscheidungen. Aber ich hatte mit 17 keinen Plan, und schon hatte ich beschlossen, Pilot zu werden.

Zum Glück war ich überaus fasziniert von der Luftfahrt, von Technik, dem Wetter und anderen Bereichen, die etwas mit dem Fliegen zu tun haben. Und ich konnte auf sehr viel Erfahrung rund um die Fliegerei innerhalb meiner Familie aufbauen.

Ja, genau!

In Wahrheit wusste ich nichts über die Luftfahrt, hatte keinen Spaß an Mathematik, und abgesehen davon, dass ich ein paar Mal in einer Verkehrsmaschine mitgeflogen war, war ich ungefähr so qualifiziert für einen Beruf in der Luftfahrt wie dafür, Manager einer Rockband zu werden. Der Unterschied war allerdings, dass ich noch nie einen Hollywoodfilm über einen Rockbandmanager gesehen hatte. Aber ich hatte *Top Gun* angeschaut.

Also führte ich eine kleine Recherche durch, fand heraus, dass es ein halbes Dutzend Luftfahrt-Colleges in meinem Land gab, und bewarb mich umgehend in Daytona Beach in Florida. Ich wählte dieses College aufgrund einer Reihe von sehr wohlüberlegten Gründen aus. Erstens befand es sich in Florida, und ich wollte dem kalten Wetter meines Wohnorts entfliehen. Zweitens war es 1200 Meilen von dem Ort entfernt, an dem ich aufgewachsen war, was bedeutete, dass eine große Distanz zwischen mir und irgendwelchen elterlichen Einflüssen liegen würde.

Falls es noch nicht offensichtlich sein sollte, so ziemlich alle Entscheidungen bei dieser Lebensplanung waren nicht sehr gut überlegt. Nichtsdestotrotz bewarb ich mich, wurde angenommen und schnitt gut ab. Es war nicht leicht für mich. Alle Leute dort interessierten sich *tatsächlich* sehr für die Luftfahrt oder hatten familiär viele Beziehungen in dieser Branche. Häufig war beides der Fall. Daher lag ich, was die Lernkurve bei diesen Dingen betraf, weit zurück.

Außerdem war ich ziemlich arm, und die Universität war nicht billig. Ich hatte mit zwölf angefangen zu jobben und gab jeden Penny, den ich in all den Jahren verdient hatte, für die Ausbildung und das Flugtraining aus. Zudem jobbte ich während der gesamten Ausbildungszeit. Aber ich war sehr entschlossen, und in meinem dritten Studienjahr schien es, als würde sich eins nach dem anderen wunderbar fügen.

An diesem Punkt denkst du vielleicht: »Wir sind offenbar von der ursprünglichen Frage ›Wie bist du ein Autor geworden?‹ weit abgekommen, John.« Das ist mir bewusst, aber warte noch einen Augenblick. Ich werde mich kurzfassen und zum Punkt kommen.

In meinem dritten Studienjahr erhielt ich die großartige Gelegenheit, ein Praktikum bei einer großen Fluggesellschaft zu machen. Das war eine wirklich prestigeträchtige Sache, da es den Weg zum Piloten im Grunde um zehn Jahre beschleunigte. Die Kehrseite war, dass man einen ganzen Sommer lang umsonst arbeiten musste, und der Sommer war jeweils die Zeit, in der ich drei Jobs hatte, damit ich das nächste Ausbildungsjahr finanzieren konnte.

Aber es war eine riesige Chance, also ergriff ich sie. Und als die drei Monate vorbei waren, erhielt ich vom Leiter des Trainingszentrums einen von insgesamt nur drei Briefen in der Geschichte des Ausbildungsprogramms, der besagte, dass man sich sehr darauf freue, mich als Mitglied in die Fluggesellschaft aufzunehmen. Ich war buchstäblich auf Wolke sieben. All die Arbeit, all die Mühe würde schließlich belohnt werden.

Doch sie wurde nicht belohnt.

Zum offiziellen Bewerbungsprozess der Fluggesellschaft gehört eine umfassende medizinische Standarduntersuchung. Man nimmt während des Flugtrainings bereits an zahlreichen medizinischen Untersuchungen teil, daher stand nicht zu erwarten, dass bei dieser Neues zum Vorschein käme. Doch in meinem Fall war es so. Bei mir wurde eine sehr seltene Herzkrankheit diagnostiziert, die lediglich einen von hunderttausend Menschen betrifft und das Leben normalerweise nicht beeinträchtigt, es sei denn, man will Pilot oder Astronaut werden.

Na großartig! Da hatte ich sowohl diesen Herzfehler ALS AUCH den Wunsch, Pilot zu werden!

Somit wurde all das Geld, das ich verdient hatte, seit ich zwölf gewesen war, innerhalb eines Tages zu einer Fehlinvestition in eine Ausbildung, die ich nie nutzen würde. Mein berufliches Ziel, auf das ich vier Jahre lang hingearbeitet hatte und dessen wunderbare Erfüllung scheinbar zum Greifen nah gewesen war – es war nun für mich gestorben. Und ich war absolut und vollständig orientierungslos.

Es wäre eine Sache gewesen, wenn ich es irgendwie massiv verbockt hätte. Oder wenn ich nicht das nötige Engagement aufgebracht hätte, um erfolgreich zu sein. Beides war nicht der Fall. Offenbar war es einfach zufälliges, schreckliches, elendiges, unfaires Pech.

Wie in einer überaus deprimierenden Filmszene, in der alles verloren scheint, fuhr ich also zurück nach Hause, zog wieder bei meinen Eltern ein und nahm, weil ich pleite war, wieder einen meiner alten Jobs als Kassierer in einem Kaufhaus an.

Es war ätzend. So deprimierend. Ich verschickte stapelweise Bewerbungen, aber der Arbeitsmarkt war zu der Zeit desolat, und niemand stellte Leute ein. Der nächste Tiefpunkt kam ein paar Monate nach diesem Debakel, als einer meiner früheren Lehrer von der Highschool in das Geschäft kam, in dem ich arbeitete. Er näherte sich der Kasse, erkannte mich und fragte mich, offensichtlich geschockt von der Tatsache, dass ich dort war: »Ich dachte, du wolltest Pilot werden?«

O.k., es ist an der Zeit, die Geschichte wieder etwas zu straffen, sonst wird sie zu deprimierend, um sie zu lesen, und das wäre schade, denn sie hat ein sehr gutes Ende.

Ich bekam schließlich einen Job für Berufseinsteiger in der Wirtschaft. Vielleicht hast du mein Buch *The Big Five for Life* gelesen und erinnerst dich noch an die Geschichte, die Thomas über die Arbeit bei einem psychotischen und schrecklichen Boss namens Walter erzählt. Sie beruht vollständig auf meinem Einstiegsjob in der Wirtschaft. Ein paar

Jahre später bewarb ich mich dann auf den Rat eines Familienmitglieds hin bei einem Abendprogramm der renommierten Northwestern University School of Business, um meinen Master of Business zu machen.

Trotz meines ausgezeichneten Collegeabschlusses und eines exzellenten Testergebnisses bekam ich eine Absage. Nach Meinung der Zulassungsstelle verfügte ich nicht über genügend praktische Arbeitserfahrung, um an einem so renommierten Businessprogramm wie ihrem teilzunehmen. Ich reagierte mit einem sehr wütenden Brief darauf, in dem ich meine ganze Luftfahrtgeschichte schilderte, und seltsamerweise erbarmte sich jemand und nahm mich in das Programm auf.

Nach meinem Abschluss arbeitete ich fünf Jahre lang als Strategieberater. Auf den ersten Blick hat es scheinbar nichts damit zu tun, dass ich Autor wurde. Aber wer *The Big Five for Life* gelesen hat, sieht, dass die gesamten wirtschaftlichen Bezüge in diesem Buch nicht möglich gewesen wären, wenn all die Consultingerfahrungen nicht zu meiner Lebensgeschichte gehört hätten.

Mit 32 Jahren fühlte ich mich ziemlich verloren. Ich war seit fünf Jahren als Berater tätig und sah keinen Lebensweg vor mir, der mich glücklich machen würde, wenn ich damit fortfuhr. Mein Großvater starb mit 82, was mich dazu veranlasste, über die längere Zeitachse des Lebens nachzudenken. Und mir wurde bewusst, dass *ich* im Alter von 82 Jahren ziemlich deprimiert über meine Entscheidungen sein würde, sollte ich so weiterleben wie bisher.

Also betrachtete ich meine Situation aus einer gewissen Distanz und fragte mich, warum ich ursprünglich Pilot werden wollte. Die Antwort lautete, ich wollte die Welt sehen. Ich wollte ein Abenteurer sein, verschiedene Länder bereisen, unterschiedliche Kulturen kennenlernen und exotische

Tiere in der Wildnis sehen. Mit 17 hielt ich die Pilotenlaufbahn für den einzigen beruflichen Weg, der mir all das vielleicht ermöglichen würde. In Wirklichkeit war Pilot zu werden daher nicht der Traum gewesen. Der wahre Traum war, ein abenteuerliches Leben zu führen.

Also tat ich, was ich bereits 15 Jahre früher gemacht hätte, wenn ich mehr über das Leben gewusst hätte. Ich plante den direkten Weg zur Verwirklichung meines Traums. Mein Plan war, meinen Job in zehn Monaten zu kündigen. Ich würde in diesen zehn Monaten jeden Cent sparen und das Geld nutzen, um mit dem Rucksack die Welt zu bereisen.

Dann recherchierte ich, was das eigentlich bedeutete. Ich las Websites, besorgte mir Bücher und begann mit Menschen über mein Vorhaben zu reden. Und der kosmische Algorithmus des Universums nahm das wahr. (Wenn du nicht weißt, was das bedeutet, lies das Kapitel »Was ist der kosmische Algorithmus des Universums?«.)

Zwei Monate nach Start dieses Zehnmonatsplans bot mir das Unternehmen, für das ich arbeitete, aufgrund einer Reihe schier unfassbarer Umstände ein Sabbatical an. Ich würde, ohne zu arbeiten, weiterhin einen Teil meines Gehalts bekommen und konnte tun, was immer ich wollte. Man bat mich lediglich, mich bereitzuhalten, falls man beschließe, mich im Laufe des nächsten Jahres wieder in Vollzeit zu beschäftigen.

Ich sagte zu, kaufte mir ein Flugticket nach Asien, und ein paar Wochen später stand ich in Bangkok. Das war der Beginn eines Rucksackabenteuers um die Welt, das beinahe ein Jahr dauern sollte.

Im Laufe dieses Jahres wandelte ich durch Tempel in Thailand, die Tausende von Jahren alt waren, fuhr mit dem Fahrrad durch uralte und verlassene Kulturstätten in Myanmar, ich war zu Fuß auf abgelegenen Teilen der Chinesischen Mauer unterwegs, paddelte in einem Einbaum durch Reisfelder in Vietnam, verbrachte drei Monate auf Tiersafari in Afrika und erlebte etwa tausend weitere geradezu irrwitzig fantastische Abenteuer.

Ich kam als anderer Mensch zurück. Ich hatte all das mit etwa 40 Dollar pro Tag geschafft, was meine Vorstellung, wie viel Geld ich brauchte, um glücklich zu sein, komplett veränderte. Ich hatte nur die Dinge bei mir, die in einen gewöhnlichen großen Rucksack hineinpassten, was meine Vorstellung darüber, in welchem Maße »Dinge« mich glücklich machten, vollkommen veränderte. Darüber hinaus hatte ich so viele Dinge gesehen und getan, die, wie mir klar wurde, genau den Dingen entsprachen, die mich ursprünglich auf den Weg zum Piloten gebracht hatten, dass ich eine tiefe und erhellende Erkenntnis über das Leben und den Tod hatte.

Kurz nach meiner Rückkehr sagte irgendetwas in mir, dass ich mich hinsetzen und zu schreiben beginnen sollte. Es war keine Erfahrung, bei der eine dröhnende Stimme aus dem Himmel zu mir sprach, sondern vielmehr ein intensives Gefühl, ein starkes Wissen, ein intuitives Bewusstsein. Auf meinen Reisen hatte ich gelernt, solchen Gefühlen zu vertrauen, denn wenn man an Orten ist, an denen man die Sprache nicht spricht, feine Nuancen nicht versteht und die örtlichen Gepflogenheiten nicht kennt, wird die Verbindung zu dieser Energie zu einem seiner wichtigsten Werkzeuge.

Also setzte ich mich hin und begann zu tippen. 21 Tage lang. Was durch mich hindurchfloss, war die Geschichte über ein Café. Dort gab es sehr weise Menschen, deren Weisheit meine eigene bei Weitem übertraf. Jeden Tag, wenn ich mich zum Schreiben hinsetzte, konnte ich im Geist die Szenen sehen und die Worte hören, die die Menschen sagten.

Ich überlegte mir nie im Voraus, was ich tippen würde. Ich las mir auch nie durch, was ich die Tage zuvor geschrieben hatte. Ich setzte mich einfach jeden Morgen hin und ließ alles durch mich hindurch und auf die Seiten fließen. Am Ende der 21 Tage schien das Ganze fertig zu sein. Also druckte ich alles aus und las es durch. Vielleicht hast du *Das Café am Rande der Welt* gelesen. Die Geschichte entspricht fast Wort für Wort dem, was ich auf diesen Seiten ausgedruckt hatte.

All das sorgt schon ziemlich für Gänsehaut. Denn diese kleine Geschichte wurde mittlerweile in 44 Sprachen übersetzt, und weltweit gibt es über fünf Millionen Exemplare davon. Zudem hat sie zu einigen sehr emotionalen und beeindruckenden Geschichten von Lesern geführt, die Hoffnung daraus geschöpft haben.

Aus einer etwas größeren Perspektive betrachtet, bekommt man allerdings so richtig Gänsehaut. Wäre ich Pilot geworden, wäre ich nicht mit den Herausforderungen des Lebens konfrontiert gewesen, die nötig waren, um die Cafégeschichte im Kern zu verstehen. Wäre ich Consultant geblieben, hätte ich nicht gewusst, wie es sich anfühlt, meinen Daseinszweck zu finden und tatsächlich den Unterschied zwischen einem Leben, das »in Ordnung« ist, und einem Leben, das weitaus besser ist als in Ordnung, zu begreifen.

Ich denke, die Cafégeschichte befand sich in einem Feld aus reinem Potenzial. Als ich durch meine Gedanken und mein Verhalten zum Ausdruck brachte, dass ich mir ein Leben wünschte, das mir entsprach und das ich gerne als Abenteurer führen wollte, wurde ich ein möglicher Kandidat für den Autor der Cafégeschichte. Als ich mich durch meine Erfahrungen weiterentwickelte und veränderte, wurde die Wahrscheinlichkeit noch größer. Und als ich schließlich innerlich die Aufforderung vernahm, mich hinzusetzen und zu schreiben, und darauf hörte, bekam ich die konkrete Chance dazu.

Im Rückblick betrachtet, ergeben so viele weitere Dinge in meiner Geschichte einen Sinn. Meine Erfahrungen als Berater versetzten mich in die Lage, das Buch *The Big Five for Life* zu schreiben. Der Titel *Safari des Lebens* basiert auf meinen Reisen in Afrika. Die Veränderungen und das persönliche Wachstum, das ich in den Jahren nach meinen ersten Reisen erlebte, machten aus mir die Person, die mit einem zweiten, dritten und vierten Buch ins Café zurückkehrt.

Ich glaube nicht unbedingt, dass ich es mir ausgesucht habe, ein Autor zu sein. Ich hatte vielmehr großes Glück, dass die Café-Energie mir die Chance bot, derjenige zu sein, der die Geschichte anderen erzählt. Ab da entwickelte sich alles Weitere.

Was ist der Sinn des Lebens? (Teil 1)

Diese Frage stelle ich mir schon, seit ich mich erinnern kann. Ich glaube, ich war etwa neun oder zehn, als ich begann, Teile des Lebenspuzzles zusammenzufügen, um immer wieder bei demselben Gedanken zu landen: »Wozu das Ganze?«

Wie du merkst, war ich damals nicht schlau genug, um den Begriff »Sinn« zu verwenden, aber der Kern der Frage war derselbe. Ich ging den weniger neugierigen Lehrern gehörig auf die Nerven und meinen Eltern in vielen Fällen gewiss ebenfalls. Ich wollte sie nicht nerven. Es erschien mir lediglich plausibel, verstehen zu wollen, welchen Zweck das alles hatte, weil ich dann vom Ziel ausgehend herausfinden konnte, bei welchen Dingen es sich lohnte, ihnen meine Zeit zu widmen – und bei welchen nicht.

Eine meiner Lieblingsfragen an die Lehrer lautete: »Warum müssen wir das wissen?« Wie du dir wahrscheinlich vorstellen kannst, kommt das nicht gut bei jemandem an, der lediglich will, dass du ruhig bist und deine Arbeit machst. Im Rückblick rührte der Frust vieler Lehrer zum Teil wahrscheinlich daher, dass sie keine gute Antwort parat hatten. Und vielleicht fragten sie sich tief in ihrem Herzen ebenfalls, ob manche der vorhandenen Strukturen tatsächlich nötig waren. Vielleicht aber auch nicht. Vielleicht versuchten sie lediglich, den Tag zu überstehen. Ich weiß es nicht, und ich werde es nie erfahren. Schließlich – und das ist ein seltsamer Gedanke – sind die meisten, wenn nicht sogar alle von ihnen, wahrscheinlich nicht mehr da. Ich erinnere mich an sie, als sie noch relativ jung waren. Etwa Ende 30 oder in ihren Vierzigern. Aber seitdem ist viel Zeit vergangen, und statistisch gesehen sind sie wahrscheinlich nicht mehr am Leben. In dieser Hinsicht ist das Leben schon seltsam.

Aber zurück zur Hauptfrage. Ich war ein neugieriger junger Mensch, der versuchte, das Leben zu begreifen. Soweit ich es absehen konnte, würde die Erfahrung, zur Schule und Universität zu gehen, etwa 17 bis 20 Jahre meiner Existenz in Anspruch nehmen. Das ist ein gutes Viertel eines Lebens. Darauf würden etwa 40 Arbeitsjahre folgen. Das ist die Hälfte eines Lebens. So bliebe nur ein Viertel übrig, um Spaß zu haben. Doch da ich meine Großeltern und andere Verwandte beobachtet hatte, wusste ich, dass das letzte Viertel nicht so war wie die davor. Im letzten Viertel bewegten sich alle Menschen viel langsamer, sie benötigten mehrere Brillen, konnten nicht mehr so gut hören und wiederholten sich tendenziell häufig.

Die Gesamtmenge an Ausbildungsjahren beunruhigte mich. Ich mochte die Schule nicht besonders. Vor allem, weil ich, wie bereits erwähnt, nicht wusste, wofür das Ganze gut sein sollte. Ich lernte und bekam gute Noten, aber schrecklich viel Zeit schien mit Dingen vergeudet zu werden, die eigentlich niemanden interessierten.

Der Gedanke an die Arbeitsjahre beunruhigte mich ebenfalls. Ich kannte niemanden, der von seiner Arbeit begeistert war. Vielleicht gab es ein paar Menschen, denen ihre Arbeit gefiel. Aber die meisten Menschen, die ich kannte, lebten für das Wochenende, und vor jedem Montagmorgen graute es ihnen.

All das zusammen ergab im Kopf eines Zehnjährigen einfach keinen Sinn. War das wirklich das Beste, was wir als Menschen erreichen konnten?

Angesichts all dessen begann sich in mir die große Frage herauszukristallisieren: Was ist der Sinn des Lebens? Und seitdem geht sie mir durch den Kopf.

Und hier ist meine Antwort. Zumindest das, was ich bis jetzt für richtig halte. Ich glaube, dass jeder von uns ein Teil der Präsenz des Universums ist, die uns Führung bietet. Du kannst hier auch das Wort Gott verwenden, wenn du möchtest. Dieses Wort hat aufgrund der wirklich schlimmen Dinge, die Menschen im Laufe der Geschichte im Namen der Religion getan haben, einige negative Konnotationen für mich, daher verwende ich es nicht häufig. Andererseits weiß ich, dass Menschen aufgrund der Verbindung zu ihrem Glauben viele wunderbare Dinge getan haben. Wenn das Wort daher für dich funktioniert, füge es nach Belieben ein.

Jedenfalls sind wir also Teile der Präsenz des Universums, die uns Führung bietet, worum auch immer es sich dabei handeln mag. Und als funktionierende, denkende, teilnehmende Elemente des besagten Universums fügen wir ständig etwas zu der Wissensdatenbank aller Dinge hinzu. Wenn wir uns verlieben, wird diese Erfahrung hinzugefügt. Wenn wir uns entlieben, werden die entsprechenden Gefühle und Gedanken ebenfalls hinzugefügt. Wenn wir eine Methode erfinden, um Salzwasser in Trinkwasser zu verwandeln, wird das hinzugefügt. Wenn wir zeichnen und eine Möglichkeit entdecken, die Illusion von Schatten zu erzeugen, wird das hinzugefügt. Im Grunde wird alles, was wir erschaffen, lernen, erfinden und erleben, ein Teil dieser riesigen Datenbank.

Diese Datenbank ist ständig eingeschaltet und steht fortwährend allen zur Verfügung, die gerade leben und die in der Zukunft geboren werden. Wir brauchen keinen Computer, kein Tablet und kein Smartphone, um einen Zugang dazu zu bekommen. Wir müssen lediglich die Fragen stellen, die uns umtreiben, dann stehen uns die Antworten zur Verfügung. Je mehr wir die Datenbank nutzen, desto stärker wird unsere Verbindung dazu.

Stell es dir wie die Balken beim WLAN vor. Je näher wir an der Quelle sind, desto mehr Balken haben wir, und desto schneller wird die Information übertragen. Genauso ist es auch in diesem Fall. Wenn wir die Datenbank häufig nutzen, beschleunigt sich die Downloadgeschwindigkeit. Nutzen wir sie dagegen nur selten, ist es so, als würden wir versuchen, in einem Tunnel am Grund einer tiefen Höhle die Kartenfunktion in unserem Handy aufzurufen.

Das ist meine Interpretation des allgemeinen Sinns menschlicher Existenz. Wir existieren, um etwas zur kollektiven Datenbank beizutragen. Natürlich gibt es bei dieser Geschichte noch andere Ebenen. Zum Beispiel: *Warum* ist das unsere Rolle im Universum? Ich befürchte, ich habe keine fundierte Antwort darauf. Allerdings habe ich eine Theorie dazu.

Erinnere dich einmal an die Zeit, als du klein warst und du oder ein Freund von dir ein neues Spiel bekommen hat und ihr es gar nicht erwarten konntet, damit zu spielen. Was habt ihr als Erstes gemacht?

Ihr habt die Folie entfernt, in die die Schachtel eingeschweißt war. Genau. Und dann? Dann habt ihr die Schachtel geöffnet und alles angeschaut. Perfekt. Und dann?

Ihr habt die Anleitung gelesen. Vor allem habt ihr gelesen, wie man das Spiel spielt und wie man es gewinnt. Dann habt ihr das Spiel gespielt und euer Spielverhalten angepasst, um zu gewinnen.

Im Laufe der Zeit hat die Neugier zusammen mit dem Wunsch, Langeweile zu vermeiden, euch wahrscheinlich dazu angeregt, bei diesem Spiel neue Wege auszuprobieren. Ihr habt euch ständig weiterentwickelt, nicht nur durch euer eigenes Spielverhalten und eure Lernerfahrungen, sondern auch aufgrund des Spielverhaltens und der Lernerfahrungen all der anderen Mitspieler. Und denen ging es genauso.

Und vielleicht funktioniert auch das Leben so. Wenn wir geboren werden, entspricht das dem Auspacken der Schachtel. Wir kommen von der Gebärmutter aus ins Leben. Und nach einem kurzen Aufenthalt, bei dem wir vorwiegend beobachten, beginnen wir zu spielen. Aus irgendeinem Grund sind wir in dieser frühen Phase darauf aus, alles Mögliche in den Mund zu nehmen, um es zu erkunden.

Allmählich verändert sich das, und wir öffnen alles, was wir nur öffnen können, um den gesamten Inhalt vor uns auszuschütten. Und wenn möglich, nehmen wir einen Gegenstand, etwa einen Holzlöffel, und schlagen damit gegen alles, was am lautesten Krach macht.

Währenddessen finden wir heraus, wie das Spiel funktioniert. Wenn wir zum Beispiel Hunger haben und etwas zu essen wollen, lernen wir, auf eine bestimmte Weise zu schreien. Denn wenn wir das tun, füttert uns jemand. Wenn wir gehalten werden möchten, strecken wir unsere Arme aus, und jemand hebt uns hoch. Wenn wir wollen, dass unsere Eltern lange suchend im Wohnzimmer umherschauen, verstecken wir die Fernbedienung des Fernsehers unter der Couch.

Und so geht es die ganze Zeit weiter, von diesen frühen Jahren bis zu unserem letzten Atemzug. Wir lernen, das Spiel des Lebens zu spielen. Wir tun das durchaus zu unserem eigenen Vorteil. Aber auch zum Nutzen aller anderen, denn wie bereits gesagt, geht alles, was wir erschaffen, lernen, erfinden und erleben, in die Wissensdatenbank ein und ist für alle anderen zugänglich. Aus dieser Perspektive betrachtet, besteht der Sinn des Lebens daher darin, dass wir dazu beitragen, ein Handbuch darüber zu schreiben, wie man am meisten von der menschlichen Erfahrung profitieren kann.

Ich weiß nicht, warum das nötig ist. Ich bin nicht sicher, warum das Universum/Gott das braucht. Aber eine Theorie wäre, dass wir versuchen, auf die nächsthöhere Ebene zu kommen. So wie wir in einem Videospiel erst dann das nächste Level erreichen, wenn wir dasjenige gemeistert haben, auf dem wir uns gerade befinden. Vielleicht versucht die Menschheit, auf das nächste Level zu gelangen. Das Universum ist schließlich unermesslich groß. Zu denken, wir wären da die einzige hochentwickelte Lebensform, scheint schrecklich egozentrisch und mathematisch unmöglich zu sein.

Vielleicht versuchen wir also die nächste Stufe zu erreichen, wie auch immer das nächste Level hochentwickelten Lebens aussehen mag. Und um das zu tun, müssen wir zunächst das aktuelle Level meistern. Und daran arbeiten wir gerade.

Vielleicht geht es aber auch nicht darum, dass die Menschheit insgesamt versucht, das nächste Level zu erreichen. Vielleicht hat jede Lebensform das Potenzial, individuell eine Stufe höher zu kommen. Und wir haben erkannt, dass jeder Einzelne von uns eine bessere Chance hat, die nächste Stufe zu erreichen – wie auch immer sie aussehen mag –, wenn wir zusammenarbeiten und unsere Erfahrungen sowie unser Wissen miteinander teilen.

Vielleicht ist das der nächste Evolutionsschritt der kosmischen Datenbank. Sobald wir die menschliche Erfahrung gemeistert haben, werden wir darauf vorbereitet sein, Dinge von anderen Orten im Universum zu lernen. Die Erde ist die erste Stufe. Alles außerhalb der Erde erstreckt sich von Stufe zwei bis zur Unendlichkeit.

Ehrlich gesagt überfordern diese Gedanken meinen Geist etwas. Ich spiele gerne mit diesen Ideen. Gleichzeitig habe ich stets das Gefühl, dass es mein Begriffsvermögen leicht übersteigt. Daher fokussiere ich mich tendenziell eher auf meine Erfahrung in *diesem* menschlichen Leben. Und ob ich den großen Plan des Kosmos nun begreifen kann oder nicht, Folgendes kann ich verstehen:

Die menschliche Erfahrung ist relativ kurz. Ich spreche darüber in meinem Buch *The Big Five for Life*. Ein Leben dauert im Durchschnitt etwa 28 900 Tage. Hoffentlich mehr, manchmal sind es weniger, aber durchschnittlich sind es etwa 28 900 Tage. Jeder davon hat eine bestimmte Anzahl von Minuten. 1440, um genau zu sein.

Wir können die Minuten nicht für später aufbewahren. Sobald sie verstreichen, sind sie für immer vorbei. Das heißt, es ist wichtig, uns das jeden Tag bewusst zu machen und uns dementsprechend zu verhalten. Interessanterweise können wir eine Minute jederzeit noch einmal erleben, einfach, indem wir uns erinnern. Das nimmt zwar andere Minuten in Anspruch, aber es ist möglich.

Dies sind einige nicht veränderbare Spielregeln. Stell dir das Ganze wie eine Uhr bei einem Sportereignis vor. Vielleicht haben wir Glück und bekommen noch etwas Nachspielzeit, aber selbst dann wird das Spiel in ziemlich absehbarer Zeit vorbei sein.

Was wir mit unseren Minuten anfangen, ist allein unsere Entscheidung. Wir haben Glück, da die bisherigen Bemühungen der Menschheit, der nächsten Generation zu helfen, auf ein höheres Level zu kommen, uns mehr Anhaltspunkte bieten als je zuvor, wie wir tun, sehen und erleben können, was wir uns im Leben wünschen. Weitaus mehr.

Generell scheint es beim Sinn des Lebens um zwei Dinge zu gehen. Zum einen darum, etwas zur Wissensdatenbank beizutragen. Und zum anderen geht es darum, unsere Minuten zu nutzen, um unseren persönlichen Zweck der Existenz zu erfüllen, wofür auch immer wir uns in dieser Hinsicht entscheiden mögen. (Wenn du dir nicht sicher bist, was dein persönlicher Zweck der Existenz ist, lies das Kapitel »Wie erkenne ich den Zweck meiner Existenz?«.)

Das heißt, ein Sieg im Spiel des Lebens bedeutet, so viele Minuten wie möglich mit dem zu verbringen, was uns begeistert, auf eine Weise, die uns begeistert, mit den Menschen, mit denen wir liebend gerne Zeit verbringen. Das ist alles.

Wenn du also gezögert hast, pack die Schachtel aus, fang an zu spielen und beobachte, wohin dich all das führt.

Wie kann ich weitermachen, wenn ich in einer depressiven Stimmung bin und das Leben keinen Sinn hat?

Dies könnte aus verschiedenen Gründen ein sehr langes Kapitel werden. Erstens, weil es etwas ist, das ich auf einer sehr persönlichen Ebene verstehe. Zweitens, weil es so viele Varianten davon gibt, was so eine Stimmung in uns auslöst, dass es mehr als nur ein paar Bücher füllen würde, auf alles einzugehen, und nicht nur ein paar Seiten.

Ich werde dir hier nun eine Bestenliste mit Tipps vorstellen, die mir persönlich helfen. Keiner bezieht sich auf chemische oder pharmazeutische Ursachen oder Wirkungen. Das gehört nämlich nicht zu meinem Fachgebiet. Wenn du das Gefühl hast, etwas Entsprechendes zu brauchen, solltest du professionellen Rat bei einem Experten suchen.

Ich kann nicht garantieren, dass einer dieser Tipps oder alle dir helfen werden. Denn deine Situation könnte vollkommen anders sein als meine. Aber wenn du jeden einmal ausprobierst, wirst du wahrscheinlich feststellen, dass ein paar davon eine positive Wirkung haben. Zumindest hoffe ich das. Mir haben sie definitiv geholfen.

Lass uns das depressive Gefühl zunächst in einem gewissen Kontext betrachten. Für mich ist es wie ein dunkles, belastendes Gefühl, das mich niederschmettert. Es ist auch ein Gefühl der Hoffnungslosigkeit dabei, gepaart mit dem nicht vorhandenen Wunsch, überhaupt etwas zu tun.

Wollte ich das Gefühl beschreiben, wenn ich mittendrin bin, würde ich zum Beispiel sagen: »Es hat alles keinen Sinn.«

Dieser Zustand ist nicht angenehm.

Nach meiner Erfahrung gibt es bestimmte Dinge, die diese Stimmung hervorrufen. Du wirst sehen, auf welche Weise meine Tipps-Bestenliste damit verknüpft ist, denn häufig ist die Lösung das Gegenteil des Auslösers. In meinem Fall können die folgenden Dinge zu einer depressiven Verstimmung führen: wenn ich mich in Situationen gefangen fühle, die mich unglücklich machen; ein Mangel an Abenteuern; wenn ich zu viele Verpflichtungen übernehme, die mir keinen Spaß machen; und wenn ich nicht selbst über meine täglichen Aktivitäten entscheiden kann.

Allerdings liegt es nur selten an einer einzelnen und einmaligen Ursache. Mit so etwas kann ich offenbar ganz gut umgehen. Nicht so leicht fällt es mir, wenn ein paar Dinge zusammenkommen – selbst wenn es sich nur um Kleinigkeiten handelt –, die sich negativ auf einen meiner zentralen Werte auswirken. Für sich alleine genommen, würde ich mich mit den Problemen oder den Situationen auseinandersetzen und sie abhaken. Aber wenn sie sich häufen, fühlt sich das Leben für mich sehr belastet an. Eine andere für mich schwierige Variante kann ein Problem aus der Vergangenheit sein, das wieder auftaucht.

Selbst wenn es sich exakt auf dieselbe Art und Weise präsentiert wie beim letzten Mal, trifft es mich, da ich dachte, ich hätte es überwunden, und ich mich nun erneut damit auseinandersetzen muss. Oder wenn es in einer anderen Form auftritt oder sich anders anfühlt, aber die grundsätzliche Problematik dieselbe ist.

Mein grundlegendes Problem, sozusagen der Kern meiner depressiven Gemütsverfassung, ist eigentlich ganz interessant, wenn ich mich selbst beobachte. In erster Linie ist es ein zeitliches Problem. Ich weiß nicht genau warum, aber in mir gibt es eine tiefsitzende Furcht davor, dass ich zu viel Zeit mit Dingen verbringe, die mir eigentlich nicht wichtig sind, wenn ich nicht aufpasse. Und aus diesem Grund letztlich das Leben verpasse, das ich wirklich führen will.

Das ist keine rationale Betrachtung. Mein Leben hat bereits alles bei Weitem übertroffen, was ich mir als junger Mensch vorstellen konnte. Bei Weitem. Man könnte daher meinen, ich würde mittlerweile mit einem ständigen Lächeln im Gesicht herumlaufen. Zufrieden mit meinem Leben, in dem ich alle weiteren Höhepunkte quasi als zusätzlichen Bonus betrachte. Und an einem guten Tag ist das tatsächlich die Brille, durch die ich die Welt sehe.

Aber es gibt zwei miteinander zusammenhängende Ängste, die häufig auftreten. Die eine ist die Angst davor, nicht genug zu haben. Zu verschiedenen Zeiten in meinem Leben war ich sehr arm, und in der Geschichte meiner Familie kam es vor nicht allzu langer Zeit ebenfalls zu bitterer Armut. Wenn ich daher nicht aufpasse, veranlasst mich die Angst davor, mittellos zu sein, Dinge zu übernehmen, die ich mir eigentlich nicht aufhalsen müsste. Ich habe es mittlerweile besser im Griff, aber hin und wieder zeigt mir diese Angst ihr hässliches Gesicht, und das kann eine düstere Negativspirale in Gang setzen.

Die andere Angst ist die Vorstellung, nicht genug zu tun. In meiner Arbeit als Autor hatte ich einige überaus inspirierende Erlebnisse mit Lesern, die mich sehr demütig werden ließen. Zum Beispiel als eine junge Frau bei einer Signierstunde zweieinhalb Stunden in der Schlange wartete, um als Letzte an die Reihe zu kommen. So konnte sie mir mit Tränen in den Augen erzählen, dass sie so vom Leben gebeutelt worden war und so niedergeschlagen gewesen war, dass sie geplant hatte, sich das Leben zu nehmen. An dem Tag, an dem sie den Suizid begehen wollte, war sie durch eine Reihe ungewöhnlicher Umstände auf die Geschichte *Das Café am Rande der Welt* gestoßen. Wegen dieser Geschichte stand sie vor mir und war noch am Leben.

Ein anderer inspirierender Moment war die Begegnung

mit einem 23-jährigen Mann, der zu weinen begann, als er mir berichtete, dass er sechs Wochen zuvor seinen krebskranken Vater verloren hatte. Das Buch *The Big Five for Life* hatte ihm geholfen, damit fertigzuwerden. Der junge Mann war viereinhalb Stunden mit dem Zug angereist, um zwei Minuten mit mir zu haben und mir das zu erzählen.

Dies sind nur zwei von Tausenden unglaublich inspirierenden Dingen, die Menschen mir erzählt haben. Das ist wunderschön, und ich bin so dankbar, auch nur ein winziger Teil dessen zu sein, was ihnen geholfen hat. Aber ich mache mir Gedanken über diejenigen, die immer noch da draußen in der Welt sind und denen es nach wie vor schlecht geht. Wenn also etwas daherkommt, was für mich weit weniger wichtig ist, als jemandem zu helfen, etwas, das unnötigerweise Minuten meines Lebens in Anspruch nimmt und sich gefühlt außerhalb meiner Kontrolle befindet, dann ziehen rasch die dunklen Wolken an meinem geistigen Horizont auf.

Wie bereits erwähnt, bin ich der Erste, der zugibt, dass die komplette Sammlung von Ängsten nicht unbedingt rational ist. Das habe ich sowohl bei mir selbst als auch bei anderen festgestellt. Wenn die dunklen Wolken aufziehen, sind unsere Perspektive auf unsere Situation und unsere Reaktion darauf häufig ziemlich anders, als wenn wir aus einer gewissen Distanz heraus exakt dieselbe Situation im Leben eines anderen beobachten würden.

Dies scheint ein guter Zeitpunkt zu sein, um zu meiner Bestenliste der Tipps zu kommen. Egal ob unsere Ängste rational sind oder nicht, für uns sind sie sehr real, und es ist gut, ein paar Instrumente zu haben, die uns helfen, sie zu überwinden. Hier sind zehn Tipps, die ich hilfreich finde und nutze.

1. Erlebe Dankbarkeit.

Wenn dunkle Wolken über uns hängen, ist ein solides Instrument, dass wir uns Zeit nehmen und Gründe finden, um dankbar zu sein. Mir fällt es noch leichter, es einzusetzen, wenn ich den Aspekt der erlebten Dankbarkeit einbeziehe. Falls wir zum Beispiel schon einmal 24 Stunden lang ohne Essen auskommen mussten und wirklich gespürt haben, wie sich Hunger anfühlt, dann hat es mehr Bedeutung, wenn wir uns daran erinnern, dankbar für unser Essen zu sein. Uns einen ganzen Tag lang die Augen zu verbinden, sodass wir buchstäblich nichts mehr sehen können, setzt das Sehvermögen auf der Dankbarkeitsliste an eine völlig andere Position. Wenn wir einen Arm eine Woche lang in einer Schlinge tragen, sodass wir ihn nicht einsetzen können, wird es viel klarer, wie das Leben für jemanden aussieht, der tatsächlich nur einen Arm hat.

Die Beispiele sind hier endlos. Ich kann dir aus persönlicher Erfahrung sagen, dass nur ein paar davon nötig sind, um eine Person beschämt erkennen zu lassen, wie leicht sie manchmal in Selbstmitleid versinkt. Ich versuche nicht, die Dunkelheit, die irgendjemand empfindet, zu verharmlosen. Aber es gibt Millionen von Menschen auf dem Planeten, die angesichts der Beschaffenheit meiner dunklen Wolken ihre Situation liebend gerne sofort gegen meine eintauschen würden. Dies auf einer erlebten Ebene zu wissen, hilft mir, die Dinge ins rechte Verhältnis zu setzen.

2. Schaffe dir einen Bezugsrahmen für Wertschätzung.

Dieser Punkt ähnelt dem ersten, aber er erweitert den Ansatz insofern, als er uns einen Blick auf die Welt eröffnet. Wenn wir unseren Arm in eine Schlinge stecken, hilft uns das zu erleben, wie es wäre, einarmig zu sein. Jemanden zu sehen, der tatsächlich einarmig ist, und Zeit mit ihm zu verbringen, eröffnet uns eine noch eindringlichere Perspektive. Während meiner Rucksackreise um die Welt fuhr ich auch nach Vietnam. In den Dörfern und Städten spielten kleine Gruppen von Musikern auf einfachen handgefertigten Instrumenten und sammelten Geld.

Sie waren allesamt tragische Opfer von Landminen. Allen fehlten irgendwelche Gliedmaßen. Sie zu sehen und ihre Musik zu hören, ließ mich über die Zufälligkeit des Lebens nachdenken. Diese Menschen waren zufällig an einem Ort geboren worden, an dem es schon reichte, durch ein Reisfeld zu gehen oder einen Waldpfad entlangzulaufen, um für den Rest ihres Lebens verstümmelt zu werden. Meine Erlebnisse mit diesen Menschen haben mich damals wie heute sehr dankbar gemacht und vieles für mich ins rechte Verhältnis gesetzt.

3. Werde körperlich aktiv.

Es ist sehr hilfreich, körperlich aktiv zu sein, wenn sich dunkle Wolken bilden. Liegestütze sind wirksam. Sie lassen sich innerhalb von Sekunden und überall machen. Die Tatsache, dass man sie bis zur totalen Erschöpfung ausführen kann, macht sie für mich besonders effektiv. Falls du die Idee, körperlich aktiv zu werden, umsetzen möchtest, empfehle ich dir, ein paar Minuten auf YouTube nach Videos zu suchen, die die perfekte Haltung für die jeweilige Übung zeigen. Das Ziel ist, Kraft und Selbstvertrauen aufzubauen und wieder eine Verbindung zu dem Bewusstsein herzustellen, dass du nicht das Opfer deiner aktuellen Situation bist. Dass du die Kontrolle über deinen Zustand hast und ihn verändern kannst. Mit einer falschen Haltung zu trainieren und sich am Ende zu verletzen, könnte einen gegenteiligen Effekt haben, daher solltest du das tunlichst vermeiden.

4. Sieh dir etwas an, das dich daran erinnert, wer du im Innersten bist.

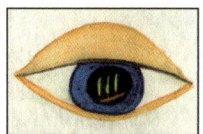 Wir alle kennen Filme, die uns inspirieren. Ob es eine Dokumentation über eine behinderte Sportlerin ist, die keine Füße, aber Snowboards hat (such nach der beeindruckenden Amy Purdy), oder ein Science-Fiction-Blockbuster, in dem die Helden sich zusammentun, um gegen die Invasion der Aliens zu kämpfen – Filme, die uns inspirieren, tun das, weil sie uns daran erinnern, wer wir im Innersten sind. Eine kurze Liste von Filmen, die diese Wirkung auf dich haben, ist ein nützliches Instrument, wenn du merkst, dass die dunklen Wolken sich verdichten.

Übrigens ist einer meiner persönlichen Favoriten für diesen Zweck ein Film mit dem Titel *Greatest Showman*. Der Soundtrack ist fantastisch, die schauspielerischen Leistungen sind grandios, und der Film inspiriert mich, weil ich als Geschichtenerzähler finde, dass die Macher es super hinbekommen haben, die Geschichte so zu erzählen, dass sie die Zuschauer emotional bewegt.

5. Tu etwas für jemanden, der schlechter dran ist als du.

Unsere Aufmerksamkeit nach außen zu richten, ist generell ein großartiges Instrument. Nicht als Flucht vor unserer Realität, sondern um sie ins rechte Verhältnis zu setzen. Wenn wir jemanden aufmuntern, bauen wir automatisch uns selbst auf. Das muss nicht unbedingt ein anderer Mensch sein. Wenn wir etwa einem Hund aus dem Tierheim eine Stunde lang unsere Zuneigung zeigen, ist das genauso wirksam, wie einem anderen Menschen zu helfen.

6. Tu etwas, das dir im tiefsten Inneren entspricht.

Ich bin ein Abenteurer. Und ich habe folgendes Muster bemerkt: Wenn ich eine Weile nichts Abenteuerliches gemacht habe, können Dinge, die sonst unbedeutend wären, die dunklen Wolken hervorrufen. Es ist mit meiner Angst verknüpft, keine Zeit mehr zu haben.

Hilfreich ist, so mein Rat, eine kurze Liste mit Dingen zusammenzustellen, die dir im Innersten entsprechen. Tänzerin, Bäcker, Surfer, coole Tante, Yoga-Praktizierender, Reisende, Künstler ... Gib dein Bestes, damit diese Dinge als regelmäßige Einträge in deinem Lebenskalender stehen und sich manifestieren. Es hält die Schwere des Lebens fern. Du solltest diese Dinge nicht erst in den Kalender eintragen, wenn die dunklen Wolken bereits aufgezogen sind. Manchmal ist es in solchen Situationen schwer, sich zu motivieren, etwas davon umzusetzen, geschweige denn, sich etwas zu überlegen und es dem Kalender hinzuzufügen. Es ist effektiver, das vorab zu tun.

7. Sondiere dein Terrain.

Wie gesagt, habe ich Muster erkannt, die mit meinen eigenen Problemen in diesem Bereich zu tun haben. Wenn du *deine* Muster kennst, hilft es dir, Situationen zu vermeiden, die zu Problemen führen, und es versetzt dich darüber hinaus in die Lage, dein Leben mit den Dingen zu füllen, die es dir ermöglichen, bessere Zeiten zu erleben.

Es ist sehr nützlich, diesbezüglich deine Erkenntnisse und Muster aufzuschreiben. Wir wissen solche Dinge zwar, aber es ist wirklich hilfreich, sich die Zeit zu nehmen, um sie zu durchdenken und dies dann schriftlich festzuhalten. Es vermittelt uns ein klareres Bild, denn wenn wir mitten in einer depressiven Gemütsverfassung sind, kann es sonst unscharf oder komplett getrübt sein.

8. Mach einen Schritt nach dem anderen.

Für mich ist das besonders in Situationen wichtig, in denen ich mich überfordert fühle. Die vielen kleinen Dinge wirken unüberwindbar, wenn sie alle zur selben Zeit passieren. Die Gefahr ist dann, dass mein Geist dem Gefühl der Überforderung entfliehen möchte und daher versucht, IRGENDETWAS anderes zu tun.

Das ist schrecklich ineffektiv, denn im Ergebnis wird nichts, was mir wichtig ist, erledigt, und das Aufschieben macht es wahrscheinlich schlimmer. Daher habe ich gelernt, in solchen Situationen die drei wichtigsten Dinge, die ich gerne am Ende des Tages erledigt hätte, auf eine Haftnotiz zu schreiben. Dann bringe ich sie je nach Priorität in eine Reihenfolge – erstens, zweitens, drittens. Danach nehme ich mir den Punkt mit der Nummer eins vor und schreibe drei Dinge auf, die ich tun kann, um gut vorwärtszukommen. Auch diese bringe ich in eine Reihenfolge ihrer Wirkung von eins bis drei. Anschließend beginne ich bei der Sache, die auf der Prioritätenliste an erster Stelle steht, mit dem Punkt, der am meisten bringt. Das hält meinen Geist davon ab, die einfachen Aufgaben zu erledigen, die eigentlich nicht so wichtig sind. Irgendwie hilft es mir sehr, die Dinge so aufzuschlüsseln.

9. Schneide kranke Äste zurück.

Im Prozess zu Punkt 7 »Sondiere dein Terrain« wirst du wahrscheinlich einige vorhersehbare Muster erkennen. Dass sich zum Beispiel die dunklen Wolken auf dich herabsenken, wenn Punkt eins, sechs oder neun in deinem Leben auftritt. Häufig ist es nicht nur ein Muster, sondern es sind ein paar verschiedene. Typischerweise gibt es bei diesen Mustern etwas, das wir aus der Erzählung entfernen können. Wenn dein Vorgesetzter ein Vollidiot ist, kann ein Wechsel zu einem neuen Job mit einem tollen Chef das Gefühl in deinem Leben und die Wahrscheinlichkeit, dass dunkle Wolken aufziehen, dramatisch verändern. Falls du in eine Abwärtsspirale gerätst, wenn du eine Woche lang dein morgendliches Fitnessprogramm ausfallen lässt, kann sich dein Leben erheblich verbessern, sobald du weißt, woran es liegt, dass du es ausfallen lässt, und diese Variable aus der Gleichung herausstreichst.

Wenn ein Baum kranke Äste hat und man diese zurückschneidet, kann der Rest des Baums sich entfalten. Denn sonst rauben die kranken Äste den gesunden die Nährstoffe. Und die Krankheit breitet sich auf die gesunden Bereiche aus.

In unserem Leben aufzuräumen und das zu entfernen, was nicht funktioniert, erfordert Mühe und Mut. Aber es lohnt sich.

10. Danke jemandem.

Das ist so einfach, wie es klingt. Schick ein Dankeschön per SMS an einen Freund, der irgendwann im Leben für dich da gewesen ist. Bemühe dich besonders, um der Person im Café zu sagen, wie begeistert du von der Latte macchiato warst, die sie für dich zubereitet hat. Schick deinem Lieblingsautor, deiner Lieblingsregisseurin oder -sängerin eine Nachricht auf Instagram und sag ihnen, wie wichtig ihre Arbeit für dich ist. Die Nachricht muss nicht lang sein. All das kann innerhalb von ein paar Sekunden erledigt werden. Aber trotz des nur kleinen Zeitaufwands bringt es eine Menge positive Energie in die Welt. Du merkst es in dem Moment, in dem du etwas sagst oder verschickst. Du wirst dich anders fühlen. Du wirst dich gestärkt fühlen. Du wirst das Gefühl haben, dass du etwas bewirkt hast, und genauso ist es auch.

11. (Richtig, hier kommt ein Bonuspunkt!) Setze die Dinge ins rechte Verhältnis.

Dies war bereits ein subtiler Bestandteil vieler vorhergehender Tipps. Damit sich seine Kraft aber durchschlagend entwickelt, schlage ich vor, das Ganze auf eine galaktische Ebene zu übertragen. Wenn ein Tag sich sehr dunkel anfühlt und meine Probleme oder die Menschen in meinem Umfeld mich sehr belasten, finde ich etwas Leichtigkeit, indem ich zu den Sternen hinaufsehe. Was wir normalerweise von einem Ort mit einer schwachen Lichtverschmutzung sehen, ist lediglich ein Bruchteil dessen, was sich dort draußen befindet. Circa 0,00000005 % von dem, was in unserer Galaxie vorhanden ist. Übrigens gibt es abgesehen von unserer etwa 125 Milliarden weitere Galaxien.

Das setzt die Dinge auf beeindruckende Weise ins Verhältnis. Und irgendwie durchdringt es meine dunklen Wolken weit genug, um sie davon abzuhalten, sich weiter herabzusenken.

Noch effektiver ist es, wenn ich das mit einer offensichtlichen Realität kombiniere, die ich allerdings häufig nicht beachte. Etwa, dass in 100 Jahren – was auf der Zeitachse der Erde ein Wimpernschlag ist – niemand mehr am Leben sein wird, der mich je getroffen oder von mir gehört hat.

Seltsamerweise versetzt der erste klare Hinweis auf meine Bedeutungslosigkeit – die Sache mit den Sternen –, kombiniert mit meiner weiteren Bedeutungslosigkeit angesichts der Sache mit den 100 Jahren, meinen Geist in einen anderen Zustand, sodass er mir eine motivierende Botschaft schickt. Zum Beispiel: »Tja, jedenfalls solltest du dich wieder daranmachen, die knappe Zeit, die du hier noch übrig hast, zu optimieren, nicht wahr?«

Dies sind also meine Vorschläge. Ich hoffe, sie helfen dir.

Wir befinden uns alle gemeinsam in diesem verrückten Abenteuer des Lebens. Das meine ich ernst. Einer meiner Podcastgäste, Dr. Anna Yusim, ist weltweit eine der führenden Psychiaterinnen und Coaches. Sie hat mit Menschen aus allen gesellschaftlichen Bereichen gearbeitet, darunter Musiker, Olympiateilnehmer und Hollywoodstars, die – wie wir vielleicht beschwören würden – wohl keinerlei Grund hätten, jemals einen dunklen Moment zu erleben. Doch das stimmt Anna Yusim zufolge nicht. Wir alle haben solche Momente. Es ist absolut normal und gehört zur menschlichen Erfahrung dazu. Aber nur weil wir es alle erleben, heißt das nicht, dass wir den Umgang damit nicht verbessern könnten.

Was kann ich tun, wenn ich überhaupt keine Ahnung habe, was ich will?

Ich habe gelernt, dass es zwei Möglichkeiten gibt, wenn mir jemand diese Frage stellt. Bei der ersten hat die Person tatsächlich keine Ahnung, was sie mit ihrem Leben anfangen will. Bei der zweiten weiß sie es im Grunde genommen, aber die Wünsche sind unter zahlreichen sozialen Konditionierungen, Meinungen der Familie, limitierenden Überzeugungen und anderen Elementen verborgen, die diese Wünsche tief unter der Bewusstseinsebene festhalten.

Ich werde zunächst einige Vorschläge für die erste Möglichkeit machen. Danach werde ich dir eine Strategie für die zweite Möglichkeit erläutern, die garantiert funktioniert.

Es ist erstaunlich, dass es in einer Welt grenzenloser Möglichkeiten mit einem unbeschränkten Zugang zu Informationen schwer sein kann, sich über etwas so Wichtiges klar zu werden wie über die Frage, was wir mit unserem Leben anfangen wollen. Vielleicht macht es gerade die Tatsache, dass es unbegrenzte Möglichkeiten und einen unbeschränkten Zugang zu Informationen *gibt*, so schwer. Vor nicht allzu langer Zeit sah die Situation schließlich so aus: Wenn man ein Junge war und der Vater war Schuster, dann war die Wahrscheinlichkeit wirklich extrem groß, dass man ebenfalls ein Schuster werden würde. Als Mädchen hatte man im Prinzip nur eine Option: Ehefrau und dann vielleicht Mutter zu werden.

Natürlich sind die Zeiten heute vollkommen anders, was großartig ist. Es gibt eine fantastische Vielzahl von Vorbildern auf der Welt, und zwar für alles – egal wer oder was wir sein möchten. Ich frage mich allerdings, ob unser Gehirn mit der Entwicklung überhaupt so schnell Schritt halten konnte. Ich

bin mir nicht sicher, wie viele evolutionäre Zyklen für eine drastische Weiterentwicklung unseres Gehirns nötig wären, aber denk mal darüber nach. Ein Mensch hat im Durchschnitt etwa 30 bis 35 Jahre Lebenserfahrung, wenn er Kinder bekommt. Innerhalb einer 70-jährigen Phase gäbe es also wahrscheinlich nur zwei generationsbedingte Evolutionsschritte des Gehirns.

Als wir noch Jäger und Sammler waren, mag das ausgereicht haben, um mit all den Veränderungen Schritt zu halten. Aber das Leben heute ist im Vergleich zu dem vor nur 30 Jahren völlig anders. Und mit dem Leben vor 70 Jahren ist es kaum noch vergleichbar.

Das ist die schlechte Nachricht. Die gute Nachricht lautet, dass unser Gehirn durchaus in der Lage ist, große Veränderungen zu durchlaufen, wenn es richtig angeleitet wird. Das bezeichnet man als Neuroplastizität. Studien zeigen, dass wir mithilfe der richtigen Strukturen, Impulse und Aktivitäten Dinge erreichen können, die wir uns wünschen. In diesem Fall bedeutet es, ein klares Bild des Lebens zu entwickeln, das wir führen wollen, und uns bewusst zu machen, auf welche Weise wir unsere Zeit verbringen möchten.

Ein erster Vorschlag dafür ist, den Supermarktansatz zu nutzen. Mir ist bewusst, dass dieser Begriff vielleicht nicht besonders spektakulär klingt. Aber hab etwas Geduld, es wird in einem Moment vollkommen plausibel sein.

Ich unterteile große Probleme gerne in kleine Probleme und denke dann an eine ähnliche Situation, mit der ich bereits gut umgehen kann. Das führt zu einer Reihe von Dingen. Zunächst scheinen große Probleme mich zu überfordern, sie lassen meinen Geist herumrasen wie ein hyperaktives Eichhörnchen, das versucht, einen ganzen Wintervorrat an Eicheln anzulegen – und dies nur wenige Stunden, bevor ein heftiger Schneesturm einsetzt.

Das Gefühl von Panik führt schließlich zum Zögern, zu schlechten Entscheidungen und einem viel zu schnellen Herzschlag, der viel Sauerstoff verbraucht, der eigentlich mein Gehirn versorgen sollte, damit ich klarer denken kann.

Wenn ich große Probleme in kleine Häppchen unterteile, beruhigt sich mein Herzschlag, und es fällt mir leichter, aktiv zu werden. Zudem sind meine Aktivitäten besser durchdacht und daher effektiver. Wenn ich in diesen Mix noch einige Erfahrungswerte einbringen kann, von Dingen, die ich erwiesenermaßen bereits gut beherrsche, ist die gesamte Erfahrung viel stärker im Fluss, und es herrscht weitaus weniger Chaos.

Und so hängt das Ganze mit dem Supermarkt zusammen. Es gibt Tage, an denen ich Hunger habe, aber nicht weiß, was ich essen will. Je länger ich versuche, es herauszufinden, desto niedriger wird mein Blutzuckerspiegel, und desto hibbeliger werde ich. Meine Unfähigkeit, eine Entscheidung zu treffen, wird noch problematischer, wenn andere wichtige Dinge auf meiner To-do-Liste stehen, die ich abschließen will. Das sorgt für zusätzlichen Stress. Wenn das immer mehr nach dem vorhin erwähnten Eichhörnchen klingt, trifft es das genau.

Die Lösung für meine Unentschlossenheit besteht darin, in den Gängen eines Supermarkts herumzulaufen. Erstens komme ich auf diese Weise körperlich in Bewegung. Das wirkt sich positiv auf die Kontrolle der chemischen Botenstoffe aus, die für meinen überdrehten Zustand verantwortlich sind. Zweitens begebe ich mich in das Land der Lösungen, wenn ich in den Supermarkt gehe. Ich habe Hunger. Und dort gibt es Essen.

Ich gehe einen Gang nach dem anderen entlang, schaue mir die verschiedenen Optionen an und entscheide, welche mich ansprechen. Es gibt definitiv zwei oder drei Produkte, die infrage kommen, und eins davon nehme ich mit Hause, um es zu essen. Es ist tatsächlich so einfach.

Wie bereits gesagt, mag ich einfache Lösungen, die ich auf meine größeren Probleme übertragen kann. In diesem Fall lässt sich die Frage, was du tun sollst, auf ähnliche Weise beantworten. Falls du unsicher bist, was du mit deinem Leben anfangen willst, geh einfach für eine Weile durch das Leben und probiere Dinge aus, die dich ansprechen.

Dabei ist es in der Regel sehr effektiv, eine Struktur zu haben. Such zum Beispiel nach Möglichkeiten, in deiner Region ehrenamtlich aktiv zu werden. Wähle zwei oder drei Organisationen aus, die interessant klingen, und arbeite bei jeder einen Tag lang mit. Vielleicht machst du das jeweils einmal pro Woche oder einmal im Monat. Es liegt ganz bei dir, wie oft du das tust.

Das Schöne bei der ehrenamtlichen Arbeit ist, dass du einen Einblick in einen Bereich bekommst, der dich interessiert, ohne etwas anderes als Zeit dafür zu investieren. Und wenn du es als Abenteuer betrachtest, bei dem du Erkenntnisse über dich selbst, das Leben und all die Dinge bekommst, die die Welt zu bieten hat, wird aus der Verpflichtung eine spannende Erfahrung.

Stell während deiner ehrenamtlichen Tätigkeit tausend Fragen. Du kennst die Menschen dort nicht und sie kennen dich nicht. Dies könnte die einzige Zeit sein, in der eure Wege sich je kreuzen. Selbst wenn du befürchtest, dass du vielleicht zu neugierig wirkst, solltest du trotzdem viele Fragen stellen.

Es gibt einen weiteren Weg, durch das Leben zu wandern. Du kannst es von jedem Ort aus tun. Wirf jeden Montag, Mittwoch und Sonntag einen Blick auf die Liste der TED-Vorträge im Internet und sieh dir einen davon an, der für dich interessant klingt. Warum ausgerechnet montags, mittwochs und sonntags? Nun, wenn du nicht weißt, was du mit deinem Leben anfangen möchtest, sind die Montage in der Regel echt übel. Vor allem wenn du einen Job hast, der dir nicht gefällt.

Somit tust du dir etwas Gutes, um das lausige Montagsgefühl etwas abzumildern. Und warum mittwochs? Weil der Mittwoch in der Mitte der Woche liegt und wie ein Dreh- und Angelpunkt ist, der den Ton der Woche prägt. Wenn du dir selbst das Geschenk machst, dich mit etwas Interessantem zu beschäftigen, schlägt das Pendel der Zufriedenheit mit dem Leben eher in Richtung einer insgesamt guten statt einer lausigen Woche aus.

Und warum sonntags? Weil der Sonntag in den Montag übergeht und es gut ist, gleich positiv am Start zu sein. Außerdem haben wir sonntags in der Regel viel Zeit zur Verfügung.

Aber was bringen uns die TED-Vorträge? Nun, erstens geben sie uns einen Einblick in einen Lebensbereich, der uns interessiert. Zweitens haben wir eine Person vor Augen, die eindeutig viel Zeit mit einem Thema verbringt, das wir spannend finden, und die damit ihren Lebensunterhalt verdient. Das unterstützt unseren Geist dabei, den hyperaktiven Eichhörnchenmodus zu vermeiden und nicht länger zu denken, es wäre unmöglich, erfolgreich etwas zu tun, was uns begeistert. Das ist in unserer Gesellschaft eine absolut falsche, aber immer noch vorherrschende Überzeugung.

Drittens macht es unser Gehirn zu unserem größten Verbündeten. Denn wenn wir solche Videos anschauen und auf ein besonders interessantes stoßen, schüttet unser Gehirn Glücksbotenstoffe aus. An einem bestimmten Punkt ist der Unterschied zwischen unseren Glücksmomenten und den Momenten der Unzufriedenheit so deutlich, dass unser Gehirn sich regelrecht nach Dingen sehnt, die den Glückszustand hervorrufen. Und daher treibt es uns in einer positiven Weise dazu an, auf solche Möglichkeiten zuzusteuern.

Mach dir stets bewusst, wenn du Videos anschaust, die du unglaublich faszinierend findest: Auch du könntest ein Experte oder eine Expertin auf dem jeweiligen Gebiet werden. Auch du könntest dein Leben damit verbringen, Dinge darüber zu lernen, und andere dabei unterstützen, sie ebenfalls zu verstehen.

Und an dieser Stelle möchte ich eine meiner Lieblingserkenntnisse einfließen lassen. Ich habe sie bereits an anderer Stelle beschrieben, aber sie ist in einem solchen Zusammenhang stets relevant.

»Alle Experten haben am Anfang nichts über den Bereich gewusst, in dem sie zu Experten wurden.«

Du wirst TED-Vorträge hören und Leute sehen, die bereits seit Jahren auf ihrem Wissensgebiet aktiv sind. Lass dich dadurch nicht verunsichern. Am Anfang haben sie alle nichts über den Bereich gewusst, in dem sie zu Experten wurden. Wenn sie es geschafft haben, kannst du das auch. Und hier ist der Trick, wie man eine Expertin oder ein Experte wird. Es ist viel leichter, als die meisten Menschen vermuten.

Lies die sieben wichtigsten Bücher zu irgendeinem Thema, dann wirst du wahrscheinlich mehr darüber wissen als 99 Prozent der restlichen Welt. SIEBEN BÜCHER!

Und hier ist noch eine weitere großartige Nachricht. Trotz all dem, was ich aufgrund meiner Erfahrungen an der Highschool geglaubt habe, kann das Lernen tatsächlich Spaß machen. Der Trick besteht darin, etwas über die Dinge zu lernen, *die uns interessieren*. Dann *wollen* wir nämlich gerne lernen, anstatt das Gefühl zu haben, lernen zu *müssen*.

O. k., diese zwei Methoden kannst du nutzen, um herauszufinden, was du dir wünschst, und es auch zu verwirklichen. Hier kommt eine dritte. Lauf herum und halte die Augen offen. Das klingt so ähnlich wie der Tipp mit dem Supermarkt? Genauso ist es auch.

In jeder kleineren und größeren Stadt gibt es Straßen mit Geschäften. Darin befinden sich Menschen, die bestimmte Dinge tun. Dinge, die du ebenfalls tun könntest. Setz dir das persönliche Ziel, jede Woche mindestens zwei neue Läden zu besuchen und dich dort einfach umzusehen. Achte auf die Waren, die dort geführt werden. Auf die Dienstleistungen, die angeboten werden. Beobachte, was die Menschen in dem Geschäft tun.

Stell ruhig Fragen. Das ist wie eine Liveversion davon, sieben Bücher zu lesen. Wenn du in sieben Geschäfte gehst, die Modelleisenbahnen verkaufen, und wirklich darauf achtest, was dort angeboten wird, wie die Waren präsentiert werden, auf welche Weise die Leute dort mit den Kunden umgehen, sowie auf alles Weitere, was dir auffällt, wirst du bereits viel mehr über Modelleisenbahngeschäfte wissen als 99 Prozent der Bevölkerung. Und wenn du dann interessiert einige gute Fragen an die Menschen richtest, die in den Geschäften arbeiten, wird dein Wissen dramatisch wachsen.

Du kannst auf ähnliche Weise auch digital aktiv werden. Es gibt Millionen von Menschen, die ihre Geschäfte online gestaltet haben. Egal ob jemand Bewertungen über Hotels auf Bora Bora schreibt, ob ein Fotograf sich auf Wasserfälle spezialisiert hat oder ob eine Yogalehrerin Online-Yogakurse für Schwangere gibt – ein gutes Gespür dafür zu entwickeln, was diese Menschen tun und wie sie es tun, wird deinen Geist für vielfältige neue Möglichkeiten öffnen.

Mach dir außerdem Folgendes bewusst: Es ist in Ordnung, zu dem Schluss zu kommen, dass etwas – entgegen deiner Annahme – nicht interessant genug ist, um deine Zeit darauf zu verwenden. Das ist ein Fortschritt.

O. k., noch ein letzter Tipp, dann komme ich zu den Details bezüglich der zweiten Option, die ich anfangs erwähnt habe.

Hier ist der Tipp: Nutze deine persönliche Kompetenz und setz sie in einem Bereich ein, der dich fasziniert. Mit anderen Worten, wenn du zehn TED-Vorträge anschaust und feststellst, dass dich die Stoßzähne von Mammuts faszinieren, und du in deinem Berufsleben aktuell als Projektmanagerin arbeitest – dann könntest du dich, um den ersten Schritt zu machen und dein Leben in die entsprechende Richtung zu lenken, als Projektmanagerin bei einer Organisation bewerben, die Studien über Mammuts durchführt. Jemand macht diesen Job. Das könntest ebenso gut du selbst sein.

Wenn du lediglich einen Tipp nutzt oder alle oder ein paar Dinge, die ich gerade erläutert habe, miteinander kombinierst, wirst du in einem Jahr auf deinem Weg ein großes Stück vorwärtsgekommen sein und besser wissen, was du mit deinem Leben anfangen möchtest. Vielleicht dauert es eine Weile, aber das ist in Ordnung. Es ist ein Abenteuer. Genieße die Erfahrungen unterwegs.

Gut, schließen wir diese Frage nun ab. Im zweiten Szenario weiß die Person, was sie will, aber diese Wünsche sind unter vielen gesellschaftlichen Konditionierungen, Meinungen der Familie, limitierenden Überzeugungen und anderen Elementen verborgen, die sie tief unter der Bewusstseinsebene festhalten.

Es kann schwierig sein, sicher zu wissen, ob das bei dir zutrifft, denn je nachdem, wie tief diese Dinge verankert sind, empfindet jede Person es anders. Grundsätzlich gilt jedoch: Wenn du dich stark von etwas angesprochen fühlst, was immer es auch sein mag, aber nicht genau sagen kannst, woran das liegt, dann ist es wahrscheinlich der Fall.

Mein Vorschlag für diese Situation lautet: Mach dir selbst ein Geschenk und verbringe zwei Tage mit einem Experten/einer Expertin, der/die dich in die Lage versetzen kann, die verschiedenen Schichten zu durchdringen und zu deiner Wahrheit vorzustoßen. Ich empfehle in diesem Zusammenhang das *Big Five for Life Discovery-Seminar* (mehr dazu findest du im Kapitel »Wie lassen sich all die Ideen, über die du sprichst, in die Praxis umsetzen?«).

Ich würde dir das Seminar nicht empfehlen, wenn ich nicht vollkommen sicher wäre, dass es eine wunderbare Erfahrung ist, die jedes Mal funktioniert. In der Vergangenheit habe ich stark gezögert, das Seminar zu erwähnen. Das ist ziemlich albern, aber die Menschen sollten nicht das Gefühl haben, ich wolle sie davon überzeugen, etwas zu tun. Im Laufe der Zeit habe ich allerdings gelernt, dass dies allein mein Problem ist, und zwar ein ziemlich dummes.

Das Seminar nicht zu erwähnen, ist so, als würde ich auf die Frage eines Menschen mit großem Durst, ob ich wisse, wo es Wasser gebe, nichts über den Trinkbrunnen um die Ecke erzählen, damit er sich nicht verpflichtet fühlt, ihn zu nutzen.

Das Seminar ist fantastisch, und wenn du zu der Gruppe von Menschen gehörst, die ich oben erwähnt habe, wird es dich innerhalb von zwei Tagen in die Lage versetzen, die Klarheit zu erreichen, die du dir wünschst. Du musst das Seminar nicht nutzen. Aber du sollst zumindest wissen, dass es existiert.

Welchen Rat für ein erfülltes Leben hast du für 22- bis 25-Jährige? (Kurze, knackige Tipps bitte)

Ich musste etwas schmunzeln, als ich diese Frage das erste Mal gelesen habe. Vielleicht verstehe ich sie auch vollkommen falsch. Doch aufgrund der Art und Weise, wie sie gestellt wurde, scheint die Person nach den entscheidenden Aspekten für ein erfülltes Leben zu fragen (eine der wichtigsten Fragen der Menschheit), aber ich soll die Antworten doch bitte kurzhalten.

Aber o. k., mir gefällt eine gute Herausforderung. Also los geht's.

Verdiene dein Geld mit einer Arbeit, die dich interessiert und begeistert. Dann erlebst du jede Woche mehr erfüllte Minuten und wirst beruflich wahrscheinlich besser vorankommen. (Falls du diese Frage gestellt hat und die Zeit dafür hast – was vielleicht nicht der Fall ist, weil ich weiß, dass du sehr beschäftigt bist –, lies die untenstehenden Ausführungen dazu.)

Gib weniger aus, als du verdienst. Wenn du die folgenden drei Dinge tust, hast du tatsächlich gute Chancen, mit 35 Millionärin oder Millionär zu sein:

1. Bleib in deinen Ausgabegewohnheiten zwei Jahre hinter deiner Einkommensrealität.
2. Sorge für solide berufliche Perspektiven, was Gehaltserhöhungen und Boni betrifft.
3. Leg dein Geld, das dir durch Punkt 1 bleibt, intelligent an.

Es ist besser, am Anfang in einer niedrigeren Position für eine großartige Führungspersönlichkeit in einem tollen Unternehmen zu arbeiten, als zum Einstieg einen höheren Posten zu bekleiden und für einen schrecklichen Chef oder ein furchtbares Unternehmen zu arbeiten.

Installiere einen kleinen Filter zwischen deinen Geist und deinen Mund. Wenn du lernen kannst, lang genug innezuhalten, um darüber nachzudenken, was du sagen möchtest, kurz bevor du es tatsächlich aussprichst, wird dein Leben viel angenehmer sein, du wirst stabilere Beziehungen mit den Menschen haben, die dir etwas bedeuten, und als zusätzlichen Bonus wirst du feststellen, dass auch dein sexuelles Leben davon profitiert.

Mach dir bewusst, dass die wahre Währung des Lebens aus Minuten besteht. Wenngleich du es mit 25 vielleicht noch nicht so empfinden magst, hat jeder von uns tatsächlich nur eine begrenzte Menge davon zur Verfügung. Verwende sie daher weise. (Für weitere Details dazu lies meine Bemerkung weiter unten zum Thema, wie wir etwas vom Büfett des Lebens auswählen. Ich verspreche dir, dass sie kurz ist.)

Erweitere den Blickwinkel, aus dem du die Welt betrachtest. Es setzt deine Probleme ins rechte Verhältnis und macht dich dankbar für all die Geschenke, die dir zuteilwerden.

Probiere etwas aus, lerne, nimm Veränderungen vor, probiere es erneut, lerne mehr, nimm weitere Veränderungen vor ... Diese Herangehensweise an das Leben wird dich weiterbringen und dir mehr Spaß machen, als alles bis zum Punkt der Inaktivität übermäßig zu analysieren.

Erlaube dir, dich mindestens einmal in deinem Leben Hals über Kopf zu verlieben. Es ist schmerzlich, wenn es zu Ende ist, und alle Beziehungen enden auf die eine oder andere Weise. Aber es wird eine der großartigsten Erfahrungen sein, die du je machen wirst.

Lies *Das Café am Rande der Welt*. Mir ist bewusst, dass du dafür mehr Zeit investieren musst, als du deiner Andeutung nach zur Verfügung hast, aber das Buch behandelt dieses Thema sehr ausführlich.

Bekomme erst dann Kinder, wenn du mit dir selbst im Reinen bist. Es ist unfair, einem Baby die Aufgabe aufzudrücken, dich glücklich zu machen.

Nimm dir ein Jahr frei und bereise die Welt. Es wird dein Leben komplett verändern. Außerdem wird es dir helfen, deine Perspektive zu erweitern (wie oben beschrieben), und zwar auf eine Weise, wie kaum etwas anderes das vermag.

Verschiebe die Grenzen dessen, wozu du deiner Meinung nach fähig bist. Das bezieht sich auf Sport, geschäftliche Dinge, Beziehungen, Abenteuer … An irgendeinem Punkt wirst du scheitern, das tut jeder. Aber häufig wird das erst lange nach dem Punkt der Fall sein, an dem du es erwartet hast. Und das wird für dich neu definieren, wozu du fähig sein könntest, wenn du dich einer Sache mit ganzer Kraft widmest.

Vergleiche das, was du erreicht und getan hast, nicht damit, was andere erreicht und getan haben, sondern damit, was du erreichen *kannst* und wozu du *fähig* bist.

Wenn du Kinder hast, vergleiche sie nicht mit anderen.

Wähle Dinge vom Büfett des Lebens aus. Such dir nicht die selbstzerstörerische Seite aus. Sondern die großartige. Wähle aus, was immer dich anspricht. Während du das tust, mach dir bewusst, dass jedes Jahrzehnt und sogar jede halbe Dekade einzigartige Chancen bieten, etwas auf besondere Weise zu tun, zu sehen und zu erleben. Wenn du die Chancen verpasst, wirst du es später im Leben bereuen. Wenn du sie ergreifst, werden sie zu Erinnerungen. Genauer gesagt wirst du mit 60 wahrscheinlich nicht um drei Uhr morgens mit einem Freund in einer Bar in Costa Rica tanzen. Aber wenn du in deinen Zwanzigern um drei Uhr morgens mit einem Freund in einer Bar in Costa Rica getanzt hast (rein hypothetisch natürlich 😊), wird die Vorstellung dich in deinen Sechzigern jedes Mal zum Lächeln bringen, wenn du dich daran erinnerst. Deshalb ist es besser, solche Erfahrungen in früheren Jahren zu sammeln.

Wenn das Leben dich niedergeschlagen macht, hilf jemandem, der es noch schwerer hat als du.

Meine 25-jährige Social-Media-Beauftragte hat mich gerade daran erinnert, dich darauf hinzuweisen, dass die folgenden drei Bücher von mir voller kurzer, knackiger Tipps darüber sind, wie man ein erfülltes Leben führt. Solltest du eines davon zur Hand haben, magst du dir ja vielleicht jeden Tag ein paar Minuten Zeit nehmen, um darin herumzublättern.

- *Wenn du Orangen willst, such nicht im Blaubeerfeld*
- *Was nützt der schönste Ausblick, wenn du nicht aus dem Fenster schaust*
- *Folge dem Rat deines Herzens und du wirst bei dir selbst ankommen*

Und mein letzter Tipp lautet: Erlaube den Menschen, die dich in deinem Tun unterstützen, deine Ideen und Vorgehensweisen konstruktiv zu hinterfragen. Du musst ihre Ratschläge nicht immer befolgen, aber vielleicht landest du auf einem unerwarteten Pfad und freust dich darüber, dass du die Chance bekommen hast, ihn entlangzugehen. So ähnlich erging es mir bei dieser Frage 😊.

Was war in diesem Jahr bisher dein Lieblingsmuseumstag-Moment?

Es kann uns ungemein die Augen öffnen, in unserem Kalender die vergangenen zwölf Monate durchzusehen. Ich habe öfter zwischen digitalen und physischen Kalendern hin- und hergewechselt. Im Moment ziehe ich einen physischen vor – wahrscheinlich, weil ich bei der erneuten Durchsicht einen schnellen Eindruck davon bekomme, wie ich den größten Teil meines Lebens im Laufe der letzten zwölf Monate verbracht habe.

Und das setzt die Dinge wirklich ins rechte Verhältnis. Denn zu dem Zeitpunkt, als wir die Dinge geplant haben, war alles, was im Kalender stand, so wichtig, dass es gerechtfertigt war, Minuten unseres Lebens dafür zu investieren. Doch wenn wir den Kalender am Ende eines Jahres durchsehen, stoßen wir häufig auf vieles, was eigentlich keine besondere Bedeutung für uns hat. Daher hilft mir diese Erfahrung, meine Aktivitäten für das nächste Jahr genauer auszuwählen.

Ich erläutere all das, weil ich meinen diesjährigen Kalender durchgeblättert habe, als ich über meine Antwort auf diese Frage nachdachte. Es gab viele wunderbare Museumstag-Momente – was gut ist. (Wenn du nicht weißt, was das bedeutet, lies das Kapitel »Ist jeder Tag ein Museumstag?«.) Es gab auch eine Menge von Dingen, die mir in der Rückschau nicht besonders viel bedeutet haben. Daher steht für das nächste Jahr eine genauere Feinabstimmung an.

Der Favorit in der Sammlung von Tagen und Erlebnissen, die in diesem Jahr zu meinen Museumstag-Momenten gehören, ist, dass ich gemeinsam mit meiner Tochter tauchen gelernt habe.

Ich liebe das Meer, seit ich ein kleines Kind war. Der Ort, an dem ich aufgewachsen bin, lag weit davon entfernt, aber seit ich etwa fünf Jahre alt war, fuhren meine Eltern mit meinen Schwestern und mir einmal im Jahr in Urlaub. Wir wohnten in einer Gegend, in der es im Winter kalt war, daher ließen wir das hinter uns und machten uns auf nach Florida, wo es warm und sonnig war und man gleich am Meer war.

Ich erinnere mich daran, dass ich bei Tagesanbruch mit meinem Vater an den Stränden entlanglief. Wir suchten nach Muscheln, und ich staunte über die große Anzahl der Lebewesen, die über Nacht angespült worden waren. Und im Februar barfuß zu sein! Das war einfach unglaublich.

Als ich etwas älter war, nahm mein Vater mich mit zum Schnorcheln. Ich konnte nicht glauben, dass wir die Fische *unter der Wasseroberfläche* tatsächlich so klar sehen konnten! Damals gab es nur einen sehr begrenzten Zugang zu Fernsehsendungen oder Videos über den Ozean. Die einzigen Sendungen, an die ich mich erinnere, waren die Dokumentarfilme von Jacques Cousteau, die nur ein- oder zweimal im Jahr liefen. Wenn sie ausgestrahlt wurden, saß ich gebannt vor dem Fernseher. Meine erste Schnorchelerfahrung gab mir das Gefühl, ein echter Unterwasserabenteurer zu sein.

Als Teenager lernte ich freizutauchen. Dabei trägt man eine Taucherbrille und Schwimmflossen und taucht so tief wie möglich, während man die eigene Atmung kontrolliert. Es gefiel mir, dass ich ständig ausloten musste, wie weit ich meine Grenzen ausdehnen konnte, wobei ich sie gleichzeitig genau kennen musste. Während ich versuchte, länger unten zu bleiben und mehr zu erkunden, wusste ich, dass mein Leben in Gefahr war, wenn ich meine Luft nicht richtig einschätzte.

Wir hatten nie das Geld, um an so etwas wie das Tauchen mit Sauerstoffgeräten auch nur zu denken. Daher ging mir die Idee, es auszuprobieren, erst als Erwachsener hin und wieder durch den Kopf. Doch dann hatte ich sehr viel mit einer Menge anderer Dinge zu tun, einschließlich der Aufgabe, ein Vater zu sein. Daher wurde das Tauchen zunächst beiseitegeschoben.

Als meine Tochter älter wurde, brachte ich ihr das Schnorcheln, Freitauchen, Bodyboarden, Surfen sowie all die anderen Aktivitäten im Meer bei, die ich liebend gerne mache. Es stellte sich heraus, dass sie ein ebenso großer Wasserfan ist wie ich. Bereits in einem sehr frühen Alter war sie eine exzellente Schnorchlerin und Freitaucherin.

Als sie etwa zwölf war, fragte ich sie, ob sie gerne tauchen lernen wollte. Sie antwortete, dass es ihr noch etwas zu früh sei, es auszuprobieren, also plante ich, alleine einen Kurs zu machen. Dann kam die Pandemie, und die Welt ging in den Shutdown. Niemand kam anderen näher als eineinhalb Meter, geschweige denn, dass man sich ein Atemgerät zur Notversorgung geteilt hätte. Daher verschob sich mein Plan.

Aber als ich dann letztes Jahr die Erlebnisse plante, die das Jahr zu einem großartigen machen würden, setzte ich das Gerätetauchen erneut auf meine Liste. Als meine Tochter es dort entdeckte, sagte sie, dass sie gerne dabei wäre.

Also begaben wir uns diesen Sommer auf ein Abenteuer in Thailand. Wir sahen nicht nur eine vier Meter lange Königskobra in freier Wildbahn, Millionen von Fledermäusen, die in der Dämmerung aus einer Höhle herausströmten, und Affenhorden, die durch den Dschungel streiften, sondern absolvierten auch einen Tauchkurs.

Das Besondere daran und daher mein Lieblingsmuseumstag-Moment in diesem Jahr war nicht das, was du vielleicht erwartest. Es war sehr cool, die Schwerelosigkeit unter Wasser zu erleben. Es war großartig, in der Lage zu sein, so lange im Schwebezustand zu bleiben und einfach die Lebewesen unter Wasser zu beobachten, ohne zurück an die Oberfläche emporschießen zu müssen. Mir gefiel sogar der Teil, wo wir uns der Herausforderung stellten, all die Elemente des Gerätetauchens zu erlernen, um anschließend eine Prüfung abzulegen. Als Erwachsene fordern wir uns nicht sehr häufig auf eine schulische Weise, und es war gut, die entsprechenden Muskeln wieder zu betätigen, mich zu erinnern, wozu ich in dieser Hinsicht fähig bin.

Was das Ganze jedoch so überaus besonders machte, war zu beobachten, wie mein Kind die Aufgaben anging und sie mit großem Erfolg meisterte. An einem Punkt des Kurses befindet man sich 20 Meter unter der Wasseroberfläche, nimmt seine Tauchermaske ab und unterbricht zudem die Luftzufuhr. Man simuliert auf diese Weise, was passieren konnte, wenn man während eines Tauchgangs aus irgendeinem Grund seine Maske verliert und außerdem die Verbindung zur Luftversorgung abbricht.

Ich denke, ich habe in solchen Situationen eine ziemlich gute Kontrolle über meine Emotionen – die Fähigkeit, ruhig und konzentriert zu bleiben, obwohl viel auf dem Spiel steht (in diesem Fall das eigene Leben). Dennoch war mir ein bisschen mulmig zumute, als ich mich kurz vor diesem Teil des Trainings am Meeresboden befand. Es lief alles gut. Ich blieb ruhig und konzentriert und tat, was mir beigebracht worden war. Aber mir war bewusst, was auf dem Spiel stand.

Dann war meine Tochter an der Reihe. Maske ab. Luftversorgung unterbrochen. 20 Meter unter der Wasseroberfläche. Man kann nicht nach oben emporschießen. Und innerhalb von wenigen Sekunden wird man nicht mehr in der Lage sein zu atmen. Meine Tochter schätzte ruhig die Situation ein, stellte die Luftzufuhr wieder her, fand ihre Maske und setzte sie wieder auf, drückte das Salzwasser heraus und begann wieder zu atmen. Sie meisterte es insgesamt bravourös. Ihre Technik, ihre Geistesgegenwart, wie sie die Ruhe bewahrte ... sie machte alles perfekt.

Es ist schwer, unter Wasser mit einem Atemregler im Mund zu lächeln, aber ich bin mir ziemlich sicher, dass ich viel gelächelt habe. Zu einem Teil war ich verblüfft, denn als ich im Alter meiner Tochter war, hätte ich nicht das Selbstvertrauen gehabt, das zu tun, was sie vor meinen Augen getan hatte. Zu einem weiteren Teil freute ich mich für sie, da sie mit 16 etwas machte, wofür ich weitere 38 Jahre gebraucht hatte. Und dann war ich einfach sehr stolz auf sie.

Ich denke, was die Museumstage betrifft, habe ich erkannt, dass die Art unserer Lieblingsmomente sich mit der Zeit verändert. Es gibt eine Phase, in der wir ständig neu definieren, wozu *wir selbst* in der Lage sind und was uns interessiert, während wir unser Bewusstsein und unsere persönlichen Grenzen auf unterschiedlichste Weise erweitern. Das alles ist fantastisch. Es hilft uns, die beste und authentischste Version unserer selbst zu sein.

Wenn wir dann älter werden und – wie in meinem Fall – ein Kind haben, geht es weniger um uns selbst als vielmehr darum, jemand anderem dabei zu helfen, sich zu entfalten. Das sind dann die Momente, die uns am meisten begeistern.

Was war insgesamt bisher dein schönster Lieblingsmuseumstag-Moment?

Es ist fast unmöglich, diese Frage zu beantworten, weil wir uns im Laufe des Lebens ständig verändern. Wie ich bei der letzten Frage erwähnt habe, unterscheiden sich Dinge, die in einer bestimmten Phase Highlight-Momente sind, häufig von unseren Highlight-Momenten in einer anderen Phase.

Ich kann dir jedoch einige meiner Lieblingsmuseumstag-Momente aus verschiedenen Lebensphasen verraten. Los geht's:

Fahrrad fahren lernen. Der genaue Moment, in dem ich es gelernt habe, ist in meinem Gedächtnisspeicher nicht mehr vorhanden. Aber ich erinnere mich noch an das Gefühl der Freiheit, das ich als Kind beim Fahrradfahren verspürte. Es war so viel besser als zu laufen. Schneller, spannender, abenteuerlicher! Es verlieh mir ein Gefühl großer Lebendigkeit. Und ich hatte Glück, in der Geschichte der Menschheit zu einer Zeit geboren worden zu sein, in der Eltern es in Ordnung fanden, ihre Kinder auf Erkundungstouren gehen zu lassen. Im Alter von nur sechs oder sieben Jahren schnappte ich mir mein Fahrrad und zog los. Ich fuhr damit zur Schule und zurück. Ich fuhr zum Laden, um mir etwas von meinem Taschengeld zu kaufen. Es war so ein tolles Gefühl der Freiheit und des persönlichen Wachstums.

Verliebt sein. Ich hoffe, jeder Mensch macht diese Erfahrung. Erlebt den Moment, in dem er sich so tief mit jemandem verbindet, dass er mehr und mehr mit jeder Faser des anderen verschmelzen möchte. Zum ersten Mal die Hand eines anderen zu halten. Der erste Kuss. Das erste Mal

Intimität zu erleben. Es ist eins der einzigartigsten und schönsten Elemente des Lebens.

Die Ankunft im Kruger Nationalpark in Südafrika. Seit ich ein kleiner Junge war, habe ich davon geträumt, Afrika zu sehen. Allerdings schien das unerreichbar zu sein. Ich kannte niemanden, der überhaupt darüber *nachgedacht* hatte, nach Afrika zu reisen, geschweige denn jemanden, der tatsächlich dort gewesen war. Als ich alles hinter mir ließ, um mit dem Rucksack um die Welt zu reisen (mehr dazu findest du im Kapitel »Wie bist du ein Autor geworden?«), war ich fest entschlossen, einen Weg zu finden, diesen Kindheitstraum Wirklichkeit werden zu lassen.

Nach vielen Unwägbarkeiten, einer Menge Impfungen gegen sehr gefährlich klingende Krankheiten, einem sehr langen Flug von Asien aus und einer stressigen Erfahrung, als ich mit dem Auto aus Johannesburg hinausfahren wollte, kam ich schließlich eines Morgens beim Kruger Nationalpark an, einem riesigen Wildreservat in Südafrika.

Riesige Holztore markierten den Eingang zum Park. Unmittelbar davor befand sich ein kleiner Empfangsbereich, wo man sich registrieren musste und einen Pass bekam. Außerdem erhielt man eine kleine Broschüre mit Fotos der verschiedenen Tiere, auf die man stoßen konnte.

Ich weiß noch, wie ich die Broschüre betrachtete, nachdem eine Dame sie mir ausgehändigt hatte, und dass sich meine Augen mit Tränen füllten. In dem Moment konnte ich einfach nicht glauben, dass ich es tatsächlich geschafft hatte. Ich, der ich als kleines Kind jedes *Tarzan*-Buch gelesen hatte, das je geschrieben worden war. Ich, der ich als Kind jede Informationstafel über jedes Tier in jedem Zoo gelesen hatte, in dem ich je gewesen war: Ich war in Afrika und kurz davor, in den Kruger Nationalpark hineinzufahren.

Zehn Minuten später fuhr ich durch das Tor, und als ich auf der unbefestigten Straße um eine Kurve bog, erblickte ich meine erste Gazelle. Dann ein Zebra. Dann ein Kudu. Viele Tage lang campierte ich im Park und sah die Tiere, von denen ich fast mein ganzes Leben lang geträumt hatte. Zebras, Elefanten, Giraffen, Nashörner, Löwen, Afrikanische Büffel, Leoparden ... Tausende von ihnen.

Als ich am ersten Abend in meinem kleinen A-Frame-Zelt schlafen ging – daran erinnere ich mich genau –, war ich immer noch verblüfft darüber, dass ich es hierher geschafft hatte. Ich hatte meinen Traum verwirklicht. Selbst jetzt bekomme ich eine Gänsehaut, wenn ich daran denke.

»Daddy« sein. Es gibt etwa eine Million Momente dazu, die ich in Erinnerung behalte und gerne immer wieder aufs Neue in meinem Museum erleben würde. Ich bin wirklich froh darüber, dass ich in meiner persönlichen Entwicklung spät genug Vater wurde, sodass ich eine klare Vorstellung hatte, wer ich war. Meiner Meinung nach ist es schwierig, mit der eigenen Identität zu kämpfen und gleichzeitig zu versuchen, eine Mutter oder ein Vater zu sein.

Einer der ersten Museumstag-Momente als Vater, an den ich mich erinnere, ist ein Ritual, das ich erfand, als meine Tochter erst ein paar Monate alt war. Sie war so klein, dass wir sie im Waschbecken baden mussten. Wenn sie frisch gebadet war, wickelte ich sie in eine kleine Decke ein, die eine Kapuze hatte. Meine Tochter sah darin aus wie ein kleiner Burrito. Dann trug ich sie zum Wickeltisch, um ihr eine Windel anzulegen und ihr einen Schlafanzug anzuziehen. Um sie zu beruhigen, erfand ich eine Geschichte, die ich ihr erzählte, während ich sie anzog. Es war eine lustige Geschichte über einen Papagei und einen Affen. Der letzte Satz der Geschichte bestand immer aus den Worten »Küsse auf den Bauch«.

Ich teilte mir die Zeit beim Erzählen der Geschichte immer ein, bis meine Tochter komplett abgetrocknet war und ihre Windel sowie ihren Schlafanzug anhatte. Wenn ich die Geschichte dann mit den Worten »Küsse auf den Bauch« beendete, küsste ich sie mit super lautem Schmatzen auf den Bauch. Sie lachte und lachte. Wenn du keine Kinder hast, ist diese Beschreibung und warum das Ganze mein Herz tief im Inneren zum Lächeln bringt, für dich wahrscheinlich nicht nachvollziehbar. Aber falls es eines Tages der Fall sein sollte, wird es klick machen.

Vater zu sein, hat eine Seite von mir zum Vorschein gebracht und mir eine Liebe bewusst gemacht, von deren Existenz ich nicht einmal etwas geahnt hatte.

Besondere Erfahrungen mit Lesern. Auch diese Rubrik enthält viele wunderschöne Momente. Sie sind anders als die Momente, die ich als Daddy erlebte, denn meistens finden sie mit Menschen statt, die ich nicht kenne. Daher handelt es sich um einzigartige Situationen.

Wahrscheinlich sind sie zum Teil deshalb so eindringlich, weil ich mich an den Tiefpunkten meines Lebens sehr alleine gefühlt habe. Ich versuchte durch die menschliche Erfahrung hindurchzusteuern, und es kam mir so vor, als wäre ich die einzige Person, die Probleme damit hatte. Ich fühlte mich orientierungslos und überfordert. Es schien so, als müsse es im Leben noch mehr geben als das, was ich begreifen und verstehen konnte, aber ich konnte nicht erkennen, was es war.

Daher ist es einer der erfüllendsten Aspekte als Autor, Lesern zu begegnen, die mir erzählen, dass auch sie sich sehr alleine und orientierungslos gefühlt haben. Dann lasen sie meine Bücher und erkannten, dass sie nicht alleine waren. Und nachdem sie die Geschichten gelesen hatten, sahen sie vieles klarer und waren zuversichtlicher, was ihren Weg im Leben betraf.

Es macht mich immer unglaublich dankbar, so etwas zu hören. Ich bin jedes Mal sehr berührt, wenn meine Bücher anderen Menschen auf irgendeine Weise ein bisschen helfen konnten. Im Laufe der Jahre haben mir Leser viele Geschichten erzählt, die für immer einen Platz in meinem Herzen haben. Da war zum Beispiel die Teenagerin, die viele Jahre unter Essstörungen gelitten hatte und mir schrieb, dass sie nach der Lektüre von *Das Café am Rande der Welt* einen Sinn in ihrem Leben gefunden hatte. Und dass sie zum ersten Mal seit langer Zeit wieder leben wollte.

Dann war da der Vater von fünf Kindern, der sich das Leben nehmen wollte, weil sein Unternehmen pleitegegangen war und er sich vor seiner Familie und sich selbst wie ein Versager vorkam. Aber nachdem er seinem besten Freund anvertraut hatte, in welch düsterer Verfassung er war, gab sein Freund ihm das Buch *The Big Five for Life* und rang ihm das Versprechen ab, es zu lesen, bevor er irgendetwas anderes tat. Er las es tatsächlich, und während dieses Prozesses wurden ihm die wertvollen Museumsmomente bewusst, die er gerne gestalten wollte. Als er mir seine Geschichte bei einer Signierstunde erzählte, liefen ihm Tränen über die Wangen.

Und eine Mutter schrieb mir, dass sie ihrer krebskranken Tochter alle *Café*-Bücher vorgelesen hatte, weil sie ihnen beiden in den Tagen, bevor ihre Tochter starb, ein Gefühl des Friedens und der Hoffnung vermittelten.

Diese Geschichten sowie Tausende weitere, die Leser mir im Laufe der Jahre erzählt haben, erfüllen mich mit großer Demut. Dass ich tun darf, was ich tue, ist ein großes Geschenk, und ich frage mich häufig, warum ich das Glück habe, an all dem teilzuhaben.

Wie fördere ich meine spirituelle Verbindung zum Universum?

Es gibt eine Energie, die alle Dinge durchdringt. Eine Schwingung und eine Essenz. Man spürt sie mehr, als man sie sieht, wenngleich es visuelle Manifestationen gibt, wie sie alle Dinge miteinander verbindet. Wir müssen nur danach Ausschau halten. Überdies gibt es Rhythmen, die alles zu lenken scheinen, was im Leben geschieht. Von den Wolken, die vorüberziehen, über das pünktliche Schlüpfen kleiner Insekten bis hin zum Migrationsverhalten von Zugvögeln.

Für mich gehört all das zur Spiritualität. Sie umfasst diese Verbundenheit, die der gesamten Existenz zugrunde liegt.

Sie ist auf höchst ungewöhnliche und gleichzeitig spektakuläre Weise in uns vorhanden. Als hätten wir eingebaute Rezeptoren und Transmitter, die diese Energie wahrnehmen, entschlüsseln, verstärken, reduzieren und weiterleiten können.

Manchmal manifestiert sich diese Energie in den kleinen Dingen. Zum Beispiel, wenn wir an jemanden denken, und ein paar Momente später klingelt unser Telefon, und dieser Mensch ruft an. Oder wenn wir im Begriff sind, das Haus zu verlassen, und eine innere Stimme uns sagt, dass wir etwas Wichtiges vergessen haben. Oder wenn wir eine Straße entlanggehen, den starken Impuls verspüren, auf die andere Seite zu wechseln, und der Wind einen Moment später ein großes Schild genau dort umweht, wo wir gerade noch waren.

Diese kleinen Beispiele erinnern uns an die vorhandene Energie. Sie hilft uns zum einen, Gefahren zu vermeiden, und zum anderen, ein außergewöhnliches Leben zu führen. Und unsere Verbindung dazu muss sich nicht auf kleine Beispiele begrenzen. Je mehr wir lernen, auf diese Energie zu vertrauen, sie zu deuten und uns damit zu verbinden, desto mehr schwingen wir uns darauf ein.

So wie wir einen Muskel stärken, können wir auch unsere Verbindung zur spirituellen Energie fördern und unsere Fähigkeiten diesbezüglich ausbauen. Erinnere dich an eine Situation, in der du etwas intuitiv gewusst hast. An einem entscheidenden Punkt hat deine Intuition dich in eine bestimmte Richtung geführt. Es gab keine äußeren Hinweise oder Informationen, die dich geleitet hätten, sondern lediglich deine Intuition. Und während sich die Situation weiterentwickelte, wurde dir klar, dass deine Intuition absolut richtig war.

Stell dir vor, wie es wäre, diese Fähigkeit zu fördern. In einem Flow-Zustand zu sein, eingeschwungen auf die Bereiche reinen Potenzials, und mühelos stimmige Entscheidungen zu treffen, nicht nur bei kleinen, sondern auch bei großen Dingen. Wie viel Angst würde dadurch verschwinden? Wie viel inneres aufgeregtes Geplapper könnte das reduzieren? Und was könnte allein durch diese zwei Veränderungen möglich werden?

Durch die Möglichkeit, uns mit dieser spirituellen Energie zu verbinden und uns darauf einzuschwingen, können wir die Welt aus einer völlig neuen Perspektive sehen und auf einer neuen Ebene mit ihr interagieren. Stell dir vor, wir könnten sehen wie ein Adler. Sein Sehvermögen ist bis zu acht Mal besser als das eines Menschen. Wie wäre es, die Welt durch seine Augen zu betrachten? Oder wie wäre es, wenn wir hören könnten wie ein Elefant, einschließlich der Frequenzen, die zwanzig Mal tiefer sind als diejenigen, die wir Menschen wahrnehmen können?

Unsere Anatomie und Physiologie mögen vielleicht nicht der eines Adlers oder eines Elefanten entsprechen, aber wir sind darauf angelegt, uns mit dem entsprechenden Energiefeld zu verbinden, und wenn wir das tun, eröffnet es uns neue Fähigkeiten. Damit gehen neue Möglichkeiten einher, unsere Genialität – wie auch immer sie aussehen mag – auf eine Weise und in einem Ausmaß zum Vorschein kommen zu lassen, die wir uns vielleicht nicht einmal vorstellen können.

Als ich mein erstes Buch *Das Café am Rande der Welt* geschrieben habe, war ich gerade von einer einjährigen Rucksackreise rund um die Welt zurückgekommen. In vieler Hinsicht war es ein Jahr voller Veränderungen gewesen. Nicht zuletzt hatte ich gelernt, mich auf diese Energie ein-zuschwingen. Wenn man an Orten ist, an denen man weder die Sprache spricht noch die subtilen Nuancen versteht oder die Gepflogenheiten kennt, wird die Verbindung zu dieser Energie zu einem der wichtigsten Instrumente.

Meine Verbindung dazu war im Laufe dieses Reisejahres erheblich gestärkt worden. Und als ich wieder zu Hause war und etwas in meinem Inneren zu mir sagte: »Setz dich hin und schreibe«, hörte ich darauf. Logisch betrachtet ergab es keinen Sinn. Ich hatte noch nie irgendetwas Längeres ge-schrieben. Ich hatte noch nicht einmal darüber nachgedacht, so etwas zu tun.

Doch während des Schreibens floss die Geschichte des Cafés durch mich hindurch. Ich konnte die Details im Café so scharf sehen wie ein Adler. Ich konnte die feinen Nuan-cen in den Worten der Personen mit den Ohren eines Ele-fanten wahrnehmen. Die größte Einschränkung war meine Unfähigkeit, so schnell zu schreiben, wie all das durch mich hindurchrauschte.

Es war, als hätte ich eine Verbindung zu einem Energie-strom gefunden, von dem ich zuvor nichts gewusst hatte, der jedoch stets da gewesen war.

Nachdem ich das Buch sowie weitere geschrieben hatte, konnte ich im Laufe der Jahre sehen, auf welche Resonanz die Geschichten bei den Lesern stoßen. Ich habe von ihnen gehört, wie sehr die Bücher ihnen geholfen haben.

Meiner Ansicht nach stärken wir unsere spirituelle Verbindung zum Universum, wenn wir die Möglichkeit nutzen, uns auf eine Energiequelle einzuschwingen, die uns dabei hilft, unsere Fähigkeiten bestmöglich einzusetzen, um der Welt zu dienen. Unseren Beitrag im kosmischen Bewusstsein zu leisten, zum Wohle anderer Menschen, Tiere und des Planeten – oder was auch immer unserer Berufung entsprechen mag.

Wie gelingt uns das nun? Ich kann nicht behaupten, die Antwort für jede Person parat zu haben. Aber ich würde aufgrund meiner eigenen Erfahrung ein paar Dinge empfehlen.

1. Schritt:
Fördere dein Bewusstsein.

Damit fängt es an. Uns bewusst zu werden, was wir denken und fühlen, was wir wahrnehmen, selbst wenn wir nicht beschreiben können, was es ist oder woher es kommt. Das Bewusstsein allein ist bereits der erste Schritt zur Unterstützung unserer Fähigkeit, die Energie der Spiritualität zu begreifen und uns damit zu verbinden. Es geht darum, nicht nur etwas zu tun, zu sagen oder zu erleben, sondern bewusst wahrzunehmen, dass wir gerade etwas tun, sagen oder erleben. Wir sind gleichzeitig Beobachter und Teilnehmer in unserem Leben. Wenn wir zum Beispiel zur Tür hinausgehen, auf unser Auto zusteuern, reinspringen und losfahren, sind wir Teilnehmer. Wenn wir dagegen gerade zur Tür hinausgehen wollen und uns das Gefühl beschleicht, dass wir im Begriff sind, etwas zu vergessen, sind wir uns der Energie des Augenblicks bewusst und gleichzeitig Teilnehmer in diesem Moment.

2. Schritt:
Aktiviere deinen inneren Entschlüsselungsring.

Sobald wir dieses Bewusstsein entwickelt haben, geht es darum, unsere Verbindung zu der Energie zu entschlüsseln. Wenn wir eine Sprache erlernen, lernen wir, einem bestimmten Klang eine Bedeutung zuzuordnen. Sagen wir zum Beispiel »Stuhl«, »Auto«, »Hut« oder »Bleistift«, geben wir lediglich Laute von uns. Da wir diese aber mit etwas verknüpfen, haben sie eine Bedeutung. Bei der Spiritualität geht es unter anderem darum, Dinge zu entschlüsseln, die wir in Momenten des Gewahrseins bewusst wahrnehmen oder spüren, und ihnen eine Bedeutung zuzuweisen. Das entwickelt sich durch Beobachtung und Übung, so wie damals, als wir gelernt haben zu sprechen.

Manche von uns nehmen diese Dinge körperlich wahr. Ein beschleunigter Puls, Gänsehaut, Tränen oder ein kalter Schauer, der uns den Rücken hinunterläuft, sind zum Beispiel Signale, die wir entschlüsseln können. Bei anderen spielt es sich vielleicht eher auf einer geistigen Ebene ab. Zum Beispiel, wenn uns ein Gedanke durch den Kopf geht, der vollkommen unabhängig von unserer momentanen Situation ist. Vielleicht ist es nicht einmal ein vollständiger Gedanke, sondern lediglich eine Farbe oder eine zufällige Erinnerung aus unserer Vergangenheit. Während wir im Lauf der Zeit unser Gewahrsein zunehmend entwickeln, beginnen wir anhand der Signale bestimmte Muster zu erkennen. Mit etwas Übung werden sie zu einer weiteren Sprache, die wir verstehen. Anstatt sie zu nutzen, um mit anderen Menschen zu kommunizieren, verwenden wir sie jedoch, um mit der Energie des Universums zu kommunizieren.

3. Schritt:
Fördere dein Vertrauen in die Verbindung.

Die Verbindung zu haben ist wichtig. Entscheidend ist zu lernen, der Verbindung zu vertrauen. Das wird leichter, wenn unser Gewahrsein zunimmt, da wir die Bedeutung der Muster, die wir erleben, allmählich verstehen. Am Anfang haben wir ein unbestimmtes Gefühl oder etwas geht uns blitzartig durch den Kopf. Entweder wir reagieren dann darauf oder nicht. Von diesem Punkt an geschieht etwas. Im Laufe der Zeit erkennen wir, welche Reaktionen zu positiven Ergebnissen führen, wenn wir auf die Verbindung hören, und was nicht so positiv läuft, falls wir es nicht tun. Aufgrund dieser Erfahrungen lernen wir, uns für diese Verbindungen zu öffnen und sie zu schätzen, selbst wenn wir sie nicht unbedingt erklären können oder sie nicht vollkommen verstehen.

4. Schritt:
Fördere dein Verständnis.

Die meisten Lernerfahrungen sind nicht linear. Als wir gelernt haben zu laufen, haben wir nicht einen Schritt am ersten Tag gemacht, zwei am zweiten Tag und drei am dritten Tag ... Genauso war es, als wir gelernt haben zu sprechen. Stattdessen gibt es lange Phasen, in denen wir Dinge aufnehmen, dann folgen kleine Versuche, und daraufhin erleben wir eine gewaltige Fortschrittsexplosion. Danach kommt es beim Lernen zu einer Plateauphase, gefolgt von einer Vertiefungsphase und einer Phase des Ausprobierens, und schließlich machen wir Fortschritte. Die Verbindung zur Spiritualität des Universums folgt offenbar einem ähnlichen Muster. Unser anfängliches Gewahrsein, Lernen und Ausprobieren bringt uns auf ein gewisses Niveau. Um darüber hinauszugelangen, ist eine weitere Phase der Vertiefung und des Ausprobierens erforderlich.

In unserer heutigen Welt mit ihren allgegenwärtigen Ablenkungen ist es ziemlich leicht, die erste Ebene zu erreichen und dort hängen zu bleiben. Das ist in Ordnung, wenn jemand genau das möchte. Es entspricht einem Punkt, an dem wir gewisse Grundkenntnisse in einer Sprache haben, ohne sie unbedingt fließend zu sprechen.

Wenn wir unsere Verbindung zur Energie der Spiritualität fördern möchten, müssen wir in der Regel von bestimmten Dingen abschalten. In erster Linie geht es darum, Ablenkungen zu vermeiden, damit wir uns stärker mit den fein nuancierten Wahrnehmungen verbinden können, die im Energiefeld vorhanden sind.

Es ist ziemlich schwierig, innerlich einen Song zu singen, wenn gerade ein anderer Song aus einem Lautsprecher dröhnt, der drei Meter entfernt ist. Stell dir nun vor, du wärst von 50 Lautsprechern umgeben, aus denen jeweils verschiedene Songs mit maximaler Lautstärke kommen. Das entspricht so ziemlich unserem heutigen Leben, es sei denn, wir entscheiden uns anders. In einem solchen Umfeld nuancierte Empfindungen wahrzunehmen, ist schwierig.

Wunderbar ist es allerdings, wenn wir tatsächlich eine Weile lang abschalten und lernen, unsere Verbindung zum Universum zu deuten. Dann können in der Zukunft 100 Lautsprecher um uns herum laut dröhnen, und wir werden dennoch in der Lage sein, sie alle auszublenden und unseren Song zu singen.

Zum Nachdenken noch ein abschließender Gedanke über die Verbindung. Offenbar existiert eine interessante Wechselwirkung zwischen der höheren Führung und unserem Zweck der Existenz. Je mehr wir im Einklang mit dem Leben sind, das wir wirklich führen wollen, und je mehr wir unseren persönlichen Zweck der Existenz erfüllen, desto häufiger haben wir Eingebungen, die zudem immer klarer werden. Im Kern heißt das: Wenn wir unseren Lebenszweck verwirklichen, optimiert sich offenbar unsere spirituelle Verbindung zum Universum. Und das optimiert wiederum unsere Chancen, entsprechend unserem Daseinszweck zu leben. Es ist eine wunderbare fortwährende Synergie, und wir müssen lediglich die ersten Schritte machen, um sie zu aktivieren.

Wie kann ich negative Gedanken loswerden?

Es gibt einen altbekannten Witz, der ungefähr so geht: Ein Mann kommt zum Arzt und sagt: »Herr Doktor, jedes Mal, wenn ich meinen Arm auf diese Weise bewege, tut es weh. Was kann ich tun?« Darauf sagt der Arzt: »Bewegen Sie Ihren Arm nicht auf diese Weise.«

Das klingt vielleicht zu simpel, aber nach meiner Erfahrung gibt es für das Loslassen von negativen Gedanken ein ähnliches Erfolgsrezept. Ich möchte dir ein persönliches Beispiel dafür schildern.

Vor Kurzem war ich mit dem Auto unterwegs, um mich mit ein paar Freunden zum Wandern zu treffen. Ich bin den Weg dorthin bereits häufig gefahren. In den letzten paar Jahren wurden allerdings viele neue Häuser entlang der Strecke gebaut. Daher wurden zur Verkehrsberuhigung einige Kreisverkehre installiert.

Ich fuhr also auf der Straße entlang und sah ein ganzes Stück vor mir ein Schild mit der Aufschrift »Geschwindigkeitsbegrenzung 25 Meilen pro Stunde«. Also verringerte ich das Tempo, und als ich das Schild erreichte, fuhr ich 25. Als ich nach vorne schaute, sah ich ein Polizeiauto auf der anderen Seite des Kreisverkehrs. Das beunruhigte mich jedoch keineswegs, weil ich das Schild gesehen hatte und mich an die Geschwindigkeitsbegrenzung hielt.

Ich fuhr weiter auf den Kreisverkehr zu und bemerkte ein weiteres Schild mit der Aufschrift »Geschwindigkeitsbegrenzung 15 Meilen pro Stunde«. Das war lächerlich langsam, aber ich bremste ab.

Als ich den Kreisverkehr verließ, stand ein Polizeibeamter neben dem Polizeiauto und winkte mich heraus. Das war sehr irritierend, da ich, wie gesagt, die beiden Schilder gesehen hatte und sogar langsamer gefahren war als vorgeschrieben. Aber ich fuhr seitlich ran.

Der Polizist kam an mein Auto und verlangte meinen Führerschein und den Fahrzeugschein. Dann behauptete er, ich wäre zu schnell gefahren. Darauf erwiderte ich: »Das stimmt definitiv nicht. Ich habe das Schild schon früh gesehen und bin sogar noch langsamer gefahren, als ich es erreicht habe.« Ich erklärte ihm weiter, dass ich seit dem Alter von 16 Auto fahre, nie einen Strafzettel bekommen habe und wohl einer der umsichtigsten Autofahrer sei, wie auch das Verkehrsstrafenregister zeige.

Es war eine gute Rede. Doch das war dem Polizisten egal. Ein paar Minuten später kam er mit meinem Führerschein, dem Fahrzeugschein und einem Bußgeldbescheid zurück. Ich kochte innerlich vor Wut. Es war absolut unfair und falsch. Es war ein Machtmissbrauch und eine Abzocke für die Stadtkasse und den Beamten, der wahrscheinlich für jeden Bußgeldbescheid einen Bonus erhielt.

Wenn man Widerspruch gegen einen Bußgeldbescheid einlegen will, kommt zu allem Übel noch hinzu, dass man einen Termin bei Gericht beantragen und sich dafür dann einen ganzen Tag freinehmen muss. Zur Abschreckung enthält der Strafzettel zudem die Information, dass der Richter eine weitere Geldstrafe über 500 Dollar verhängen kann, wenn er entscheidet, dass man im Unrecht ist.

Das Ganze machte mich ungeheuer wütend. Ich bemühe mich nach Kräften, ein empathisches, engagiertes Mitglied der Gesellschaft zu sein. Wenn ich daher mit einem solch offensichtlichen Machtmissbrauch und einer solch grundlegenden Missachtung anständigen Verhaltens konfrontiert bin, wird mein Geist von negativen Gedanken überflutet.

Im Laufe der Jahre habe ich viel über die Wut nachgedacht. Und wie ich in meinem Buch *Wenn du Orangen willst, such nicht im Blaubeerfeld* geschrieben habe, ist mir bewusst geworden, dass Wut eine Manifestation von Angst ist. Wenn wir in einem wütenden Moment in der Lage sind, etwas Abstand zu der Situation zu gewinnen und uns zu fragen, wovor wir eigentlich Angst haben, können wir eine Menge lernen. Dieser Augenblick, in dem wir die Situation aus einer gewissen Distanz betrachten, hilft uns häufig, uns zu beruhigen sowie zu erkennen, dass unsere Ängste unbegründet sind und dass die Wut daher eine unnötige Reaktion ist.

Ich habe all das in der Situation mit dem Bußgeldbescheid versucht und war trotzdem noch geladen. Vor allem, weil ich es überhaupt nicht ausstehen kann, wenn jemand offensichtlich versucht, andere aufgrund seiner Machtposition oder weil er die Kontrolle hat zu schikanieren, und man sich nicht dagegen zur Wehr setzen kann. Ich befürchte dann, dass die schlechten Menschen gewinnen werden.

Wie anfangs erwähnt, war ich gerade unterwegs, um mich mit Freunden zum Wandern zu treffen. Aufgrund der Verzögerung kam ich zu spät und musste erklären, warum es so lange gedauert hatte. Ich glaube nicht, dass sich meine Wut zu diesem Zeitpunkt bereits abgeschwächt hatte. Falls doch, nahm sie nun wieder zu, weil ich mir die Geschichte noch einmal vor Augen führte. (Achte bitte auf die kleine Andeutung an dieser Stelle.)

Während der Wanderung war ich schweigsam und innerlich stinksauer. Offenbar suchte mein Geist verzweifelt nach einer Lösung für das Problem. Allerdings gab es in diesem speziellen Fall keine. Daher war mein Geist wie ein sehr aufgebrachter Tiger, der in einen winzigen Käfig eingesperrt ist.

In diesem Moment existierten zwei extrem unterschiedliche Realitäten in mir. Die eine war der wütende Tiger im Käfig. Die andere der Typ, der die Antwort auf die Frage

»Was ist der kosmische Algorithmus des Universums?« geschrieben hatte. Also eine ganze Reihe von Seiten über meine Erkenntnis, dass meine Gedanken zu meinen Überzeugungen führen, die wiederum zu meinem Verhalten führen. Und auf welche Weise dieses gesamte Paket ständig die Botschaft ans Universum schickt, dass ich *mehr* davon will.

So schwer es mir auch fiel, und glaub mir, es fiel mir schwer, ich musste die Tatsache akzeptieren, dass es die Dinge nicht besser machen würde, wenn ich den eingesperrten Tiger weiterhin in meinem Geist herumtoben ließ. Meine Gedanken zu verändern, würde die Lage dagegen tatsächlich verbessern.

Unser Geist kann sich jeweils nur mit einem dominanten Gedanken befassen. Zumindest ist es bei meinem Geist so. Ich bin zwar multitaskingfähig, wenn ich mir mit geteilter Aufmerksamkeit etwa einen Film anschaue und gleichzeitig an etwas anderes denke. Oder wenn ich ein Sandwich für das Mittagessen vorbereite und dabei an etwas anderes denke. Aber in diesen und anderen Situationen hält mein Geist dennoch an einem dominanten Gedanken fest.

Wenn wir einen negativen Gedanken daher loswerden möchten, besteht die Lösung darin, ihn durch einen anderen dominanten, positiveren Gedanken zu ersetzen. Was das für ein Gedanke ist, hängt von uns ab. Es könnte ein Lieblingsmuseumstag-Moment aus unserer Vergangenheit sein. (Wenn du nicht weißt, was das bedeutet, lies das Kapitel »Ist jeder Tag ein Museumstag?«.) Es könnte etwas in deinem Kalender sein, worauf du dich freust. Es könnte etwas sein, wofür du dankbar bist, ein Lebensaspekt, den du dir ausmalst, oder jedwede anderen positiven Gedanken oder Bilder.

Ich empfehle dir sehr, einen bestimmten Gedanken für diese Situation parat zu haben. Denn wenn ein eingesperrter

Tiger in deinem Geist herumtobt, ist es schwierig, genügend zusätzliche mentale Bandbreite zur Verfügung zu haben, um herauszufinden, wie dein positiver Austauschgedanke aussehen soll. Wenn du einen Standardgedanken bereithast, wird es viel einfacher, die negativen Gedankenwiederholungen zu stoppen und mit den Wiederholungen des positiven Gedankens zu beginnen.

Das kann etwas Übung erfordern. Zumindest war es bei mir der Fall. Du stellst fest, dass dein Geist an einem negativen Gedanken festhält, und ersetzt ihn durch einen positiven. Großartig. Gut gemacht. Dann machst du drei Schritte in Richtung Kühlschrank und ZACK! Dein Geist ist wieder bei dem negativen Gedanken.

Das ist in Ordnung. Ersetze ihn einfach wieder durch den positiven. Dieses Hin-und-her-Tennismatch geht vielleicht noch eine Weile so weiter, aber mit der Zeit wirst du immer besser darin, deinen positiven Gedanken zum dominanten zu machen. Das gilt besonders, wenn du Erfahrungen aus dem realen Leben mit diesem positiven Gedanken verbindest.

Wenn dein positiver Gedanke zum Beispiel beinhaltet, dass du auf einem See Kajak fährst, dann muss dein Geist umso mehr arbeiten, je häufiger du mit dem Kajak auf Seen unterwegs warst. Die Bilder von Fischen, die unter der Wasseroberfläche herumwirbeln, das Rauschen des Windes, der durch die Bäume fährt, der Geruch von Rohrkolben und das Gefühl der warmen Sonne auf deinem Gesicht, all das sind Ankerpunkte, die deinem Geist helfen, bei dem positiven Gedanken zu bleiben.

Mach dir zudem bewusst, welche anderen Impulse du deinem Geist lieferst. Wenn du bereits negative Gedanken über die Abholzung im Amazonasgebiet hegst, hat es nicht die erhoffte reinigende Wirkung, wenn du online gehst und weitere Artikel über dieses Thema liest. Wenn du dagegen einen Text über die Wiederaufforstung des Amazonasgebiets liest, ist es wahrscheinlich schon der Fall.

Im Fall meines Strafzettels wegen zu schnellen Fahrens war es sehr verlockend, zu Hause gleich auf Google nach Bestechungsfällen bei der Polizei zu suchen oder nach Artikeln über andere Leute, die in diese illegale Radarfalle geraten waren, oder nach ähnlichen Vorfällen. Aber das hätte den eingesperrten Tiger nur erneut wütend gemacht. Denn bei diesen Inhalten geht es nicht um Lösungen.

Wie du dich vielleicht erinnerst, wurde meine Wut zum Teil durch das Gefühl hervorgerufen, gefangen zu sein und keine Optionen zu haben. Ich nutzte also stattdessen die Suchmöglichkeit bei Google für etwas anderes. Ich fand eine gute Rechtsanwältin, die gegen illegale Bußgeldbescheide vorgeht.

Die Wirkung war sehr interessant. Ich führte die Suche an einem Samstagabend durch. Deshalb konnte ich das Thema nicht ganz abschließen, nachdem ich den Namen einer guten Anwältin gefunden hatte. Die Kanzlei war zu, ich konnte mit niemandem dort sprechen.

Doch interessanterweise veränderte sich mein Gefühl allein dadurch, dass ich die Kanzlei online gefunden hatte und wusste, dass es Optionen gab. Der Tiger hörte auf hin- und herzurennen, und war in der Lage, sich hinzulegen. So stand meinem Geist eine größere Bandbreite zur Verfügung, um sich auf andere Gedanken zu konzentrieren.

Es gibt immer gute Alternativen, auf die wir uns einschwingen können. Impulse, die unserem Geist helfen, sich auf Lösungen, Optionen und Alternativen zu fokussieren, die die Welt so darstellen, wie wir sie uns wünschen. Wenn du also damit kämpfst, negative Gedanken loszuwerden, hilf deinem Geist und hilf dir selbst, indem du deine Gedanken

auf solche positiveren und produktiveren Optionen ausrich-
test.

Und ein letzter Hinweis: Tu dir selbst einen Gefallen und
meide die Kreisverkehre auf der Story Road in Winter Gar-
den in Florida.

Wie erkenne ich den Zweck meiner Existenz?

Im Laufe der Zeit hat die Vorstellung, den Zweck der eigenen Existenz zu erkennen, für manche Menschen offenbar beinahe mythische Züge angenommen. Es geht manchmal so weit, dass sie auf eine dröhnende Stimme warten, die aus dem Himmel herab zu ihnen spricht und ihnen ihr Schicksal verkündet.

»John Smith, du wirst ein Podcaster werden, der über sauberes Wasser spricht.«

»Rebecca Bateman, du wirst eine Werbeagentur für selbstständige Unternehmerinnen gründen.«

Es wäre zwar überaus interessant, wenn es so funktionieren würde, aber die Realität sieht für die meisten Menschen ziemlich anders aus. Ich möchte dir daher gerne fünf Tipps geben, wie du deinen Zweck der Existenz erkennst.

Tipp 1: Denk nach.

Betrachte die Welt und die Menschen und frag dich, wen du bewunderst. Was haben diese Leute an sich, das in deinen Augen bewundernswert ist?

Denk dann an deine absoluten Lieblingsfilme. Welche Rollen haben die Hauptfiguren? Sind sie Abenteurer, Staatsleute, Philanthropen, herausragende Geschäftsfrauen oder -männer ...?

Und denk schließlich an die Bücher, die dich als Kind begeistert haben. Wer waren die Helden darin? Was haben sie gemacht? Welche Eigenschaften oder Merkmale hatten sie?

Allein diese drei Übungen werden dir eine Menge darüber verraten, wer du im tiefsten Inneren bist und was deine Berufung ist.

Tipp 2: Stell die großen Fragen.

In meinem Buch *Das Café am Rande der Welt* spaziert ein Mann in ein kleines Café, das mitten im Nirgendwo liegt. Er hat die Orientierung in seinem Leben verloren und versucht herauszufinden, ob es noch mehr im Leben gibt als das tägliche Einerlei. Auf der Speisekarte des Cafés stehen drei Fragen. Die erste lautet: »Warum bist du hier?«

Vier kleine Worte und ein einzelnes Satzzeichen. Insgesamt 19 Zeichen, einschließlich der Leerzeichen. Kein überwältigendes Stück Literatur. Und eigentlich nicht einmal eine sehr lange Frage. Dennoch haben diese vier Worte und die Wissbegierde, die durch das Fragezeichen entsteht, eine unglaubliche Kraft.

Wenn wir uns selbst diese Frage stellen – Warum bin ich hier? –, wenn wir sie uns wirklich in der Absicht stellen, nach einer Antwort zu suchen, erfahren wir verblüffende Dinge. Denn wenn eine echt neugierige Seele diese Worte ausspricht, eröffnen sie die Möglichkeit, die eigene Existenz auf eine so tiefgehende Weise zu erleben, dass das normale Leben im Vergleich dazu vollkommen verblasst. Wenn wir uns diese Frage ehrlich stellen, beginnt unsere Suche nach einem sinnerfüllten Leben, nach einer neuen Welt voller Möglichkeiten.

Schließlich dauert ein Leben, wie im Kapitel »Was ist der Sinn des Lebens« erwähnt, im Durchschnitt etwa 28 900 Tage. Wenn du dich wirklich motivieren willst, solltest du dein Alter mit 365 multiplizieren und das Ergebnis von der Zahl 28 900 abziehen. So erhältst du statistisch gesehen die Tage, die du noch übrig hast. Die Frage, die sich uns allen daher stellt, lautet: Was werden wir mit unseren Tagen anfangen?

Und die Antwort darauf hängt davon ab, warum wir hier sind. Wenn wir uns daher erlauben, über diese eine Frage

nachzudenken – »Warum bin ich hier?« –, führt das zu einer
Menge Erkenntnissen.

Tipp 3: Sei authentisch.

Die Frage »Warum bin ich hier?« kann nur von dir selbst
beantwortet werden, da es dabei um dein Leben geht. Andere können dich natürlich unterstützen, indem sie dich auf
dem Weg in gewisser Weise leiten. Aber wenn sie dich gut
anleiten, stellen sie dir im Wesentlichen Fragen, die dir dabei
helfen, deine eigenen Antworten zu finden. Deinen eigenen
Zweck der Existenz zu finden bedeutet, dir selbst gegenüber
absolut ehrlich zu sein. Dies ist nicht der richtige Zeitpunkt,
um es anderen recht zu machen. Es ist schön und gut, wenn
deine Eltern sich immer gewünscht haben, dass du Rechtsanwältin wirst. Aber möchtest du tatsächlich eine Rechtsanwältin sein? Es ist schön und gut, wenn deine Freunde dir
sagen, dass du ein großartiger Autor sein und Bücher schreiben könntest. Aber allein die Tatsache, dass du es könntest,
bedeutet nicht, dass du es tun solltest. Es kommt allein darauf an, ob *du* Bücher schreiben möchtest.

Tipp 4 : Probiere Dinge aus.

Manchmal wissen Menschen es einfach. Sie fühlen sich zu
etwas »berufen«. Seit sie fünf Jahre alt waren, wussten sie,
dass sie Arzt, Architektin oder Landwirt werden wollten. Das
trifft nach meiner Erfahrung auf weniger als 30 Prozent der
Bevölkerung zu.

Der Rest von uns sollte etwas auswählen, was passend
erscheint, es ausprobieren und danach weitersehen. Im
Grunde genommen wissen die Menschen, dass ohne persönlichen Einsatz nur sehr wenig im Leben geschieht. Wir können nicht von unserem Bett aus in die Küche gelangen, indem wir uns wünschen, in der Küche zu sein. Wenn es

jedoch darum geht, den eigenen Zweck der Existenz zu entdecken und zu leben, hängen Menschen häufig im Wunschmodus fest.

Sie verbringen viel Zeit mit dem Wunsch, ihren Zweck der Existenz zu kennen und ein sinnerfüllteres Leben zu führen. Aber sie leiten keine Schritte ein, um ihren Zweck der Existenz herauszufinden. Daher lautet mein Rat: Sei furchtlos und probiere Dinge aus. Und während du das tust, wirst du immer mehr eingrenzen, auf welche Weise du deine Tage verbringen möchtest.

Tipp 5: Lerne aus deiner Vergangenheit.

Eine sehr wirksame Übung ist, unsere Vergangenheit zu betrachten und Erkenntnisse daraus als Wegweiser für das Leben zu nutzen, das wir in der Zukunft führen möchten.

Und so kannst du damit beginnen: Was waren die fünf am meisten sinnstiftenden Momente, die du im letzten Jahr erlebt hast? Bei dieser Übung geht es um Dinge, die dir ohne langes Nachdenken einfallen. Schreib einfach die ersten Situationen auf, die dir in den Sinn kommen, wenn du dir diese Frage stellst.

Frag dich dann, warum diese Momente sinnstiftend waren. Lag es an den Menschen, mit denen du zusammen warst, waren es die Aktivitäten, denen du deine Zeit gewidmet hast, lag es am jeweiligen Umfeld oder an der Wirkung, die etwas auf dich hatte ...?

Wie lange haben diese Momente angedauert? Hätten sie gerne länger sein dürfen? Und falls ja, warum dauerten sie nicht länger an? Was müsste sich in deinem Leben verändern, damit sie das nächste Mal länger währen können?

Wie häufig kam es zu solchen sinnstiftenden Momenten? Einmal pro Woche, einmal pro Monat, oder fällt dir aus den letzten fünf Jahren nur ein Beispiel ein? Wer hat diese Häufigkeit bestimmt? Würde sich dein Leben reicher anfühlen, wenn solche Momente sich öfter ereignen würden? Falls ja, was müsste sich ändern, damit das geschieht?

Das Großartige an diesen Gedankenspielen ist, dass wir beginnen, wirklich zu verstehen, wie ein sinnerfülltes Leben für uns aussieht. Darüber hinaus fordern wir unseren Geist dazu auf, Wege zu erkunden, wie wir unsere Zeit mehr mit den Dingen verbringen können, die uns sinnvoll erscheinen.

Zum Abschluss möchte ich dir gerne mitteilen, warum es so wertvoll ist, dir zu erlauben, nach deiner Version eines sinnerfüllten Daseins zu suchen und es zu leben. Ich tue das auf zweierlei Weise. Bei der ersten geht es um einfache Mathematik. Sinnerfüllte Minuten fühlen sich besser an als vergeudete Minuten. Sie besitzen eine größere Energie. Eine tiefere Wärme. Sie zaubern uns ein strahlenderes Lächeln ins Gesicht, wenn wir uns daran erinnern. Daher geht es im Spiel des Lebens darum, das Ende mit möglichst vielen sinnerfüllten Minuten zu erreichen. Auf diese Weise optimieren wir unser Dasein.

Beim zweiten Weg geht es um die Wirkungswahrscheinlichkeit. Wenn ein Teil unseres Lebenssinns darin besteht, andere zu inspirieren, ist der großartigste Weg, das umzusetzen, *unseren* Zweck der Existenz zu erfüllen. Jede inspirierende Biografie ist inspirierend, weil die Hauptperson etwas Außergewöhnliches mit ihrem Leben angefangen hat. Die Schauplätze für diese außergewöhnlichen Dinge sind vielfältig. Ob in der Kunst, der Wissenschaft, im Sport, in der Wirtschaft, im Bereich der Philanthropie, der Kindererziehung … All diese Menschen haben allerdings etwas gemeinsam. Sie erkannten ihren Zweck der Existenz und setzten ihre Fähigkeiten so gut wie möglich dafür ein. Auf diese Weise hinterließen sie eine bleibende Quelle der Inspiration für all diejenigen, die etwas über sie erfahren.

Hast du je mit dem großen Erfolg deiner Bücher gerechnet?

Wenn wir uns Erfolg vorstellen, ist das Leben schon etwas seltsam. Je mehr wir vorankommen, desto weniger Vorstellungskraft ist nötig, um uns das nächste Level auszumalen. Denn nur selten haben wir im Leben plötzlich über Nacht riesigen Erfolg.

Es lohnt sich, etwas detaillierter darüber zu reden. Denn wenn ich auf mein Leben als Autor zurückblicke, habe ich im Laufe der Zeit einige wichtige Dinge gelernt, die sich generell auf die menschliche Erfahrung übertragen lassen.

Wie ich im Kapitel »Wie bist du ein Autor geworden?« beschrieben habe, war mein Weg dahin überaus ungewöhnlich. Und nein, als ich angefangen habe zu schreiben, habe ich nie erwartet, dass die Dinge sich so entwickeln würden, wie es dann der Fall war.

Aber im Laufe des Prozesses gab es definitiv Hinweise darauf, dass etwas Besonderes möglich sein würde, wenn ich bereit war, meinen Teil dazu beizutragen. Sobald *Das Café am Rande der Welt* durch mich hindurchgeflossen war, hatte ich das Gefühl, dass ein Buch daraus werden sollte. Also beschloss ich, die Zeit und Energie dafür zu investieren, ein Buch daraus zu machen.

Sobald ich das in Angriff genommen hatte, wurde mir bewusst, dass dies nur der erste Schritt war. Irgendwie musste ich die Menschen wissen lassen, dass das Buch existierte. Eine meiner ersten Aktivitäten in diese Richtung war, Kontakt mit einem Lifestyle-Magazin in meinem Wohnort aufzunehmen. Als ich bei der Zeitschrift anrief, hatte ich Glück, mit der Chefredakteurin verbunden zu werden. Sobald ich sie am Telefon hatte, erklärte ich ihr, dass ich ein Autor sei, mir ihre Zeitschrift gefalle und ich auf eine Rezension zu meinem Buch hoffe. Daraufhin erwiderte sie: »Wir schreiben keine Rezensionen.«

Ich ließ nicht locker und erzählte ihr unverzagt alles über die Café-Geschichte und wie sie durch mich hindurchgeflossen war. Am anderen Ende der Leitung herrschte großes Schweigen, und ich war ziemlich nervös, daher redete ich einfach weiter, um die Stille zu füllen. Ehrlich gesagt glaube ich, dass sie mich vielleicht auf stumm geschaltet und ein paar E-Mails beantwortet, ihr Büro aufgeräumt oder darüber nachgedacht hat, wie sie mich höflich zum Schweigen bringen könnte.

Dennoch antwortete sie irgendwann: »Okay, wie wäre es, wenn Sie mir das Buch schicken? Dann werden wir weitersehen.« Aller Wahrscheinlichkeit nach war das ihre Art, mir freundlich zu sagen: »Nein danke, bitte lassen Sie mich in Ruhe.« Aber ich war völlig unbedarft, also betrachtete ich es als gutes Zeichen.

Ich war, was das Schreiben insgesamt anging, ein solcher Amateur, dass ich zu dem Zeitpunkt noch kein fertiges Buch hatte, das ich verschicken konnte, sondern lediglich ein Manuskript, aus dem ich gerade ein Buch machen wollte. Das teilte ich der Chefredakteurin mit und erklärte ihr, wie sicher ich war, dass es tatsächlich einmal ein Buch werden würde. Und ich fragte sie, ob ich ihr in der Zwischenzeit das Manuskript schicken dürfe. Daraufhin sagte sie seufzend: »Na klar.«

Mit ungeheurem Enthusiasmus verbrauchte ich eine ganze Druckerpatrone, um mein Manuskript auszudrucken, das ich ihr daraufhin zuschickte. Eine Woche nachdem es angekommen sein musste, rief ich die Chefredakteurin erneut an. Vermutlich wurde mein Anruf aufgrund eines riesigen Versehens ihrer Assistentin tatsächlich zu ihr durchgestellt. Doch als sich die Chefredakteurin meldete und ich meinen Namen sagte, wusste sie weder, wer ich war, noch hatte sie das Manuskript gelesen. Sie war sich nicht einmal sicher, ob es angekommen war.

Das war wahnsinnig entmutigend. Ich hatte eine Zustellungsbestätigung erhalten, daher wusste ich, dass es angekommen war. Und die Tatsache, dass sie keine Ahnung hatte, wer ich war, vermittelte meinem naiven Optimismus das Gefühl, gerade von einem Laster überrollt worden zu sein.

Ein paar Tage später klingelte allerdings mein Telefon. Das war vor der Ära der Spamanrufe, als es noch sinnvoll war, Anrufe mit unbekannter Telefonnummer entgegenzunehmen. Und ich ging ran. Es war die Chefredakteurin, die mir sagte, sie wolle sich gerne mit mir treffen.

Das klang sehr vielversprechend, und wir verabredeten uns zum Mittagessen. Am vereinbarten Tag betrat ich das Restaurant und wurde zu einem Tisch geführt, an dem sie bereits saß. Nachdem ich Platz genommen hatte, sah sie mir geradewegs in die Augen und sagte: »Ihr Buch hat mein Leben verändert.«

Sie war für mich eine völlig Fremde. Und ihre erste Bemerkung war: »Ihr Buch hat mein Leben verändert.« Obwohl mir in meiner neuen Rolle als Autor noch das nötige Know-how fehlte, war ich in diesem Moment klug genug, sie nicht daran zu erinnern, dass es bisher noch kein Buch, sondern lediglich ein Manuskript war. Stattdessen hörte ich ihr zu, als sie mir Dinge über ihr Leben erzählte und mir erklärte, warum die Café-Geschichte eine so große Bedeutung für sie hatte.

Das war ein wichtiger Hinweis darauf, was vielleicht möglich sein würde.

Im Laufe der nächsten zwölf Monate erhielt ich weitere Hinweise. Es gelang mir, ein Buch aus dem Manuskript zu machen, und daraufhin gestaltete ich eine Website dafür. Sie war absolut grauenhaft. Damals gab es noch keine Vorlagen für die Gestaltung von Websites. Man musste sie tatsächlich noch programmieren. Ich war allerdings weder ein Programmierer noch ein Webdesigner. Daher waren die Überschriften hier und da rechtsbündig statt zentriert ausgerichtet. Manche Bilder liefen willkürlich über die gesamte Seite oder konnten überhaupt nicht geladen werden.

Die Website war schlecht. Richtig schlecht. Zahlungen konnten außerdem nur über ein schrecklich kompliziertes Programm eines externen Anbieters abgewickelt werden, was den Kaufvorgang ungemein erschwerte. Trotzdem erhielt ich im ersten Jahr Bestellungen von Menschen aus 24 verschiedenen Ländern und verkaufte fast 10 000 Exemplare des Buchs *Das Café am Rande der Welt*. Offenbar erzählten Menschen sich gegenseitig von dem Buch und machten es dann irgendwie ausfindig. Das war noch vor der Zeit von Facebook, Instagram oder anderen sozialen Medien. Trotzdem stieß das, was die Leute über das Buch hörten, bei ihnen auf eine so große Resonanz, dass sie sich die Zeit nahmen, danach zu suchen und es zu kaufen.

Einen weiteren Hinweis bekam ich, als ich meine erste große Bestellung erhielt. Es müssen um die 100 Exemplare gewesen sein. Der Käufer schickte mir eine kurze Anfrage, ob ich die Bücher signieren könne, weil er sie zu Weihnachten gerne verschenken wollte.

Dann ging eine weitere große Bestellung ein. Ein junges Paar wollte heiraten und den Gästen zur Hochzeit jeweils ein Exemplar schenken. Danach bestellte der Direktor einer Schule Bände für all seine Lehrer.

Wenn wir unseren Zweck der Existenz verwirklichen, bekommen wir immer wieder kleine positive Impulse. Sobald wir uns die Zeit nehmen und uns bereitwillig dafür öffnen, zeigen uns verschiedene Hinweise, dass wir auf dem richtigen Weg sind. Alle Geschichten, die ich gerade erzählt habe, gaben mir einen kleinen Schub. Sie machten mir Hoffnung, dass das Café-Buch aus gutem Grund durch mich hindurchgeflossen war. Sie gaben mir Hoffnung, dass ich genau das mit der Geschichte machte, was ich mit ihr tun sollte.

Ich bin allerdings auch der Erste, der dir sagt, dass nicht alles, was seitdem passiert ist, wunderbar war. Ich weiß noch, wie niedergeschmettert ich war, als die erste toxische Ein-Stern-Bewertung im Internet auftauchte. Da war ich nun und folgte offensichtlich einer wahren Berufung, und zwar, weil ich Menschen helfen wollte, und dann zerriss jemand mich deshalb in der Luft.

Ich unterschrieb Verträge bei ausländischen Verlagen, in denen nichts, rein gar nichts mit dem Buch passierte. Sie nahmen das Manuskript an sich, machten angeblich ein Buch daraus, bezahlten aber nie etwas dafür und schickten weder ein fertiges Exemplar noch jemals eine Abrechnung.

Ein Iraner schrieb mir und berichtete von seiner Begeisterung über die Geschichte. Er wolle mich lediglich darüber informieren, dass er den Auftrag habe, die Übersetzung für eine geplante iranische Ausgabe anzufertigen. Er erklärte mir zudem, dass der Verlag mir weder etwas bezahlen noch einen Vertrag für die Lizenzrechte aufsetzen werde. Er stahl die Rechte einfach ohne Genehmigung. Aber dem Übersetzer gefiel die Geschichte so gut, dass er sich verpflichtet gefühlt hatte, mir eine E-Mail zu schreiben und mich darüber zu informieren.

Wie bei jedem Abenteuer gab es also nicht nur großartige Momente. Aber im Verhältnis überwiegen die fantastischen Momente bei Weitem.

Wie ich am Anfang dieses Kapitels erwähnt habe, fällt es uns leichter, uns das nächste mögliche Level vorzustellen, wenn wir erfolgreich sind. Nachdem ich meinen ersten Vertrag bei einem ausländischen Verlag unterschrieben hatte, konnte ich mir leichter vorstellen, dasselbe auch in anderen Ländern zu tun.

Als mein Buch zum ersten Mal auf eine Bestsellerliste kam, konnte ich mir vorstellen, dass es auch in der darauffolgenden Woche auf der Liste stehen oder dort sogar einige Plätze nach oben klettern würde. Oder dass es die Bestsellerliste in anderen Ländern erreichen könnte.

Der Trick ist meiner Meinung nach, dankbar und bescheiden zu sein, wenn wir in der glücklichen Lage sind, dass etwas, woran wir beteiligt sind, Erfolg hat. Ich weiß, dass die Geschichten, die ich schreibe, nicht allein von mir selbst stammen, sondern ihr Ursprung in etwas weitaus Größerem liegt. Beim Schreiben kann ich die Szenen vor meinem geistigen Auge sehen. Ich kann die Personen sprechen hören. Meine Aufgabe dabei ist, alles irgendwie so schnell wie möglich festzuhalten.

Ich bin unglaublich dankbar für den Part, den ich in dem Prozess spiele, und gleichzeitig bin ich mir dessen bewusst, dass es lediglich eine kleine Rolle ist.

Der Aspekt, der mich am demütigsten macht, ist wahrscheinlich der Austausch mit den Lesern. Ich hatte früher in meinem Leben wirklich mit einigen Dingen zu kämpfen. Ich hatte keine Ahnung, was der Sinn und Zweck meines Daseins war, und hatte tatsächlich nicht den Eindruck, dass ich irgendeinem anderen Menschen einen besonderen Mehrwert für sein Leben bieten könnte. Ich wollte eine positive Präsenz für andere sein, vor allem für diejenigen, die mit Problemen zu kämpfen hatten. Aber ich fühlte mich so verloren, dass ich mir nicht vorstellen konnte, wie das je möglich sein sollte.

Nun von Lesern zu hören, wie viel die Geschichten ihnen

bedeuten, dass sie ihnen geholfen haben, schwierige Zeiten zu überstehen, ihnen Hoffnung geschenkt haben, als sie nahe dran waren aufzugeben, bedeutet mir unendlich viel. Ich bewahre diese Geschichten in meinem Herzen.

Ich bin felsenfest davon überzeugt, dass jeder von uns einen Zweck der Existenz hat. Wahrscheinlich liegt das an meiner persönlichen Erfahrung und der Art und Weise, wie sie sich entwickelt hat. Für uns alle gibt es einen möglichen Weg, der nur darauf wartet, dass wir ihm folgen. Und das wird alles, was wir uns vorstellen können, bei Weitem übertreffen. Der Schlüssel besteht darin, den Schritt in das scheinbar Ungewisse zu machen. Uns in die Richtung zu wagen, von der unser Herz sich angezogen fühlt, selbst wenn wir nicht wissen, was sich auf der anderen Seite befindet oder warum es uns so stark anspricht.

Erfordert es Mut? Ja. Erfordert es unseren Einsatz? Ja. Wird der Weg holprig sein? Ja. Wird er zu etwas Außergewöhnlichem führen, was uns daraufhin die Möglichkeit eröffnet, noch höhere Stufen des Außergewöhnlichen zu erleben? Zu 100 Prozent: Ja!

Wie gelingt es mir, nicht IMMER ein Single zu bleiben, sondern eine gesunde Beziehung zu haben?

Nur zur Klarstellung: Diese Frage wurde genau so formuliert. Mit Großbuchstaben bei IMMER. Daher denke ich, dass die Frage sehr wichtig ist für die Person, die sie mir geschickt hat.

Ich hoffe, meine Antwort ist befriedigend für die Person und auch alle anderen, die einen ähnlichen Dauerzustand in ihrem Beziehungsstatus erleben.

Der Wunsch nach einer Liebesbeziehung taucht ziemlich häufig in den Big-Five-for-Life-Listen von Menschen auf. (Mehr dazu findest du im Kapitel »Was sind die Big Five for Life?«.) Daher bin ich dem Thema im Laufe der Jahre häufig begegnet. Und weil ich ein Mensch bin, den die menschliche Erfahrung fasziniert, ist es auch ein Thema, über das ich viel nachgedacht habe. Außerdem habe ich viel Zeit damit verbracht, das Verhalten von Menschen in diesem Zusammenhang zu beobachten.

In einer Reihe von Gesprächen zwischen Casey, Emma und Hannah in *Überraschung im Café am Rande der Welt* bringe ich viele meiner Gedanken zu diesem Thema zum Ausdruck. Vor allem geht es darum, wie stark der Impuls unseres instinktgesteuerten Gehirns, der oder die Auserwählte für die Fortpflanzung zu sein, unser Leben beeinflussen kann, wenn wir uns dessen nicht bewusst sind. Ich werde hier nicht näher darauf eingehen, da ich es ausführlich im Buch thematisiere. Vielmehr werde ich über eine kontemplative Perspektive sprechen und dann eine ganze Reihe von strategischen Vorschlägen machen.

Hier also die kontemplative Sichtweise: Es lohnt sich zu

verstehen, *warum* wir uns überhaupt eine Beziehung wünschen. Damit will ich nicht sagen, dass es sich nicht lohnt, eine Beziehung zu haben. Ich weise lediglich auf Folgendes hin: Wenn wir wissen, warum eine Beziehung für uns wichtig ist, können wir leichter die nötigen Schritte tun, damit sie ein Teil unseres Lebens wird. Das ist wichtig, denn jemand, der »IMMER Single« ist (auch hier ist es nicht meine Großschreibung, sondern die der betreffenden Person), muss wahrscheinlich ein paar Schritte machen, die für ihn nicht leicht sind, vor allem am Anfang.

Wie sich bei meinen Gesprächen mit Menschen, die sich eine Beziehung wünschen, häufig zeigt, sehnen sich viele nach jemandem, der ihre Bedürfnisse erfüllen kann. Dieser Wunsch wird auch anhand eines berühmten Zitats aus einem Liebesfilm deutlich, in dem eine Person zu der anderen sagt: »Du vervollständigst mich.«

Ist das ein wunderbares Szenario? Ja. Ist es romantisch? Ja. Ist es auch sehr problematisch? Ja. Von einem anderen Menschen zu erwarten, dass er uns vervollständigt, ist eine sehr große Erwartung. Wenn es uns noch nicht gelingt, mit unseren eigenen Ängsten fertigzuwerden, unsere eigenen Unsicherheiten und Blockaden zu überwinden oder uns selbst zu lieben, wie realistisch ist es dann, dass eine andere Person all das für uns übernehmen kann?

Und wenn sie all das für uns tut, was tun wir – die andere Hälfte der Beziehung – für sie?

Wenn du dir eine Beziehung wünschst und es bei deinem »Warum?« darum geht, dass die andere Person all deine Bedürfnisse erfüllt, ist der beste Tipp wahrscheinlich, dass du dir zunächst selbst ein Geschenk machen und deine Themen angehen solltest. Erlaube dir, die Person zu werden, die *du* sein möchtest, und konzentriere dich erst dann auf eine Beziehung.

Wenn du das gerade gelesen hast und nun enttäuscht bist, lies bitte weiter. Denn selbst wenn die Antwort dir nicht die schnelle und einfache Lösung liefert, die du dir gewünscht hast, könnte sie genau das beinhalten, was du am meisten beherzigen solltest.

Kommen wir noch einmal auf das Filmbeispiel zurück. Die Filmindustrie hat den Menschen im Hinblick auf Beziehungen ehrlich gesagt einen schlechten Dienst erwiesen. Sehr viele Geschichten beginnen damit, dass die unglückliche Hauptfigur in einem Job arbeitet, den sie hasst. Sie hangelt sich mehr schlecht als recht durch das Leben, wohnt in einem winzigen Apartment, in dem die Toilette nicht funktioniert und die Schranktür kaputt ist. Das Auto springt nie an, wenn sie es dringend braucht. Dann tritt jemand in ihr Leben, der ihr bei all diesen Dingen hilft. Es ist, als wären die Gebete dieser Person erhört worden. Die Liebe entfaltet sich. Alles ist wunderbar.

Doch dann kommt stets der nächste Teil im Film, in dem die Beziehung in die Brüche geht, weil die Hauptfigur sich eigentlich nicht weiterentwickelt hat. Sie hat sich vollkommen auf die andere Person verlassen, um persönlich zu wachsen. Erst im dritten Akt des Films lernt die Hauptfigur, die Version ihrer selbst zu sein, die sie schon immer sein wollte. Und so haben die beiden Menschen die Chance, eine wahre Verbindung einzugehen, und ihre Liebe kann sich wirklich entfalten.

Solche Spannungsbögen sorgen für unterhaltsame Filme. Aber im wahren Leben ist es ratsam, den Spannungsbogen aus Hollywood zu vermeiden. Es ist eine wunderbar romantische Vorstellung, dass jemand uns in einem Job sieht, den wir nicht mögen, bei einer Arbeit, die wir nicht als lohnend empfinden, während wir gleichzeitig andere Aspekte unseres Lebens nicht gut geregelt bekommen, die uns ebenfalls keinen

Spaß machen, und dass dieser Mensch über all das hinwegsieht und uns trotzdem als die großartige Person wahrnimmt, die wir im Inneren sind. Aber diese Vorstellung ist nicht sehr realistisch. An dieser Formel festzuhalten – als Weg, eine gesunde Beziehung zu finden –, führt wahrscheinlich zu einer IMMERWÄHRENDEN Phase des Singledaseins.

In Wahrheit ziehen wir dann tolle Leute an, wenn wir Dinge tun, die wir liebend gerne machen, die uns etwas bedeuten und die uns Freude bereiten und begeistern. In einer solchen Lebenssituation nehmen Menschen uns in Bestform wahr. Sie sehen, wie wir strahlen. Sie fühlen sich außerdem von uns angezogen, weil die Dinge, die *uns* sehr wichtig sind und uns begeistern, häufig die gleichen Dinge sind, die *ihnen* wichtig sind und sie begeistern. Das ist ein wichtiger Grund, warum es zur Anziehung kommt.

Wenn wir uns eine gesunde Beziehung wünschen, ist es daher am besten und am wichtigsten, eine gesunde Beziehung zu uns selbst aufzubauen. Dazu gehört, zu wissen und wertzuschätzen, wer wir im Innersten sind, unsere Big Five for Life zu verwirklichen und im Einklang mit unserem Zweck der Existenz zu leben. (Mehr dazu findest du in den Kapiteln »Was sind die Big Five for Life?«, »Wie erkenne ich den Zweck meiner Existenz?« und »Wie werde ich glücklich? Im Sinne von wirklich glücklich?«.)

Das war der kontemplative Teil meiner Antwort. Wenn du das Gefühl hast, dass dir all das eine solide Grundlage vermittelt, du aber nach wie vor ein EWIGER Single bist, lies weiter. Wir kommen nun zu einigen speziellen Strategien.

1. Mach dir bewusst, was du dir von einem Partner wünschst. Je mehr wir uns darüber im Klaren sind, mit wem wir in einer gesunden Beziehung sein möchten, desto einfacher ist es für Freunde, die Familie, Dating-Plattformen und den kosmi-

schen Algorithmus des Universums, eine Verbindung zu einem solchen Menschen für uns herzustellen. (Mehr dazu findest du im Kapitel »Was ist der kosmische Algorithmus des Universums?«.) Warum solltest du dich auch damit zufriedengeben, »irgendjemanden« kennenzulernen? Wenn du schon Zeit, Energie und Gefühle investierst, um jemanden für eine Beziehung zu finden, warum suchst du dann nicht nach dem Menschen, den du wirklich willst?

Wenn dein Gefühl dir nicht klar vermittelt, was für eine Person das sein könnte, nimm dir Zeit zum Nachdenken, um es herauszufinden. Falls du es wirklich nicht für dich klären kannst, denk darüber nach, es einfach über das konkrete Ausprobieren zu ermitteln. Das bedeutet, dich häufig zu verabreden, selbst wenn du nicht glaubst, dass der Datingpartner von seiner Persönlichkeit her jemand ist, zu dem du eine besondere Verbindung hast. Nach etwa einem Dutzend Dates mit verschiedenen Leuten wirst du ein viel klareres Bild davon haben, welche Eigenschaften und Merkmale dich ansprechen und welche nicht.

2. Widme dich mindestens drei Stunden pro Woche einer Sache, die dich begeistert/dich wirklich interessiert und bei der auch andere Menschen dabei sind.

Du könntest zum Beispiel einen Mannschaftssport machen, an einem Sprachkurs teilnehmen oder Mitglied in einem Lesekreis werden, wo man sich über Bücher unterhält ... Wie bereits gesagt, wenn wir von innen heraus strahlen, wirken wir anziehend auf andere. Wir strahlen, wenn wir etwas tun, das uns begeistert oder interessiert. Mach dir allerdings bewusst, dass deine Traumperson vielleicht nicht in demselben Kurs ist wie du. Wobei es natürlich möglich ist. Aber selbst wenn es nicht der Fall ist, kennen all die Leute in dem Kurs andere Menschen, die wahrscheinlich ähnliche

Interessen haben. Das Ziel ist, eine positive Ausstrahlung zu haben und die Verbindungen dann wachsen zu lassen.

3. Hol dir ein ehrliches Feedback darüber ein, wie du wirkst. Erkundige dich dazu bei einer Person, die vom Typ her derjenigen ähnelt, die du gerne anziehen möchtest. Manchmal versuchen Freunde, uns vor Leid zu bewahren, und konfrontieren uns nicht mit der unangenehmen Wahrheit, wie wir auf andere wirken. Und manchmal vertrauen wir auf die Meinung anderer, obwohl es nicht die Einschätzung ist, die wir eigentlich bräuchten.

Wenn du als Frau versuchst, einen empathischen, sportlichen Mann anzuziehen, der zudem gerne draußen in der Natur ist, solltest du einen männlichen Freund, der diesen Kriterien entspricht, um ein Feedback bitten. Sag ihm, dass du seine schonungslose, ehrliche Meinung zu deiner Wirkung hören möchtest.

Was du bei dir selbst vielleicht als Spaß oder Ironie empfindest, kann auf andere möglicherweise überkritisch wirken. Die Kleidung, die dir deiner Meinung nach hervorragend steht, bewirkt vielleicht genau das Gegenteil. Die Menge an Aftershave oder Parfüm, die du aufträgst, hältst du vielleicht für perfekt. Aber andere könnte die Dosis möglicherweise schier umhauen.

Und um ein weiteres Beispiel anzuführen, wenn du ein Mann bist, der sich eine Beziehung mit einer Frau wünscht, ist es nicht sehr sinnvoll, mit einem Kumpel Klamotten zu kaufen. Es ist viel effektiver, eine Frau, deren Kleidungsstil du bewunderst, um Beratung zu bitten. Sie wird viel besser wissen als dein Kumpel, was einer anderen Frau positiv ins Auge fällt.

Es ist wichtig, authentisch zu bleiben. Denn was für eine Beziehung können wir letztlich mit jemandem eingehen, wenn unsere anfängliche Verbindung auf einem falschen Bild basiert, das wir vermitteln? Aber vielleicht genügt etwas so Einfaches wie ein paar Veränderungen an unserem Kleidungsstil, um viel häufiger mit potenziellen Beziehungspartnern ins Gespräch zu kommen. Und daraus können sich dann durchaus tiefere und bedeutendere Unterhaltungen ergeben.

Es könnte sich wie ein kleiner Balanceakt anfühlen, wenn du dir selbst treu bleiben willst und gleichzeitig Dinge veränderst, um bei anderen einen bleibenden ersten Eindruck zu hinterlassen. Erinnere dich einfach stets daran: Kleine Veränderungen, die dich nicht weniger authentisch machen, können manchmal große positive Folgen haben.

4. Widme dich deinen inneren Widerständen.

Manchmal sabotieren wir unbewusst genau die Dinge, die wir uns wünschen. Wenn wir uns nicht als liebenswert empfinden oder ein geringes Selbstwertgefühl haben, ziehen wir in unserem Leben Menschen an, die diese Überzeugungen verstärken. Häufig nimmt die Sabotage diese Form an. Es gibt Verhaltensmuster aus unserer Vergangenheit, die wir immer wieder aufs Neue wiederholen. Wenn wir sie erkennen, erhalten wir starke Hinweise darauf, wogegen wir uns wehren.

Es erfordert Mut und Ehrlichkeit, uns mit unserer Vergangenheit und unseren Ängsten auseinanderzusetzen. Aber es ist nötig, wenn wir weiterkommen und das gewünschte Ziel erreichen möchten. Tagebuch zu schreiben, Meditation und andere Formen der Selbstreflexion können uns helfen, unsere Muster zu erkennen.

Wenn du Schwierigkeiten hast, es allein umzusetzen, solltest du darüber nachdenken, dich von einem qualifizierten Coach oder einer Therapeutin unterstützen zu lassen.

Sie können uns häufig helfen, Muster zu erkennen, die wir bei uns selbst nicht wahrnehmen, und uns dabei anleiten, ungesunde Verhaltensmuster zu überwinden.

5. Sei dein zukünftiges Selbst.

Wenn du dir deine Traumbeziehung ausmalst und dich selbst dabei als gelassener und angstfreier wahrnimmst, solltest du dieses Verhalten bereits jetzt übernehmen. Wenn du in deiner Vorstellung selbstbewusster oder mit einer beschwingteren Energie irgendwo entlanggehst, dann laufe ab sofort auf diese Weise. Wenn du vor deinem geistigen Auge siehst, dass du neue Dinge ausprobierst und aus deinem Schneckenhaus herauskommst, solltest du jetzt diese neuen Dinge tun und dein Schneckenhaus verlassen.

Sehr häufig brauchen wir keinen anderen Menschen dafür, um eine Vision von der Person zu entwickeln, die wir unserer Meinung nach aufgrund einer wunderbaren Beziehung sein werden. Vielleicht denken wir, dass wir jemanden dafür benötigen, aber tatsächlich können wir uns nur mit unserem eigenen Einverständnis und unserer Entschlossenheit verändern. Warum sollten wir uns daher die Erlaubnis und Entschlossenheit nicht sofort schenken und es uns selbst genehmigen, die Person zu sein, die wir gerne werden möchten?

Das allein kann bereits der Katalysator sein, der den kosmischen Algorithmus des Universums darauf aufmerksam macht, dass wir bereit sind für die Beziehung, von der wir träumen. Oder bereit dafür, eine Ausstrahlung zu entwickeln, die den Typ Mensch anzieht, mit dem wir gerne zusammen sein wollen.

Was sind die Big Five for Life?

 Bei den Big Five for Life handelt es sich um ein Konzept, das mir kurz nach dem Erscheinen des Buchs *Das Café am Rande der Welt* eingefallen ist. Als die Leser sich davon erzählten und der Titel bekannter wurde, lud man mich zu Vorträgen an verschiedenen Orten ein.

Das ist eine interessante Facette am Dasein als Autor. Aus irgendeinem Grund geht man davon aus, dass jemand, der Bücher schreiben kann, die den Menschen gefallen, auch ein guter Vortragsredner ist. Das ist etwas seltsam, denn für die eine Aktivität muss man vollkommen alleine sein, und die andere ist das komplette Gegenteil vom Alleinsein.

Jedenfalls war die Vorstellung, auf einer Bühne zu stehen und vor Publikum zu sprechen, etwas furchteinflößend. Zum Teil, weil ich nicht wusste, worüber ich reden sollte. Als der nächste Termin immer näher rückte und ich den Vortrag gegenüber dem letzten Mal unbedingt verbessern wollte, hatte ich eines Tages einen Gedankenblitz. Er hing mit meinen Erlebnissen während meiner Rucksackreise rund um die Welt zusammen. (Mehr dazu findest du im Kapitel »Wie bist du ein Autor geworden?«.)

Eins der Länder, das ich bereiste und das mein Leben erheblich verändert hat, war Südafrika. Ich verbrachte dort viel Zeit auf einer Safari, und wenn man auf Safari ist, sprechen alle über die sogenannten afrikanischen Big Five. Gemeint sind fünf afrikanische Tierarten – Löwe, Elefant, Nashorn, Leopard und der Afrikanische Büffel.

Die Menschen unterhalten sich darüber, welche Tiere sie gesehen haben, wo sie diese gesehen haben, wie es war …

Es wird zu einer Art Maßstab für den Erfolg ihrer Safarierlebnisse. Wenn sie drei der afrikanischen Big Five sehen, ist das ziemlich gut. Vier Tierarten zu erleben, ist noch besser. Und wenn sie alle fünf der Big Five sehen, ist es das Nirwana, ein Riesenerfolg, genau das, weshalb sie nach Afrika gekommen sind.

Mein Gedankenblitz war also ...

Entschuldigung, hier kommt eine kleine Randnotiz. Ist dir schon einmal aufgefallen, dass Gedankenblitze häufig zu einem von zwei Zeitpunkten auftreten? Der erste ist um zwei Uhr morgens, wenn wir komplett erledigt sind und es fast nicht mehr schaffen, den Lichtschalter, einen Stift und ein Blatt Papier zu finden. Aber wir wissen, dass sich die Mühe lohnt, denn wenn wir die Erkenntnis nicht in den nächsten paar Sekunden aufschreiben, wird sie für immer aus unserem Geist verschwinden. Und wir wissen, dass es so ist, denn die Male, als wir uns eingeredet haben, dass wir uns am Morgen noch daran erinnern würden, endete das Ganze stets folgendermaßen: Beim Aufstehen hatten wir das unglaublich frustrierende Gefühl, dass wir die Erkenntnis irgendwie nicht mehr zu fassen bekamen. Sie war für unseren Geist zum Greifen nahe, aber letztlich ließ sie sich nicht mehr zurückholen. Und je mehr wir es versuchten, desto mehr blieb sie knapp außerhalb unserer Reichweite.

Der zweite Zeitpunkt, zu dem die Gedankenblitze auftreten, ist unter der Dusche. Das heißt, wir müssen überlegen, ob wir uns so lange an die Erkenntnis erinnern können, bis wir uns fertig eingeseift, abgeduscht und abgetrocknet haben (was uns nie gelingt). Oder ob wir patschnass herumlaufen sollen, um Stift und Papier zu suchen, damit wir die Idee festhalten können, bevor sie wieder in den Äther verschwindet.

Ich habe keine Ahnung, warum es bei plötzlichen Ein-

gebungen so ist. Vielleicht, um unsere Entschlossenheit zu testen.

Aber nun zurück zu meinem Gedankenblitz. Ich hatte folgende Idee: Wie wäre es, wenn wir unser Leben so ähnlich wie die afrikanischen Big Five betrachten würden? Wie wäre es, wenn wir die fünf Dinge benennen würden, die wir in unserem Leben am liebsten tun, sehen oder erleben möchten, bevor wir sterben? Die fünf Dinge, die so bedeutend für uns wären, dass wir, wenn wir sie getan, gesehen oder erlebt hätten, an einem fernen Zeitpunkt in der Zukunft von unserem Sterbebett aus auf unser Leben zurückblicken und sagen könnten: »Egal welche anderen Dinge ich getan oder auch nicht umgesetzt habe, ich habe meine Big Five for Life verwirklicht, und daher war mein Leben gemäß meiner eigenen Definition von Erfolg überaus erfolgreich.«

Das ist ein sehr wichtiger Punkt. Es geht nicht darum, was unsere Eltern, Vorgesetzten, Nachbarn, Partner oder irgendjemand sonst als Erfolg für uns sieht. Es geht einzig und allein darum, dass wir selbst definieren, was wir darunter verstehen.

Die Big Five for Life können sich auf kurzfristig erreichbare Dinge beziehen. Vielleicht beschließt du, am Neujahrsmorgen/an deinem dreißigsten Geburtstag den Sonnenaufgang vom Gipfel des Kilimandscharo aus zu beobachten. Das wäre ein einmaliges Erlebnis.

Sie können sich auch auf langfristige Dinge beziehen. Vielleicht wünschst du dir eine liebevolle Beziehung zu deinen Kindern und/oder deinem Partner/deiner Partnerin.

Wie deine ganz persönlichen Big Five for Life aussehen, ist allein deine Entscheidung. Sobald du sie kennst, hast du die Möglichkeit, all deine Ressourcen wie Zeit, Energie, finanzielle Mittel, Gedanken und Emotionen zu nutzen, um sie zu verwirklichen.

Nachdem ich diese Eingebung hatte (die mir übrigens unter der Dusche kam), sprach ich zum ersten Mal bei der erwähnten Veranstaltung über die Big Five for Life. Und das Thema kam beim Publikum sofort sehr gut an.

Also sprach ich bei verschiedenen Events immer häufiger darüber. Schon bald zeigte sich, dass es ein unglaublich einfaches, nachvollziehbares Konzept ist und eine sehr effektive Methode, um den Menschen zu helfen, zentriert sowie fokussiert und glücklich zu bleiben.

Daher integrierte ich das Konzept in ein Abenteuerbuch mit dem Titel *Safari des Lebens*. Zudem erläuterte ich es in einem anderen Zusammenhang in den Büchern *The Big Five for Life* und in dessen Fortsetzung *Das Leben gestalten mit den Big Five for Life*.

Für die Fans der Café-Bücher gibt es viele feine Verbindungen zwischen der Café- und der Big-Five-for-Life-Welt. Ich werde sie nicht hervorheben, um dir nicht den Spaß zu verderben. Aber wenn du die Bücher liest, wirst du auf diese Verbindungen stoßen. Ich gebe dir einen kleinen Tipp. Es fängt mit dem zweiten Buch der Café-Reihe an.

Als immer mehr Leser und Teilnehmer bei meinen Vorträgen von dem Konzept der Big Five for Life erfuhren, reagierten sie überaus positiv darauf und begannen sich nach dem Prozess zu erkundigen, mit dem sie ihre Big Five for Life *erkennen* konnten. Was großartig war. Allerdings hatte ich keinen Prozess parat.

Ich hatte meine eigenen Big Five for Life gefunden, nachdem ich alles hinter mir gelassen hatte und ein Jahr lang mit dem Rucksack um die Welt gereist war. Ich kann diese Methode wärmstens empfehlen, aber sie passt nicht zu den Lebensumständen der meisten Leute. Also setzte ich mich hin, und im Laufe von 30 Tagen floss der Prozess, um Menschen zu helfen, ihre Big Five for Life zu finden, durch mich hindurch – auf ziemlich die gleiche Weise, wie es auch bei meinen Büchern der Fall ist.

Seitdem war es absolut fantastisch, ihn anderen Menschen zu vermitteln. Sie stammen aus allen möglichen gesellschaftlichen Bereichen und Schichten, befinden sich in unterschiedlichen Lebenssituationen, und dennoch finden alle die Klarheit, nach der sie gesucht haben. (Mehr dazu findest du am Ende des Kapitels »Was kann ich tun, wenn ich überhaupt keine Ahnung habe, was ich will?«.)

Das ist alles – die Geschichte der Big Five for Life und das, worum es dabei geht. Sehr häufig wird darüber im Zusammenhang mit dem Museumstag gesprochen, da beide Ideen im ersten Buch über die Big Five for Life vorkommen. Wenn du dich mit jemandem über die Big Five for Life unterhältst, solltest du daher nicht überrascht sein, wenn du in dem Zuge auch den Begriff Museumstag hörst. Mehr darüber findest du im Kapitel »Ist jeder Tag ein Museumstag?«.

Wie kann ich meine Ängste verstehen und mit ihnen fertigwerden? (Teil 1)

Nach meiner Einschätzung der menschlichen Erfahrung gehört das Überwinden von Ängsten zu den großen Chancen für unser persönliches Wachstum. Es ist zudem eine der gewaltigsten Herausforderungen im Spiel des Lebens.

In meinem Buch *Safari des Lebens* spricht eine sehr weise, uralte afrikanische Frau namens Ma Ma Gombe über eine Sicht auf das Leben, die mich sehr verändert hat. Ich denke oft daran. Wie so viele Weisheiten, die während des Schreibprozesses durch mich hindurchfließen, existierte dieser Teil, kurz bevor ich ihn geschrieben habe, definitiv nicht in meinen Gedanken.

Er war irgendwo dort draußen in dem kosmischen Bewusstsein vorhanden und strömte dann in Form eines Gesprächs zwischen Ma Ma Gombe und einem jungen Mann namens Jack durch mich hindurch. Im Kapitel »Wie kann ich mutiger sein und weniger Angst haben?« habe ich dieses Thema bereits angesprochen. Ich greife es hier noch einmal auf, da es mit den Dingen zusammenhängt, über die ich in diesem Kapitel spreche, und so kannst du diesen Abschnitt direkt durchlesen.

Ma Ma Gombe erklärt jedenfalls, dass das Spiel des Lebens möglicherweise wie ein richtiges Spiel ist. Und bevor unser Spiel beginnt, existieren wir in einem anderen Daseinszustand. Es ist ein Zustand, in dem wir erkennen, dass die Erfahrung des Lebens uns eine Chance zur Weiterentwicklung bietet. Das gilt nicht nur für uns persönlich. Wie ich im Kapitel »Was ist der Sinn des Lebens? (Teil 1)« erläutert habe, stehen die Erkenntnisse, die mit diesem persönlichen Wachstum einhergehen, daraufhin allen Lebewesen zur Verfügung. Vor unserer Geburt sind wir uns all dessen bewusst. Wir wissen, dass wir mehr sind als unser menschliches Dasein. Wir verstehen, dass die menschliche Erfahrung lediglich ein Teil der gesamten Existenz unserer Seele ist.

Während wir uns in unserem Spiel befinden, suchen wir uns daher bestimmte Herausforderungen und Hindernisse aus, die unsere persönliche Entwicklung fördern. Das können Ängste sein, wie etwa mangelndes Selbstvertrauen oder die Angst zu scheitern, oder auch Herausforderungen anderer Art.

Dann werden wir geboren und das Spiel des Lebens beginnt. Mit der Zeit schwindet jedoch unser Bewusstsein, dass wir mehr sind als unser menschliches Selbst. Das gehört zu den Spielregeln. Wir erinnern uns auch nicht an die Herausforderungen und Hindernisse, die wir uns vor unserer Geburt ausgesucht haben. Aber im Laufe des Spiels tauchen sie in unserem Leben auf. Zunächst geschieht das auf eine unscheinbare Art und Weise. Aber wenn wir uns nicht damit auseinandersetzen und diese Dinge überwinden, wird die Konfrontation damit beim zweiten, dritten und allen darauffolgenden Malen immer intensiver.

Das Ganze ist darauf angelegt, unsere Aufmerksamkeit zu erregen.

Um uns von der Authentizität der Situationen zu überzeugen, haben die Herausforderungen und Hindernisse häufig mit anderen Menschen zu tun. Tatsächlich sind diese lediglich Schauspieler in unserem Spiel. Aber um uns in unserem Wachstum zu unterstützen, müssen sie ihre Rollen perfekt spielen und uns vollkommen davon überzeugen, dass ihre Rollen wirklich real und die Herausforderungen, Gefahren und Traumata, die sie für uns darstellen, echt sind.

Unsere Aufgabe in dem Spiel besteht darin, diese gut gespielten Rollen zu durchschauen. Zu erkennen, dass wir kein

Opfer all dessen sind, was vor sich geht, sondern die Situation verändern können. Wir sind keine passiven Mitfahrer, die auf einem Sitz in der Achterbahn festgeschnallt sind und daran nichts ändern können.

Bei all dem ist eine eingehende Auseinandersetzung mit unseren Ängsten und der Rolle, die sie in unserem Spiel haben, erforderlich. Angefangen damit, woher die Ängste stammen.

Häufig manifestieren sich unsere Ängste zum ersten Mal in unserer frühen Kindheit. Uns fehlt zu dieser Zeit die Lebenserfahrung, um Situationen in einem größeren Zusammenhang zu betrachten und sie richtig einzuordnen. So werden die Ängste zu einem Teil von uns, und wenn wir uns nicht damit befassen, sind sie in der Lage, uns fortan die Richtung unseres Lebens vorzuschreiben.

Aber so muss die Geschichte nicht weitergehen. Wenn wir es zulassen, können wir uns zeitlich zurückversetzen und den Moment erkennen, in dem die Angst entstanden ist. Anstatt sie mit den Augen eines Kindes zu sehen, können wir sie nun aus der Perspektive unseres erfahrenen, reiferen, erwachsenen Selbst betrachten. Dabei können wir die Geschichte, die mit der Angst verknüpft ist, häufig neu schreiben. In diesem Erkenntnismoment kann das Neuschreiben der Geschichte uns idealerweise in die Lage versetzen, die Angst loszulassen. Für immer.

In meinem Spiel gibt es dazu ein konkretes Beispiel. Es geht um eine Angst, die sich bei mir im Alter von fünf Jahren entwickelte und die mein Leben die nächsten zweieinhalb Jahrzehnte kontrollierte. Während meiner Rucksackreise rund um die Welt wurde mir eines Nachts klar, was für eine Angst das war. (Mehr zu dieser Reise findest du im Kapitel »Wie bist du ein Autor geworden?«.)

Ich war in einem Nachtzug in China unterwegs. In diesen

Zügen wurde das Licht um zehn Uhr ausgeschaltet. Sobald das passierte, konnte man nicht mehr viel tun, außer dem Rattern der Räder auf den Schienen zu lauschen, während der Zug Kilometer um Kilometer dahinrollte.

Während ich so auf meiner Pritsche lag, gingen mir verschiedene Momente aus meinem Leben durch den Sinn. Es waren alles Situationen, in denen ich entweder versagt oder auf der Schwelle zu einem Erfolg einen Rückzieher gemacht hatte. Während ich diese Erinnerungen beobachtete, fragte ich mich: »Warum fallen mir diese Bilder gerade jetzt ein?« Und in diesem Moment tauchte eine weitere Erinnerung auf.

Es war eine Begebenheit, die sich zugetragen hatte, als ich ein kleiner Junge war. In der Erinnerung sah ich, wie mein Vater mich anherrschte, ich solle in den Keller gehen und einen bestimmten Schraubenschlüssel holen, den er brauchte. Er sagte mir, er liege auf der Werkbank. Also ging ich in den Keller, um danach zu suchen.

Die Werkbank war im Vergleich zu mir ziemlich hoch, daher war es ziemlich schwierig für mich, alles zu sehen, was sich darauf befand. Ich versuchte, auf die unteren Regale zu klettern und mich nach oben zu ziehen, um einen besseren Überblick zu bekommen, aber trotz aller Bemühungen und obwohl ich angestrengt danach Ausschau hielt, konnte ich den Schraubenschlüssel nicht finden.

Ich wusste aus Erfahrung, dass mein Vater sehr wütend sein und mich anschreien würde, wenn ich ohne das Werkzeug zurückkäme. Also suchte ich immer weiter unter diversen Haufen von Werkzeugen und im gesamten Kellerraum. Je länger ich nach dem Schraubenschlüssel suchte, ohne ihn zu finden, desto größer wurde meine Angst. Schließlich kauerte ich mich dort unten in der Nähe der Treppenstufen zusammen. Ich hatte Tränen in den Augen und sehr große Angst.

Ich hatte den Schraubenschlüssel nicht gefunden. Und ich wusste, dass ich nach oben gehen und es meinem Vater sagen musste. Aber ich wusste auch, wozu das führen würde. Er würde wütend und aufgebracht herumschreien.

Als ich es nicht mehr aushielt, ging ich schließlich zu meinem Vater und erzählte ihm, dass ich den Schraubenschlüssel nicht finden konnte. Wie ich es vorhergesehen hatte, wurde mein Vater fuchsteufelswild. Er schrie herum, knallte die Türen und stapfte wutentbrannt mit polternden Schritten in den Keller. Dort angekommen, begann er, wild herumzuwühlen und Dinge voller Zorn von einem Platz zum nächsten zu befördern. Seine Wut trat offen zutage.

Als er den Schraubenschlüssel nach einer ganzen Weile nicht gefunden hatte, kam er noch wütender die Treppen wieder heraufgepoltert. Bei jedem Schritt stampfte er laut auf. Nach intensiver Suche fand er den Schraubenschlüssel schließlich in der Garage, dort, wo er ihn das letzte Mal benutzt hatte.

Mein Vater war nicht der Typ, der gesagt hätte: »Es tut mir leid.« Die Gründe dafür waren Teil seines Spiels. Das erkannte ich viele Jahre später. Und in Wahrheit war er eine sehr liebevolle Person. Aber er zeigte seine Liebe auf eine andere Weise. Nach einem Vorfall wie diesem ging er mit der ganzen Familie zum Eisessen. Das war seine Art zu sagen: »Es tut mir leid.« Seine Art zu sagen: »Ich liebe dich.«

Aber als fünfjähriger Junge versteht man das nicht. Man lernt dagegen, Angst vor dem Versagen zu haben. Und genau das war bei mir der Fall.

Während mein Leben sich weiterentwickelte, ahnten die meisten Menschen nicht, dass ich diese Angst hatte. Sie sahen mich von außen und dachten, es sei alles in Ordnung. Ich hatte hervorragende Noten in der Schule und an der Highschool, erzielte beachtliche sportliche Erfolge und war mit Ende 20 auch beruflich sehr erfolgreich. Insgesamt wirkte es so, als laufe bei mir alles bestens.

Doch das war nur der äußere Schein. In meinem Inneren sah es völlig anders aus. Innerlich bewegte ich mich zwischen den Polen einer tiefen Versagensangst und einer damit zusammenhängenden Angst vor dem Erfolg. Da ich Angst vor dem Scheitern hatte, ließ ich mich nur auf Aktivitäten ein, bei denen ich wusste, dass ich sie gut beherrschte. Das bedeutete, dass ich Angebote ablehnte wie an einem harmlosen Brettspiel teilzunehmen, das ich nicht kannte, weil ich nicht verlieren und das Gefühl des Scheiterns nicht erleben wollte.

In Bereichen, in denen ich sehr gut war, strebte ich den Erfolg bis zu einem Punkt an, ab dem die Zukunft ungewiss war. Ich hatte in der Regel das Gefühl, dass es auf dem Weg von guten zu großartigen Erfolgen einen Punkt gab, an dem ich erst scheitern musste, um die letzten Schritte zu lernen. Dass ich verschiedene Wege ausprobieren musste – von denen einige nicht funktionieren würden –, um herauszufinden, was auf dem höchsten Niveau tatsächlich zum Erfolg führen würde.

Das war emotional nicht akzeptabel. Daher erlaubte ich mir lediglich, bis zu diesem Punkt zu kommen, und klinkte mich dann aus.

Dieses Verhaltensmuster zeigte sich in allen Bereichen meines Lebens. Im Sport, im Beruf, in Beziehungen ...

Als ich in jener Nacht im dunklen Zug lag und beobachtete, wie sich die Erfahrung aus meiner Kindheit erneut in meinem Geist abspielte, durchlebte ich sie noch einmal. Doch dieses Mal sah und erlebte ich das Ereignis gleichzeitig aus der Perspektive des kleinen Jungen und als Beobachter von außen, als 32-jähriger Mann, der ich mittlerweile war.

Und in dieser Doppelrolle erkannte ich, auf welche Weise diese eine Begebenheit mich auf einen Weg gebracht hatte, auf dem ich ab diesem Zeitpunkt nur noch die Dinge tat, die ich sicher gut beherrschte. Ich lebte in einem ständigen Zustand der Angst und existierte zwischen der Angst vor dem Erfolg und der Angst vor dem Versagen.

Ich erkannte außerdem, dass die Begebenheit nur ein kleiner Moment in meinem Leben gewesen war. Ein Moment, der nicht von einer vorsätzlichen Bosheit oder einer bösen Absicht geprägt war. Als Erwachsener, der die Szene beobachtete, verstand ich, dass mein Vater vielleicht einfach einen schlechten Tag gehabt hatte. Vielleicht hatte er sich Sorgen wegen seiner beruflichen Selbstständigkeit gemacht oder darüber, wie er für uns sorgen können würde. Jahre später, als ich sein Spiel besser verstand, erkannte ich, dass er ständig in einem Zustand der Angst vor dem Versagen lebte. Es war etwas, das von Generation zu Generation, von seiner Mutter auf ihn übertragen worden war und auf einer Erfahrung in *ihrem* Spiel basierte, die aus ihrer Kindheit stammte.

In jener Nacht im Zug wurde mir bewusst, dass mein Verhalten und meine Ängste mir von der emotionalen Reaktion eines fünfjährigen Jungen diktiert worden waren, von einer Reaktion, die einmal angemessen gewesen war, mittlerweile aber nicht mehr passte.

So erstaunlich es auch scheinen mag, angesichts dieser Erkenntnis fand bei mir augenblicklich eine innere Veränderung statt. Innerhalb von einer Mikrosekunde, nachdem ich mir den Zusammenhang bewusst gemacht hatte, lösten sich die damit verknüpften Ängste auf. Ich benötigte zwar etwas Zeit, um mein Verhalten zu ändern, denn ich hatte Muster entwickelt, um mit den beiden Ängsten fertigzuwerden, die tief in mir verankert waren und sich darauf auswirkten, wie ich dem Leben begegnete und mit Situationen umging. Aber der Punkt ist, dass ich in der Lage war, die Angst loszulassen und mich weiterzuentwickeln, um ein Leben zu führen, von dem ich bis zu diesem Zeitpunkt nicht einmal zu träumen gewagt hatte.

Ich habe aus dieser Erfahrung eine Menge gelernt. Erstens – unsere Ängste sind stets ein vorübergehender Zustand. Sie basieren auf einem Moment in unserer Geschichte, in dem ein bestimmter Code erzeugt wurde. Wenn wir diesen Code nicht verändern, wird er unser gesamtes Leben lang immer wieder durch bestimmte Auslöser aktiviert.

Zweitens habe ich gelernt, dass ich den Code überschreiben konnte, als ich die Ursprungsgeschichte der Angst erkannt hatte. Die Angst war nicht automatisch für immer vorhanden. Ich konnte sie verändern. Und in dem eben geschilderten Beispiel kam es in erster Linie zur Veränderung, weil ich die ursprüngliche Geschichte der Angst aus meiner Perspektive als Erwachsener betrachtete statt aus der Sicht eines Kindes.

Drittens war einer der faszinierendsten Aspekte die Erkenntnis, dass viele unserer Ängste ihren Ursprung häufig nur in einer einzigen Geschichte haben. Sie sind wie Blätter eines großen Unkrauts. Ich glaubte Angst davor zu haben, neue Spiele zu spielen, mit Menschen zu sprechen, die ich nicht kannte, in einer fremden Stadt herumzulaufen und abenteuerliche Dinge auszuprobieren. Aber in Wahrheit hatte ich Angst vor dem Scheitern. Und diese Angst erzeugte all die anderen Ängste. Sobald ich die Angst, die mit der ursprünglichen Geschichte verknüpft war, mit der Wurzel herausgerissen hatte, verschwanden auch die anderen Ängste.

Und schließlich lernte ich, die Beziehungen, die mit der Angst verknüpft waren, aus einer vollkommen neuen Perspektive zu betrachten, da ich den Moment, in dem die Angst entstanden war, wirklich verstand. Nach der Nacht im Zug begann ich, meinen Vater mit neuen Augen zu sehen. Ich konnte *seine* Art zu lieben annehmen. Ich konnte dankbar für all die liebenswürdigen und großzügigen Dinge sein, die er in meinem Leben getan hatte. Und hier kommt die große, weltbewegende Erkenntnis. Im Kontext des Lebens als Spiel, in dem jemand ein so guter Schauspieler sein muss, dass ich die Rolle, die er spielt, tatsächlich glaube, kam ein Zeitpunkt, zu dem ich in der Lage war, die Rolle, die mein Vater spielte, voller Mitgefühl zu betrachten. Denn wenn die Theorie stimmt und es sich tatsächlich um ein riesiges Spiel handelt und mein Vater seine Rolle so gut spielte, dass ich sie glaubte, dann bedeutete das, dass er litt. Er verpasste eine Menge fröhlicher, sorgenfreier, glücklicher und erinnerungswürdiger Momente, damit meine Seele die Chance bekam, die Angst vor dem Versagen zu überwinden.

Ein solches Bewusstsein macht uns sehr dankbar. Es bedeutet nicht, dass wir Menschen, die uns Leid bringen, in unserem Spiel behalten müssen. Im Gegenteil. Das ist eine der großen Lehren im Spiel des Lebens. Wir suchen uns nicht selbst aus, von wem wir geboren werden, aber wir entscheiden, mit welchen Menschen wir uns umgeben.

Wenn wir all das erkennen, können wir die Menschen in unserem Spiel aus einer Perspektive des Mitgefühls und der Dankbarkeit betrachten, was uns sonst vielleicht nicht möglich wäre. An dem Tag, als meine Tochter geboren wurde, sagte ich zu ihr, dass ich ihr gegenüber nie laut werden würde. Ich versprach ihr, dass ich es mir stets zur Aufgabe machen würde, einen anderen Weg zu finden. Es ist ein Versprechen, das dazu beigetragen hat, ein Band zwischen uns zu schmieden, das wunderschön und kraftvoll ist und auf Liebe basiert.

Mir wäre nicht bewusst gewesen, wie wichtig dieses Versprechen war beziehungsweise wie wichtig es war, es meiner

Tochter zu geben und mich daran zu halten, wenn mein Vater nicht seine Rolle gespielt hätte, um mir die Kehrseite davon zu zeigen. Im großen Spiel des Lebens – wenn es tatsächlich auf eine Weise existiert, wie Ma Ma Gombe es beschrieben hat – gab es Zeiten, in denen er seine Beziehung zu mir geopfert hat, damit ich die unglaubliche Beziehung zu meiner eigenen Tochter haben kann.

Wenn ich den Mut und die Stärke habe, die Akteure in meinem Spiel aus dieser Perspektive zu betrachten, werde ich von einer unglaublichen Dankbarkeit, dem Gefühl des Verzeihens und der Wertschätzung durchströmt. Und alles basiert auf dem Moment, in dem ich begann, meine Ängste zu verstehen und mich damit auseinanderzusetzen.

Wie kann ich meine Ängste verstehen und mit ihnen fertigwerden? (Teil 2)

Ich hoffe, das letzte Kapitel hat bei dir ein paar Gänsehautmomente erzeugt. Ich habe zum ersten Mal vor vielen Jahren bei einem Vortrag über einige Elemente aus diesem Abschnitt gesprochen. Und ich war überrascht über die Anzahl der Menschen im Publikum, die in Tränen ausbrachen, als sie davon hörten. Seitdem passiert es fast jedes Mal, wenn ich darüber spreche.

Wenngleich die persönlichen Erfahrungen derjenigen, die einen starken Bezug zu der Geschichte haben, nicht genau mit meinen übereinstimmen, ist es für mich offensichtlich, dass sehr viele von uns ähnliche Momente erleben. Solche Situationen werden entweder zu einem Startpunkt für uns, um das Leben zu führen, das wir uns wünschen, oder sie werden zu einem dicken, zähen Zement, der uns für eine sehr lange Zeit dort festhält, wo wir nicht sein möchten.

Was den Umgang mit Ängsten betrifft, enthält die Geschichte daher meiner Meinung nach viele wertvolle Ideen.

Zudem möchte ich dir einige allgemeine Techniken vermitteln, die sehr effektiv sind, um Ängste zu überwinden und neue unterstützende Muster und Verhaltensweisen zu entwickeln. Sie sind weniger emotional geprägt und eher strategischer Art – dies nur als Hinweis, was die Veränderung des Energielevels betrifft. Und um es noch einmal zu betonen, sie sind zudem viel wirksamer, sobald du die Geschichten erkannt hast, die der Ursprung deiner Ängste sind, und sie aus der Perspektive als Erwachsener betrachtet hast.

Okay, legen wir los.

Die Intensität unserer Ängste hängt häufig davon ab, wie umfassend sowohl unsere Erfahrung als auch unser Wissen sind. Je weniger wir davon haben, desto größer ist die Kraft unserer Angst. Je mehr Erfahrung und Wissen wir haben, desto schwieriger ist es für die Angst, uns zu kontrollieren.

In dem oben geschilderten Beispiel gewann ich eine Menge Wissen, als ich die Ursprungsgeschichte für meine Angst aus einer anderen Perspektive betrachtete. Als ich anschließend neue Dinge ausprobierte, die Grenzen immer wieder verschob und dabei nicht unter massiven negativen Konsequenzen zu leiden hatte, sammelte ich mit jedem neuen Versuch die nötige Erfahrung, um all die Elemente des alten angstbasierten Verhaltens mühelos loszulassen.

Wenn wir unser Wissen vergrößern und gleichzeitig unsere Erfahrungen erweitern, hilft uns das offenbar sehr effektiv dabei, unsere Ängste zu überwinden. Interessanterweise ist lediglich einer der beiden Aspekte ohne den anderen nicht annähernd so wirksam. Wenn wir zum Beispiel die Statistik kennen, wie sicher das Fliegen ist, reicht das offenbar nicht aus, um eine vorhandene Flugangst zu überwinden. Aber wenn wir die Statistik kennen und zudem eine gewisse Erfahrung haben, weil wir mehrfach sicher geflogen sind, hilft uns das ungemein dabei, den Code der ursprünglichen Geschichte zu überschreiben, der die Angst überhaupt erst erzeugt hat.

Es ist ebenfalls sehr effektiv, Dinge in kleinen Schritten anzugehen. Alle Aktivitäten, Entscheidungen und Erfahrungen setzen sich aus zahlreichen kleineren Aktivitäten, Entscheidungen und Erfahrungen zusammen. Auf irgendeiner Ebene besteht sogar die größte Angst aus Teilelementen, die keine Angstreaktionen hervorrufen. Wenn wir ein Element nach dem anderen erkennen und durchgehen, erhalten wir das Wissen und die Erfahrungen, die uns in der Summe helfen, uns mit dem auseinanderzusetzen, was wir als blockierende Angst empfinden.

Ich gebe dir ein Beispiel dazu: Häufig haben Menschen Angst davor, vor Publikum zu sprechen. Aber wenn wir diese Erfahrung in Teilelemente unterteilen, stellen viele Menschen überrascht fest, dass ihnen viele Aspekte nichts ausmachen. Sie können entspannt mit anderen sprechen. Sie können anderen entspannt in die Augen sehen. Sie können entspannt dastehen. Sie können entspannt Geschichten erzählen.

Oft stellen sie fest, dass es sich bei ihrer Angst eigentlich nicht um die Angst handelt, vor Publikum zu sprechen. Sie befürchten vielmehr, sich lächerlich zu machen oder so zu wirken, als hätten sie keine Ahnung, worüber sie reden. Das zu verstehen, hilft ihnen, die Ursprungsgeschichte zu ermitteln, die ihre Angst erzeugt hat, und diese aus ihrer Perspektive als Erwachsene zu bewerten. Es versetzt sie zudem in die Lage herauszufinden, wie viel Vorbereitung und Übung nötig sind, damit sie sich aufgrund ihrer Kompetenz absolut wohlfühlen.

Hier noch ein abschließender Tipp, was deine Ängste betrifft: Je mehr Vorbilder wir haben, desto leichter wirkt die Reise, wo auch immer wir uns in unserem Spiel gerade befinden. Das solltest du dir stets bewusst machen. Die Angst vor dem Unbekannten hält uns von so vielem ab. Aber sobald wir die Geschichte einer Person kennen und erfahren, an welchem Punkt sie begonnen hat, welche Schritte sie unternommen hat, um ihre Ängste zu überwinden, und welche positiven Dinge sie erlebt hat, sobald sie die andere Seite erreicht hatte, kann uns das ungemein dabei helfen, ähnliche Schritte in unserem Leben zu tun.

Eine der größten Ängste für uns Menschen, vor allem angesichts von Herausforderungen, besteht darin, alleine zu sein. Je häufiger wir jedoch etwas über die Beispiele anderer und ihre erfolgreichen Bemühungen erfahren, desto weniger haben wir das Gefühl, alleine zu sein. Wenn wir ihre Geschichten kennen, hilft uns das, uns auf *ihren* Mut, ihre Erfahrungen, Methoden und Erfolge einzuschwingen. Anschließend können wir all das nutzen, um uns erfolgreich in *unserem* Spiel des Lebens zu entfalten.

Es ist überaus hilfreich, wenn die Ängste und Hindernisse, die jemand überwunden hat, unseren eigenen entsprechen. Aber selbst, wenn die Situation ziemlich anders war, ist es dennoch sehr hilfreich. Alleine das Wissen, dass diese Person, ein Mitmensch, etwas schier Unerreichbares geschafft hat, schenkt uns Zuversicht, dass wir das Gleiche tun können.

Im Kapitel »Wie kann ich mutiger sein und weniger Angst haben?« erwähne ich eine Buchreihe mit dem Titel *Wer war ...?* beziehungsweise *Wer ist ...?*. Ich kann sie als inspirierende Quelle, um etwas über die Geschichte anderer zu erfahren, gar nicht genug empfehlen. Auf etwa 100 Seiten erzählt jedes Buch die Geschichte einer berühmten Person – es geht beispielsweise um Erfinder, Spieledesigner, Sportler, Unternehmer, Wissenschaftler, Entdecker ... In chronologischer Abfolge erfährt man, wo sie herkamen, mit welchen Problemen sie zu kämpfen hatten und wie sie diese überwunden haben. Die Bücher sind für ältere Kinder geschrieben, aber für Erwachsene sind sie ebenfalls großartig, weil sie sich schnell lesen lassen, alle wichtigen Informationen enthalten und aufzeigen, dass es in jedem Leben Ängste und Hindernisse gibt, diese Ängste und Hindernisse jedoch überwunden werden können.

Unser Gehirn ist etwas Seltsames. Es kann in seiner Funktionsweise absolut spektakulär sein. Und gleichzeitig kann es sich auf einfache Grundfunktionen beschränken. Im Wesentlichen möchte unser Gehirn uns am Leben erhalten. Daher möchte es heute das tun, was auch immer wir gestern getan haben, denn schließlich hat es offenbar funktioniert. Wir sind nach wie vor hier.

Mithilfe einer gesunden täglichen Dosis von Beispielen können wir unseren Geist großartig dabei unterstützen, das angstbasierte Denken zu überwinden. Ob wir ein oder zwei Kapitel in einem Buch der *Wer-war?*-Reihe lesen, uns einen Teil eines inspirierenden TED-Vortrags anhören oder zehn Minuten lang ein Hörbuch über die Biografie einer Person hören, die wir bewundern – all dies ist eine unglaublich wirksame Lebenspraxis. Diese tägliche Dosis zur Überwindung von Angst hilft unserem Geist und uns generell ungemein dabei, eine angstbasierte Mentalität und ein ebensolches Leben zu vermeiden.

Wann eröffnet dein erstes richtiges Café?

Das ist eine fantastische Idee, die ich gerne verwirklicht sehen würde.

Ich bin im Laufe der Jahre häufig darauf angesprochen worden, aber bisher hat es nicht geklappt. Eins meiner Lieblingskonzepte war, mit einer Buchhandelskette zusammenzuarbeiten und die Cafés in die Buchhandlungen zu integrieren. Ich habe tatsächlich eine Menge Zeit investiert, um bei der Ausarbeitung dieser Idee zu helfen.

Die optische Gestaltung und die Atmosphäre sollten dem Café entsprechen, das im Buch *Das Café am Rande der Welt* beschrieben wird. Die Wände sollten allerdings sehr niedrig sein, denn die Menschen in der Buchhandlung sollten ins Café hineinschauen können, und die Café-Gäste sollten die Buchhandlung sehen können.

Die Tür sollte eine normale Größe haben und mystisch gestaltet sein. Beim Durchgehen sollten die Besucher einen coolen Klang hören, der sie darauf hinwies, dass sie nun in eine andere Welt kämen. Die Café-Welt.

Wir hatten viele witzige Ideen für die Kunstwerke an den Wänden, die Aktivitäten für Kinder und die Gerichte auf der Speisekarte, die etwas mit den Dingen zu tun haben sollten, die in den Café-Büchern beschrieben werden. Zum Beispiel Kekse in Schildkröten- und Surfbrettform, Cappuccinos mit Palmendesigns auf dem Milchschaum, French Toast mit Ananas als Dessert ...

Dann stellten wir eine Liste mit Dingen zusammen, die bei den jeweiligen Cafés einzigartig sein sollten. So könnte es den Fans Spaß machen, verschiedene Cafés in anderen Städten zu besuchen, um die einmaligen Elemente zu erleben.

Wie gesagt, ich war ziemlich angetan davon. Ich habe gerade sogar kurz mit dem Schreiben aufgehört und mir die Präsentation mit all den Ideen angesehen, die wir zusammengestellt haben. Es zaubert mir immer noch ein Lächeln ins Gesicht, wenn ich sie durchsehe.

Die Antwort lautet daher: Ich weiß es nicht. Ich denke, es ist eine großartige Idee, und mit dem richtigen Partner könnte es etwas sehr Besonderes für die Fans sein.

Wenn du dies liest und eine Meinung oder Idee dazu hast, lass es mich gerne wissen. Du kannst mir eine Nachricht über meine Website www.johnstrelecky.com schicken.

Was sind die größten Hindernisse für ein Leben, das unserem Zweck der Existenz entspricht, und wie lassen sie sich vermeiden?

 Ich möchte nicht wie ein Meister des Offensichtlichen klingen, aber den eigenen Zweck der Existenz nicht zu kennen, ist das erste große Hindernis bei dessen Verwirklichung.

In der Mathematik gibt es das sogenannte Infinite-Monkey-Theorem, die endlos tippenden Affen. Es besagt, dass eine unendliche Anzahl von Affen, die vor eine unendliche Anzahl von Tastaturen gesetzt werden und eine unendlich lange Zeit auf die Tasten drücken, irgendwann alle bereits geschriebenen Texte getippt haben werden, einschließlich der kompletten Werke von William Shakespeare. – Ich weiß nicht, wer sich so etwas ausdenkt. Wahrscheinlich nicht die Affen. Auf unsere Situation übertragen bedeutet es jedenfalls, dass eine Person, die unendlich viel Zeit hätte und ihr Leben auf unendlich unterschiedliche Art und Weise führen würde, irgendwann ihren Zweck der Existenz verwirklicht hätte.

Allerdings haben wir nicht unendlich viel Zeit in unserem menschlichen Leben. Was deinen Zweck der Existenz betrifft, solltest du daher zunächst die große Frage klären, wie er aussieht. Wenn du nicht weißt, was dein Zweck der Existenz ist, lies bitte das Kapitel »Wie erkenne ich meinen Zweck der Existenz?« und kehre dann wieder hierher zurück.

Wenn du deinen Zweck der Existenz kennst und einfach nur drei der anderen dominanten Hindernisse vermeiden möchtest, lies gerne hier weiter.

Hindernis Nummer 1:
Du denkst, du müsstest der Mensch im Wasser sein.
Eine besonders faszinierende Persönlichkeit, auf die ich im Laufe der Jahre gestoßen bin, ist ein Mann namens Martin Strel. Er ist Langstreckenschwimmer und hat zahlreiche Weltrekorde aufgestellt, die wahrlich über das hinausgehen, was wir für menschenmöglich halten. Er begann im Alter von 38 Jahren mit dem Extremschwimmen und erzielte seinen ersten Weltrekord, als er die gesamte Länge der Donau entlangschwamm, fast 3 000 Kilometer innerhalb von 58 Tagen. Dann stellte er einen weiteren Rekord auf, indem er ohne Unterbrechung 48 Stunden und 10 Minuten in der Donau schwamm.

Diese Rekorde wurden zu Startpunkten für weitere beeindruckende Abenteuer. So schwamm er in 68 Tagen den gesamten Mississippi entlang (3 885 km), den Jangtse (auf einer Länge von 4 003 km) in 40 Tagen und den Amazonas (auf einer Länge von 5 268 km) in 66 Tagen. Die Schwimmstrecke im Amazonas war länger, als der Atlantik breit ist. Während er schwamm, schüttete sein Team weit genug von ihm entfernt Blut ins Wasser, um die Piranhas und andere Tiere abzulenken, die sonst vielleicht gerne ein Stück von ihm abgebissen hätten.

Wenn wir von einem Kerl wie Martin hören, sind wir versucht, uns zu fragen, ob unser Zweck der Existenz bedeutend genug ist. Aber hier ist der Clou: Wir müssen nicht alle der Typ im Wasser sein. Während Martin seine legendären Schwimmstrecken absolvierte, unterstützte ihn ein Team. Kommunikationsexperten, Journalisten, Filmcrews, Mediziner, ein Fotograf, ein Ernährungsberater ... All diese Menschen trugen zu Martins unglaublichen Erlebnissen bei. Sie halfen ihm entscheidend dabei, seine Projekte umzusetzen, und waren wesentlich daran beteiligt, dass die Welt etwas über seine Erfolge erfuhr. Keiner von ihnen musste allerdings im Wasser sein.

Ihre Genialität wirkte mit seiner Genialität zusammen, um etwas Besonderes zu schaffen. Blockiere dich deshalb nicht mit der Frage, ob dein Zweck der Existenz BEDEUTEND GENUG ist. Eins plus eins ist mehr als zwei. Finde die Orte, an denen dein Zweck der Existenz und deine Genialität sich mit dem Zweck der Existenz und der Genialität anderer überschneiden, um etwas wirklich Besonderes entstehen zu lassen.

Hindernis Nummer 2:
Eine kontraproduktive Einstellung in Bezug auf Geld.

Wenn wir unseren Zweck der Existenz verwirklichen und die Welt an unserer Genialität teilhaben lassen, möchte die Welt sich in der Regel gerne bei uns bedanken. Häufig bedanken sich andere bei uns, indem sie unseren Einsatz unterstützen, unsere Produkte kaufen, unsere Dienstleistungen in Anspruch nehmen oder indem sie etwas dazu beitragen, woran wir gerade arbeiten.

In den meisten Fällen erhalten wir wahrscheinlich eine finanzielle Entlohnung. Das klingt alles großartig. Wenn wir allerdings eine kontraproduktive Haltung gegenüber Geld haben, sabotieren wir letztlich unseren Erfolg auf Kosten unseres Zwecks der Existenz.

Ich sage das alles aus meiner persönlichen Erfahrung heraus.

Aufgrund meiner Erziehung glaubte ich, dass jemand, der viel Geld hatte, andere irgendwann ausgenutzt haben musste. Dieser Mensch konnte trotzdem eine nette Person sein, er konnte einige gute Dinge tun, aber er musste andere ausgenutzt haben.

Das führte bei mir zu einem großen inneren Konflikt, da

es mir sehr wichtig ist, eine integre Person zu sein. Jemand, der ehrlich ist und anderen hilft.

Je mehr ich meinen Zweck der Existenz erfüllte und der Welt einen Mehrwert bot, desto mehr wollten Menschen sich bei mir bedanken, indem sie meine Werke kauften. An einem gewissen Punkt begann ich mich deshalb richtig unwohl zu fühlen, weil ich fälschlicherweise dachte, Geld zu haben, bedeute automatisch, dass ich andere Menschen ausnutzte.

Erst als mir diese Unstimmigkeit bewusst wurde, war ich in der Lage, meinen Daseinszweck effektiv zu verwirklichen und meinen eigenen Erfolg nicht länger zu sabotieren. Interessanterweise half es mir sehr, als ich Beispiele fand, wie Menschen der Welt einen riesigen Mehrwert beschert hatten, aufgrund ihrer Leistungen finanziell erfolgreich geworden waren, andere Menschen aber ebenfalls nicht ausnutzten.

Sobald ich diese Beispiele im Kopf hatte, konnte ich eine stimmigere finanzielle Einstellung entwickeln.

Hindernis Nummer 3:
Du kennst deine Zahlen nicht oder stehst nicht dazu.
Wenn du sagst, es gehöre zu deinem Daseinszweck, ein großartiger Vater und ein erfolgreicher Unternehmer zu sein, was bedeutet das im Hinblick auf die Zahlen? Heißt es, dass du jährlich 200 000 Dollar Gewinn machst und außerdem an 200 Abenden pro Jahr dein Kind ins Bett bringst?

Wenn du sagst, es gehöre zu deinem Daseinszweck, ein Abenteurer zu sein, eine liebevolle Beziehung zu führen und außerdem finanziell unabhängig zu sein, was bedeutet das im Hinblick auf die Zahlen? Heißt es, dass du jedes Jahr zwei Monate lang auf Reisen bist, mindestens an einem Abend pro Woche jemanden datest und eine Million Dollar auf der Bank liegen hast?

Die Entscheidung, welche Elemente im Leben zu deinem Daseinszweck gehören, liegt ganz bei dir. Du selbst entscheidest auch, welche Zahlen für diese Elemente relevant sind. Es lohnt sich sehr, dir diese Dinge klarzumachen, weil du genau deshalb Entscheidungen triffst, die zu dem Leben führen, das du dir wirklich wünschst.

Ich erinnere mich an ein langes Gespräch, das ich einmal mit dem Chefarzt eines der renommiertesten Krankenhäuser der Vereinigten Staaten geführt habe. Er hatte *Das Café am Rande der Welt* gelesen und angefragt, ob wir uns unterhalten könnten. Während unseres Gesprächs erzählte er mir etwas sehr Tiefgründiges. Er sagte: »Ich bin Mediziner geworden, um Menschen zu helfen. Und ich war liebend gerne Arzt. Aber mittlerweile erledige ich nur noch Papierkram und treffe organisatorische Entscheidungen.«

Ich fragte ihn, warum er Chefarzt geworden sei, und er erwiderte, dass ihm eine Menge Geld für den Posten angeboten worden war. Als ich nachfragte, was er mit dem Geld mache, sagte er etwas sehr Trauriges: »Ich habe ein großes Haus, in dem ich nie bin, mit einer Garage, in der fünf Autos stehen, doch ich habe nie Zeit, sie zu fahren.«

Also sprachen wir lange über seinen Daseinszweck und seine Antwort auf die Frage »Warum bin ich hier?«. Wir sprachen auch über seine Zahlen.

Ein paar Monate später rief er mich erneut an, um sich bei mir zu bedanken. Er arbeitete nun wieder als Arzt und betreute jeden Tag Patienten. Dafür hatte er auf 50 Prozent seines Gehalts verzichtet. Aber er war auch jeden Tag zehnmal glücklicher und hatte das Gefühl, tatsächlich seinen Zweck der Existenz zu erfüllen.

Seine Geschichte ist ein großartiges Beispiel dafür, warum es wichtig ist, unsere Zahlen zu kennen.

Ich teile dir nun noch einen abschließenden Gedanken

über deine Zahlen mit. Es geht darum, zu diesen Zahlen zu stehen. Angenommen, du würdest gerne eine Million Dollar verdienen. Deine Motivation dafür ist, dass du mit einer Million Dollar finanziell für deine Familie sorgen könntest, das Jugendbasketballteam deiner Tochter trainieren, jedes Jahr vier Wochen lang mit deiner Familie in den Urlaub fahren und deinen Kindern jeden Abend Gutenachtgeschichten vorlesen könntest.

Wenn du die Million tatsächlich hast, solltest du darauf achten, deine Zeit mit diesen Dingen zu verbringen. Denn es gibt einen kosmischen Algorithmus im Universum. (Wenn du nicht weißt, was das heißt, lies das Kapitel »Was ist der kosmische Algorithmus des Universums?«.) Und wenn er dir hilft, die Million zu bekommen, du aber den ganzen Tag nur noch arbeitest und das Jugendbasketballteam nicht trainierst und abends keine Geschichten vorliest und nicht in den Urlaub fährst, wird ein Tag der Abrechnung kommen.

Und zwar nicht, weil der Algorithmus böse wäre. Es gehört vielmehr zu unserem persönlichen Wachstum als Menschen, zu unserem Weg, um unseren Zweck der Existenz zu erfüllen, dass wir lernen, zu unserem Wort zu stehen. Und wenn wir das nicht tun, wird das Universum uns helfen, diesbezüglich einige Lebenslektionen zu begreifen, und möglicherweise gefällt uns die Art und Weise, wie diese Lektionen uns vermittelt werden, nicht besonders.

Halte es daher einfach. Mach dir deine Zahlen bewusst und steh dazu.

Wie kann ich mein Selbstwertgefühl fördern?

Unseren Selbstwert anzuerkennen, gehört schätzungsweise zu den größten Herausforderungen für uns Menschen. Das liegt zum Teil daran, dass so vieles außerhalb unserer Kontrolle ist, vor allem in den frühen Lebensphasen. Wir haben wenig Einfluss darauf, wie wir aussehen, in welches Umfeld wir hineingeboren werden, wie wir erzogen werden und was uns beigebracht wird.

Außerdem legen manche Kinder schon sehr früh ein Alphaverhalten an den Tag. Sie wollen als die Stärksten, Hübschesten oder Beeindruckendsten gelten und stempeln andere daher ab und kommandieren sie herum. Sie finden Mittel und Wege, um andere runterzumachen, damit sie sich selbst besser fühlen können.

All das hinterlässt häufig tiefe Wunden.

Der Schlüssel, um das eigene Selbstwertgefühl zu fördern, besteht darin, die Kontrolle zu übernehmen – zumindest habe ich es so erlebt und auch bei anderen so wahrgenommen. Das steht oft im Widerspruch zu unserem Impuls wegzurennen – etwas, das wir ebenfalls als Kind gelernt haben.

Wegzulaufen ist eine verständliche Bewältigungsstrategie. Wenn wir uns körperlich, mental oder emotional von etwas entfernen, das uns verletzt, fühlen wir uns besser. Doch leider löst es das Problem nicht. Es schottet uns lediglich vorübergehend gegen das Leid ab.

Wenn wir unser Selbstwertgefühl tatsächlich fördern möchten, müssen wir der Kapitän unseres Schiffs sein. Wir müssen die Situation bewusst zur Kenntnis nehmen, wie immer sie auch aussehen mag, und die nötigen Schritte unternehmen, damit sie sich so verändert, wie wir es uns wünschen.

Es ist eine gewisse Herausforderung, hier eine Antwort zu geben, die definitiv in jeder Situation für alle Leute funktioniert, weil das Trauma in Bezug auf das eigene Selbstwertgefühl bei jedem Menschen anders ist. Wahrscheinlich ist es sogar unmöglich. Daher werde ich verschiedene Möglichkeiten anbieten. Ich ermuntere dich dazu, sie auszuprobieren. Schau einfach, wie es dir damit geht. Such dir diejenigen heraus, die am besten für dich funktionieren, und beobachte, wohin sie dich führen.

Das Leben ist kein Sprint, sondern ein Marathon. Es ist eine Erkundungsreise, die uns Türen zu neuen und unerwarteten Pfaden eröffnet. Aber nur, wenn wir uns in Bewegung setzen.

Lass uns daher einen Schritt machen.

Die Wahrnehmung unseres eigenen Selbst wird anfangs stark dadurch beeinflusst, was andere uns sagen. »Du bist klug«, »Du bist schüchtern«, »Du bist nicht gut in Mathe«, »Du bist gut in Mathe«, »Du bist so sportlich wie dein Vater«, »Du bist so hübsch wie deine Mutter«, »Unsere Familie kann nicht gut mit Geld umgehen« ... Solche Bemerkungen und Hunderte, wenn nicht sogar Tausende weitere fielen und gelangten im Laufe deines Lebens in dein Unterbewusstsein.

Manchmal stand eine gute Absicht dahinter. Menschen versuchten nett zu sein. Andere versuchten dich mit ihren Kommentaren runterzumachen. Und bei vielen Bemerkungen dachten die Leute über die Folgen ihres Verhaltens einfach nicht nach.

Dann hast du an irgendeinem Punkt dein Bewusstsein stärker entwickelt. Was großartig ist. Nur wenigen Menschen gelingt das. Du hast begonnen, dir Fragen über dich selbst zu stellen. Du hast begonnen, Fragen über die Gesellschaft und das System, in dem du lebst, zu stellen. Du hast begonnen zu fragen: »Warum?«

Ich weiß, dass dies auf dich zutrifft, weil du ein Buch wie dieses sonst nicht lesen würdest. Diese spezielle Frage hätte dich nicht angezogen, wenn es nicht wahr wäre.

Du bist eine Suchende oder ein Suchender. Eine abenteuerlustige Seele in menschlichem Gewand. Ein Denker, eine Philosophin. Eine Person, die anderen freundlich, anteilnehmend und voller Empathie begegnet. Die eine tiefe Sehnsucht danach hat, zu lieben und geliebt zu werden.

Du bist ein *bewusster* Mensch.

Das heißt, du hast bereits den ersten Schritt gemeistert, um dein Selbstwertgefühl zu stärken. Du bist bereit, aus deiner Geschichte hinauszutreten, um gleichzeitig ein Beobachter und Teilnehmer in deinem eigenen Leben zu sein.

In unserer Rolle als Beobachter können wir unseren Schmerz erkennen, wenn er aufkommt. Anstatt uns davon niederdrücken zu lassen, können wir der Ursache dafür auf den Grund gehen.

Ein eindrückliches Beispiel dafür war in meinem Leben die Erkenntnis, dass Wut eine Manifestation von Angst ist. Ich habe in einigen meiner Bücher detailliert darüber geschrieben. Im Zusammenhang mit der Frage in diesem Kapitel möchte ich hervorheben, dass wir alle Angstreaktionen entwickeln. Wut, Deprimiertheit, emotionale Abwesenheit, körperliche Distanz ...

In unserer Rolle als Beobachter können wir uns persönlich weiterentwickeln, anstatt unser Leben damit zu verbringen, ständig reflexartig auf Dinge zu reagieren, die uns widerfahren. Wenn wir uns bewusst machen, dass Wut eine Manifestation von Angst ist, können wir uns die Frage stellen: »Wovor habe ich in diesem Moment Angst?«, sobald wir ein Gefühl der Wut erleben. Das ist ein unglaubliches Instrument für persönliches Wachstum.

Manchmal möchte ich meine eigenen Fragen allerdings nicht beantworten. Sondern ich möchte einfach wütend sein. Aber irgendwann stellt der Sucher in mir sich der Herausforderung. Er weiß, dass eine kurze Introspektion mich die Wut überwinden lässt. Also schlage ich diesen Weg ein. Ich stelle mir selbst die Frage. Und jedes einzelne Mal erkenne ich, dass meine Wahrnehmung von mir selbst, meinem Leben oder der jeweiligen Situation alt, überholt oder einfach unzutreffend ist.

Meine Frage führt mich zu den Überzeugungen zurück, die in mir verankert wurden, als ich noch ein unwissendes Kind war, oder die eine weniger bewusste Version von mir entwickelt hat, und lässt mich diese als bewusster Erwachsener neu überdenken.

Je häufiger wir unsere Überzeugungen auf diese Weise hinterfragen, desto mehr Kontrolle bekommen wir wieder über unser Leben.

Und wenn wir die Kontrolle auf diese Weise zurückbekommen, öffnet sich die Tür zu einer weiteren großen Möglichkeit, uns persönlich weiterzuentwickeln.

Jeder Experte hat einmal an einem Punkt angefangen, an dem er noch nichts über das wusste, worin er ein Experte wurde. Das gilt für jeden Einzelnen. Das heißt, wenn wir keine Ahnung von einem Bereich haben, über den wir mehr lernen möchten, in dem wir besser werden oder mehr Erfahrung sammeln möchten, befinden wir uns an einem perfekten Ausgangspunkt. Dieser Punkt kompletter Ahnungslosigkeit ist die Startrampe für jegliches Lernen.

Und wenn wir in einem Bereich gut werden, den wir spannend und interessant finden, wenn wir uns auf diesem Gebiet Wissen und Erfahrung aneignen, ist das ein sehr wichtiger Schritt, um unser Selbstwertgefühl zu fördern. Das funktioniert aus verschiedenen Gründen. Zum Teil, weil es uns an Folgendes erinnert: An welchem Punkt wir uns im Leben auch befinden, es ist ein vorübergehender Zustand. Wenn wir uns bemühen, können wir uns auf vielfältige Art und Weise weiterentwickeln.

Das gilt für unser Aussehen, unseren körperlichen Zustand, die Funktionsweise unseres Gehirns, das Berufsfeld, in dem wir tätig sind, die Menschen, mit denen wir zu tun haben, und die Dinge, mit denen wir unsere Zeit verbringen. All diese Bereiche und viele weitere Aspekte unseres Lebens können sich weiterentwickeln.

Erlaube dir daher zu wachsen.

Für mich persönlich ist die Kombination aus körperlicher und geistiger Weiterentwicklung die beste Methode. Was die physische Seite betrifft, hat es etwas unglaublich Stärkendes, wenn wir spüren, wie unsere Muskeln wachsen und kräftiger werden. Das gilt übrigens in jedem Alter.

Vielleicht hat das etwas mit einer grundlegenden Funktion unseres Gehirns zu tun. Unsere körperliche Kraft zu spüren, schenkt uns vielleicht die Zuversicht, dass wir uns selbst verteidigen können. Vielleicht geht es auch weit darüber hinaus. Vielleicht sind wir als Abenteurer darauf angelegt, uns neuen Herausforderungen zu stellen. Und unsere Muskeln zu spüren, erinnert uns daran, dass wir für diese Herausforderungen bereit sind.

Wenn wir unsere körperliche Fitness fördern möchten, ist nicht unbedingt ein riesiger Einsatz erforderlich, wie beispielsweise bei einem Marathontraining oder einer Atlantiküberquerung in einem Ruderboot. Wenn du dich dazu berufen fühlst, ist das wunderbar. Aber bereits täglich 30 Minuten bewusstes Stretching und ein grundlegendes Krafttraining bringen ungemein viel.

Was die Wissensvermehrung betrifft, so kann sie mit der Förderung unserer körperlichen Fitness zusammenhängen. Wenn wir bessere Fähigkeiten entwickeln, ob bei einer Sportart, beim Yoga, Wandern oder irgendetwas, das mit Bewegung zu tun hat, verändert uns das auf wunderbare Weise. Es eröffnet uns soziale Kontakte, fördert unsere Neugier und entfacht häufig einen Wettkampfgeist, der in vielen Fällen lange verborgen war. Auf der höchsten Entwicklungsstufe motiviert uns der Wettkampfgeist nicht dazu, uns gegenüber anderen hervorzutun. Er spornt uns vielmehr dazu an, uns immer mehr der Person anzunähern, die wir sein können.

Das natürliche Ergebnis dieses Engagements ist ein gestärktes Selbstwertgefühl. Der erneute Glaube an uns selbst.

Ich ermuntere dich dazu, dies durch die Geschichten anderer Menschen zu ergänzen. Wir befinden uns alle in einem Prozess. Doch leider nehmen wir nur selten den Teil in den Geschichten anderer Menschen wahr, in dem sie sich persönlich weiterentwickelt haben, es sei denn, wir suchen gezielt danach. Meistens sehen wir diese Menschen auf der Höhe ihres Erfolgs. Aber wir erkennen nicht, mit welchen Problemen sie auf ihrem Weg zu kämpfen hatten.

Es geht allerdings nicht um einen Wettbewerb, bei dem wir versuchen herauszufinden, wer es im Leben am schwersten hatte. Aber wenn wir ein allgemeines Verständnis dafür entwickeln, was andere Menschen tun mussten, um die beste Version ihrer selbst zu sein, relativiert das unsere eigenen Herausforderungen in jedwedem Moment. Die Geschichten über den Mut anderer helfen uns, unseren eigenen Mut zu fördern.

In diesem Zusammenhang ermuntere ich dich dazu, dich selbst auf eine großzügige Weise zu definieren, denn häufig schränken wir unsere Inspirationsquellen durch unsere limitierenden Selbstdefinitionen ein. Wenn wir lediglich einen

Bezug zu Geschichten von Menschen herstellen, die in unserem Alter sind, in unserem Teil der Welt geboren wurden, dasselbe Geschlecht und den gleichen sozioökonomischen Hintergrund haben wie wir, begrenzt das unsere Inspirationsquellen gewaltig.

Wenn wir uns jedoch als Menschen definieren oder sogar noch besser als Lebewesen, sind die Inspirationsquellen potenziell unbegrenzt. Unter diesen Voraussetzungen kann sogar das Unkraut hinter dem Haus, das allen Widrigkeiten zum Trotz aus einem winzigen Riss im Beton hervorgewachsen ist, etwas sein, das ich bewundere, von dem ich etwas lerne und an dem ich mir ein Beispiel nehme.

Hier noch ein abschließender, aber vielleicht der wichtigste Gedanke im Zusammenhang mit deinem Selbstwertgefühl: Mach dir bewusst, was du bei anderen Menschen als wertvoll erachtest. Sind es ihre Taten? Ihre Errungenschaften? Ist es ihr Verhalten gegenüber anderen Menschen? Geht es darum, was sie aufgebaut oder inwiefern sie das Leben anderer Leute berührt haben? Darum, was sie bewältigt haben?

Richte dein Leben entsprechend darauf aus. Und passe es so lange weiter an, bis du immer mehr von deiner Zeit, Energie und deinen Ressourcen dem widmest, was *du* als wertvoll definierst.

Wenn wir uns erlauben, einen Punkt anzuvisieren, an dem wir unser Leben den Dingen widmen, die wir in unserem Herzen für wertvoll erachten, werden die Meinungen anderer für uns irgendwann irrelevant. Tief in unserem Inneren wissen wir, dass unsere Taten, unser persönlicher Beitrag und unser Engagement wichtig sind. Und wir wissen, dass auch wir selbst wichtig sind.

Wenn du deinem jüngeren Selbst einen Rat geben könntest, wie würde dieser lauten?

Wenn ich die Chance hätte, würde ich ein relativ langes Gespräch mit meinem jüngeren Selbst führen. Aber da du nach *einem* Rat fragst, werde ich damit beginnen und danach noch ein paar Bonusideen hinzufügen.

Ich würde meinem jüngeren Selbst raten, mutig zu sein und verschiedene Dinge vom Büfett des Lebens auszuprobieren. Ich meine damit keine dummen Dinge, nur um etwas Dummes zu tun. Und ich spreche nicht davon, Dinge vom selbstdestruktiven Büfett des Lebens auszuprobieren. Also keine Dinge wie etwa Kokain schnupfen, betrunken zum Abschlussball in der Schule erscheinen, ein Auto stehlen und so lange damit herumfahren, bis man von der Polizei geschnappt wird …

Solche Sachen gehören zur Kategorie, vor einem Leben davonzurennen, das uns nicht gefällt. Ich spreche davon, mutig zu sein und den entsprechenden Weg einzuschlagen, wenn wir etwas von Herzen gerne tun möchten, sowie herauszufinden, warum wir diese Sehnsucht verspüren. So steuern wir auf das Ziel zu, anstatt vor etwas davonzulaufen.

Ich bin noch nie jemandem begegnet, der solche Erfahrungen in seinem späteren Leben bereut hat. Das Gegenteil habe ich dagegen durchaus erlebt. Viele Menschen, die älter werden, erkennen voller Bedauern, dass sie Chancen verpasst haben, die sie im Nachhinein gerne ergriffen hätten. Aber diejenigen, die im Alter von 20 Jahren mit dem Fahrrad durch Europa gefahren sind oder an Silvester beim Karneval in Rio Samba getanzt haben oder mit ihrer besten Freundin ein Unternehmen gegründet haben …, solche Leute können Geschichten erzählen.

Nicht jede Erfahrung hat so funktioniert, wie sie es erwartet oder gehofft hatten. Aber sie haben es versucht, und sie haben gelernt, und sie haben gelacht. Und aufgrund all dieser Dinge haben sie ihre Fähigkeiten weiterentwickelt und zunehmend an Selbstvertrauen gewonnen, um weiterhin neue Dinge auszuprobieren.

Im Kapitel »Ist jeder Tag ein Museumstag?« habe ich über Museumstag-Momente gesprochen. Ich wäre liebend gerne in der Lage, mich zeitlich zurückzuversetzen, um meinem jüngeren Selbst dieses Konzept zu erläutern. Es hätte mir eine andere Perspektive vermittelt, aus der ich das Leben anders betrachtet hätte, was zu gänzlich anderen Entscheidungen geführt hätte.

Letztlich glauben wir alle an irgendein Konstrukt, wie die menschliche Erfahrung funktioniert. Manche Menschen denken, es gebe nur ein Leben und danach sei alles vorbei. Wir werden geboren, wir leben, wir sterben, und das wars dann. Andere meinen, das Leben sei eine Art Testgebiet, wo sich entscheidet, ob wir im Himmel oder in der Hölle landen. Ich glaube, dass wir bereits etwas sind, bevor wir geboren werden. Dann wird uns diese menschliche Erfahrung zuteil, und danach kehren wir wieder zu dem zurück, was wir vor unserer Geburt waren, wie auch immer das aussehen mag.

Die Vorstellung, der wir Glauben schenken, wirkt sich häufig intensiv auf die Entscheidungen aus, die wir in unserem Leben treffen. Wobei ich gelernt habe, dass es sehr sinnvoll ist, unsere Überzeugungen zu hinterfragen, die auf solchen Vorstellungen basieren. Es hilft uns dabei, uns von gedankenlosen, passiven Anhängern der Gedanken anderer Menschen zu aktiven Gestaltern unseres eigenen Lebens zu entwickeln. Vielleicht landen wir mit unseren Gedanken wieder dort, wo wir begonnen haben, aber zumindest ist es dann das Ergebnis unserer eigenen Denkprozesse.

Das würde ich meinem jüngeren Selbst auf alle Fälle erklären. Zum großen Teil deshalb, weil bei vielen Vorstellungen das genaue Nachdenken darüber letztlich zur selben Schlussfolgerung führt. Damit meine ich Folgendes:

Wenn die Theorie stimmt, dass nach dem Leben nichts mehr kommt, und wir demnach nur diese eine Existenz haben, dann ist es vorbei, sobald es vorbei ist. Wir haben nur eine Chance. Danach wars das. Dann könnten wir auch mutig sein, auf unser Herz hören und uns nach Kräften bemühen, das Leben zu führen, das wir uns wünschen.

Wenn wir tatsächlich bereits etwas sind, bevor wir geboren werden, und nach unserem menschlichen Leben wieder zu diesem Zustand zurückkehren, wie immer er auch aussehen mag, dann ist es eine gewisse Verschwendung, uns so viele Sorgen während der menschlichen Phase zu machen. Dann könnten wir auch mutig sein, auf unser Herz hören und uns nach Kräften bemühen, das Leben zu führen, das wir uns wünschen.

Ich würde meinem jüngeren Selbst zudem erklären, dass es im Leben verschiedene Phasen gibt. Und Chancen, die nicht noch einmal auftauchen, wenn die entsprechende Phase vorbei ist. Wir können nur während unserer Zeit an der Highschool in einem Highschoolteam sportlich aktiv sein. Bis drei Uhr morgens mit unseren Freunden zum Tanzen zu gehen, hat ebenfalls ein gewisses Ablaufdatum. Ab einem gewissen Zeitpunkt werden wir es nicht mehr machen.

Die Freiheit und Flexibilität, über die wir etwa als junge Universitätsabsolventen verfügen, wenn wir körperlich in der Lage sind, beinahe alles zu tun, weder eigene Familie noch Haus oder andere Verpflichtungen haben – sie werden mit zunehmendem Alter verschwinden. Für immer. Daher ist es wichtig, die Gelegenheiten, die jede Lebensphase bietet, beim Schopf zu ergreifen.

Es mag angesichts dessen, was ich gerade gesagt habe, zwar widersprüchlich erscheinen, aber ich würde meinem jüngeren Selbst auch erzählen, dass es nie zu spät für eine Veränderung ist. Wenn wir die Gelegenheit verpassen, etwa mit 22 ein Auslandsjahr einzulegen, können wir natürlich nicht in der Zeit zurückreisen, um das zu tun. Aber wir können uns auch mit 32 oder 52 eine einjährige Auszeit nehmen. Vielleicht müssen wir uns um einige zusätzliche Dinge kümmern. Andere Menschen könnten unser Vorhaben stärker hinterfragen. Aber es ist möglich.

Es gibt vieles, von dem ich mir wünsche, dass ich es als jüngerer Mensch bereits verstanden hätte. Ich habe mich nach Kräften bemüht, die Tatsache auszugleichen, dass ich viele Dinge erst spät erkannt habe. Aber da ich es nicht besser wusste, habe ich wahrscheinlich etwa 10 bis 15 Jahre verloren, die voller ziemlich spektakulärer Lebenserfahrungen hätten sein können. Darüber bin ich zwar nicht besonders glücklich, aber ich denke auch nicht länger darüber nach. Ich habe mein Bestes getan, um es auszugleichen, indem ich viel in die letzten paar Jahrzehnte hineingepackt habe.

Und Folgendes ist mir auch bewusst: Hätte ich nicht mit meinen persönlichen Problemen zu kämpfen gehabt, hätte die Café-Geschichte über einen 28-Jährigen, der versucht, das Leben zu verstehen, von jemand anderem in die Welt gebracht werden müssen. Denn wenn ich nicht gewusst hätte, wie sich das anfühlt, wie hätte ich dann einen so großen Bezug dazu haben können? Insofern waren die verlorenen Jahre tatsächlich überhaupt nicht verloren. Sie haben eine wesentliche Rolle gespielt, um mich auf das Leben vorzubereiten, das ich jetzt führe. Ein Leben, das ich wirklich liebe.

Vielleicht sind immer unendlich viele potenzielle Wege

irgendwo dort draußen in der Welt vorhanden. Ich weiß es nicht. Und vielleicht verändern sich diejenigen, die uns zur Verfügung stehen, ständig, je nachdem, an welchem Punkt in unserer persönlichen Entwicklung wir uns befinden. Letzten Endes glaube ich, dass wir uns so früh wie möglich mit den grundlegenden Vorstellungen über das Leben befassen sollten. Und wer es bisher nicht gemacht hat, sollte es so bald wie möglich tun.

Vielleicht wäre die letzte Weisheit, die ich erläutern würde, die, wie wichtig es ist, einen beruflichen Bereich auszuwählen, in dem wir liebend gerne tätig sind. Wir verbringen so viel Zeit unseres Lebens in der Arbeit sowie damit, zur Arbeit zu kommen und über die Arbeit nachzudenken. Vor allem heutzutage, wo wir ständig verbunden sind und die Grenzen, an welchem Punkt der Arbeitstag beginnt und wann er endet, fließend sind.

In meinem Buch *The Big Five for Life* spricht Thomas über ein Konzept, wonach diejenigen, die ihren Lebensunterhalt mit einer Tätigkeit verdienen, die sie liebend gerne tun, vier Extra-Leben geschenkt bekommen. Denn wenn man den Tag der meisten Menschen unterteilt, verbringen sie acht bis zehn Stunden in einem Job, der ihnen nicht gefällt, der sie nicht erfüllt und der nicht ihren Big Five for Life beziehungsweise ihrem ZDE entspricht. (Wenn du nicht weißt, was diese Begriffe bedeuten, lies die Kapitel »Was sind die Big Five for Life?« und »Wie hängen der Zweck der Existenz und die Big Five for Life miteinander zusammen?«.)

Diese Leute kommen von der Arbeit nach Hause, entspannen sich etwas, essen zu Abend, und an einem guten Tag verbringen sie noch zwei Stunden mit etwas, das ihnen richtig Spaß macht und sie erfüllt. Das sind die Stunden, in denen sie wahrlich »leben«. Mehr ist es nicht. Lediglich ein paar Stunden am Tag.

Wenn wir jedoch einen Job haben, der uns begeistert und erfüllt, haben wir täglich nicht nur diese zwei Stunden *nach* der Arbeit zur Verfügung, sondern auch die acht bis zehn Stunden *während* der Arbeit. Daher ist es so, als hätten wir vier bis fünf Extra-Leben. Sicherlich kann eine gewisse Investition von Zeit und Energie erforderlich sein, um einen solchen Job zu finden, aber die Vorteile sind es allemal wert.

Ich habe lange gebraucht, um das zu erkennen. Es wäre wirklich schön gewesen, wenn ich es viel früher in meinem Leben begriffen hätte.

Wie hängen der Zweck der Existenz und die Big Five for Life miteinander zusammen?

(Bevor ich mit der Antwort beginne: Falls du das Konzept der Big Five for Life noch nicht kennst, lies zunächst das Kapitel »Was sind die Big Five for Life?« und komm danach wieder hierher zurück. Andernfalls lies gerne einfach weiter.)

Ich habe das Konzept über den Zweck der Existenz (ZDE) zum ersten Mal im Buch *Das Café am Rande der Welt* vorgestellt. Im Laufe der Zeit habe ich mich dann eingehender damit befasst – sowohl in den anderen drei Café-Büchern als auch besonders intensiv im Buch *The Big Five for Life*.

Dein Zweck der Existenz ist die Antwort auf die Frage: »Warum bist du hier?« Anders formuliert: »Warum existierst du?« Der ZDE basiert auf der Prämisse, dass die menschliche Erfahrung nicht aus Zufall geschieht. Vielmehr existiert jeder von uns aus einem Grund.

Dein Zweck der Existenz beschreibt diesen Grund. Er könnte zum Beispiel in etwa so aussehen: Verändere die Welt auf eine positive Weise. Oder: Sei ein Abenteurer. Oder: Schütze die Tier- und Pflanzenwelt.

Viele Menschen können sich den ZDE offenbar gut veranschaulichen, indem sie ihn sich als Fluss vorstellen. Als einen überaus wichtigen Fluss, auf dem sie ihr ganzes Leben entlangfahren möchten.

Deine Big Five for Life sind die Zwischenhäfen, die du gerne anlaufen willst, während du auf dem Fluss bist. Wenn dein Zweck der Existenz zum Beispiel darin besteht, die Welt auf eine positive Weise zu verändern, gibt es sehr viele Möglichkeiten dafür. Du könntest Unterkünfte für Obdachlose bauen, Bäume pflanzen, Leute bei ihrer Steuererklärung unterstützen, Luftballontiere für Kinder basteln, eine Bäckerei für Hochzeitstorten eröffnen ...

All diese Dinge und ein paar Millionen weitere Optionen stehen dir offen. Und das Supercoole daran ist, dass du selbst aussuchen kannst, an welchen Häfen du einen Stopp einlegen und wie lange du dortbleiben willst.

Hier eine kleine Randbemerkung: Häufig fragen Leute, ob sich der Zweck der Existenz oder die Big Five for Life im Laufe der Zeit je verändern. Kommen wir zunächst zum ZDE: Wenn jemand seinen ZDE erkennt, hat er nach meiner Erfahrung einen Zugang zu einem sehr wichtigen Teil dessen gefunden, was ihn im Innersten ausmacht. Es ist unwahrscheinlich, dass dieser Teil von ihm jemals wieder vollkommen verschwindet.

Allerdings könnte sich die Art und Weise verändern, wie er seinen Zweck der Existenz erfüllt. Ich gebe dir ein Beispiel dafür. Angenommen, der ZDE eines Menschen ist, ein Abenteurer zu sein. Ein Jahrzehnt lang zieht er durch die Welt, lernt verschiedene Reiseziele und Kulturen kennen. Dann beschließt er, Kinder zu bekommen. Die Erfahrung, Kinder großzuziehen, kann nun ein neuer Weg sein, sich in ein Lebensabenteuer zu stürzen, selbst wenn der Mensch nicht mehr in der Welt umherzieht.

Wenn der Zusammenhang zwischen dem ZDE und den Big Five for Life anhand dieses Beispiels deutlich wird, ist das großartig. Du beginnst das Zusammenspiel zwischen den beiden zu erfassen. Denn mit anderen Worten hat die Person in dem Beispiel einfach den Zwischenhafen verändert, bei dem sie haltmachen möchte, aber sie befindet sich nach wie vor auf dem »Sei-ein-Abenteurer-Fluss«.

Was die Big Five for Life betrifft, so kommt es manchmal zu Veränderungen. Ein paar deiner Big Five for Life könnten

zum Beispiel Dinge sein, die ich eher als »einmalig und ab-
gehakt« bezeichnen würde. Vielleicht möchtest du Pinguine
in der freien Natur beobachten. Sobald du das getan hast, ist
es für dich sozusagen erledigt. In diesem Fall ergänzt du deine Liste um ein neues Big-Five-for-Life-Element. (Übrigens:
Ein großartiger Ort, um Pinguine in freier Natur zu sehen,
ist ein Ort namens Betty's Bay in Südafrika. Im Morgengrau-
en kommen Tausende von Pinguinen aus dem Ozean, steuern auf ihre Nester zu und watscheln ganz nah an einem
vorbei. Es ist ein supercooles Erlebnis.)

Vielleicht veränderst du auch eins deiner Big-Five-for-
Life-Elemente, weil du feststellst, dass es dir nicht gefällt,
nachdem du es ausprobiert hast. Oder es entspricht nicht
deiner Vorstellung. Ich kenne ein Paar, das mit einem Wohnmobil sechs Monate lang durch Australien fahren wollte.
Zum Glück beschlossen die beiden, davor eine zweiwöchige
Tour in ihrem eigenen Land zu machen. Etwa sechs Tage
nachdem dieses Abenteuer begonnen hatte, wurde ihnen
klar, dass es ihnen überhaupt keinen Spaß machte, in einem
Wohnmobil zu leben.

Daher parkten sie die übrigen acht Tage auf Hotelpark-
plätzen und überarbeiteten ihre Big-Five-for-Life-Liste. All
das ist fantastisch. Denn lieber erkennen wir früh als zu spät,
dass etwas nicht gut zu uns passt oder aber dass es unsere
Erwartungen noch übertrifft. In beiden Fällen können wir
unsere Pläne entsprechend anpassen.

Wie kann ich im Leben glücklicher werden?

- Geh viel nach draußen.

- Reise.

- Verbringe Zeit mit kleinen Kindern.

- Nimm wahr, wie wunderbar die Natur ist.

- Lies Bücher, die dich zum Lachen bringen.

- Sorge für etwas, worauf du dich jeden Tag, jede Woche und jeden Monat freust.

- Werde all die Dinge los, die du nicht benutzt.

- Verbringe mehr Zeit damit zu sein, und weniger Zeit damit, etwas zu tun.

- Verabschiede dich von Beziehungen, die dich runterziehen.

- Mach 20 Minuten lang tiefe Atemübungen, um deinen Tag zu beginnen.

- Erlaube dir, Inhalte auszuwählen und sie bewusst aufzunehmen, nicht aus Gewohnheit oder Langweile.

- Erzähle anderen inspirierende statt deprimierende Geschichten.

- Hilf jemandem oder etwas dabei, sich weiterzuentwickeln oder zu wachsen.

- Lass dich mehr auf Komödien und weniger auf Dramen ein.

- Tu mehr von den Dingen, die dich begeistern.

- Spiel mit Hundewelpen.

- Entwickle dich jeden Tag ein kleines Stück weiter.

- Lächle häufig.

- Geh nach dem Abendessen spazieren.

- Verbringe Zeit mit Menschen, die glücklich sind.

- Übe dich so sehr in Dankbarkeit, dass du die folgenden Dinge wirklich zu schätzen weißt: Nachts in einem Bett mit einer Decke und einem Kissen zu schlafen. Das heiße Wasser beim Duschen. Die Tatsache, dass du das Licht mit einem Schalter an- und ausschalten kannst, wann immer du möchtest. Dass jedes Mal Wasser kommt, wenn du den Hahn aufdrehst oder die Toilettenspülung betätigst. Dass so viele Lebensmittel im nächsten Supermarkt angeboten werden, dass du sie nicht einmal in einem Jahr alle durchprobieren könntest.

Warum schreibst du Bücher zum Thema Lebenshilfe?

Wie ich im Kapitel »Wie bist du ein Autor geworden?« schildere, floss mein erstes Buch durch mich hindurch, und es gehört zur Kategorie Lebenshilfe. Im Kern zeigt die Geschichte, mit welchen Problemen und Fragen ich jahrelang in Bezug auf den Sinn des Lebens zu kämpfen hatte. Ich habe nicht bewusst entschieden, ein Buch im Bereich Lebenshilfe zu schreiben. Vielmehr hat das Buch mir die Entscheidung in gewisser Weise abgenommen.

Als es veröffentlicht wurde und ich daraufhin viel positives Feedback bekam, begannen andere Ideen für Geschichten durch mich hindurchzufließen, die ebenfalls inspirierende Botschaften oder Themen enthielten. Ich war gespannt, was daraus werden könnte, und konzentrierte mich daher zunächst auf diese Geschichten. Auch sie führten zu einem positiven Feedback seitens der Leser, und das inspirierte mich dazu weiterzuschreiben. Ich blieb bei demselben Genre, weil es mir gefiel und den Lesern offenbar ebenfalls.

Ich genieße es sehr, wenn Bücher mich gut unterhalten. Daher mag ich zum Beispiel Actionthriller, historische Romane, Biografien und Sciencefiction-Romane. Als Kind las ich zahllose Abenteuergeschichten. Mir gefiel, dass sie mich in eine andere Realität entführten und mir neue Welten nahebrachten.

Tief im Inneren denke ich allerdings, dass ich ohne ein echtes Gefühl, wer ich bin, und ohne das Bewusstsein, welches Leben ich führen möchte, irgendwann an einen Punkt käme, an dem Bücher für mich ein Mittel wären, um einem Leben zu entfliehen, das mir nicht gefiele. Daran ist an sich nichts verkehrt. Es kann schön sein, eine Weile lang zu flüchten. Schließlich ist es manchmal der einzige Blick, den wir auf eine andere Existenz erhaschen.

Aber ich glaube, dass wir den Punkt des Nirwana erreichen, wenn wir ein Leben gestaltet haben, das uns wirklich gefällt, und es, wo oder wann auch immer wir gerne möchten, um Geschichten ergänzen, die wir in unser Leben integrieren. Ich freue mich darüber, dass die Art Bücher, die ich bisher geschrieben habe, Menschen dabei hilft.

Generell sprechen mich Geschichten eher an als klassische Ratgeber. Als ich ein Schulkind war, enthielten die Schulbücher seitenweise Informationen. Zum Schluss kam auf etwa jeder neunten Seite eine Geschichte, die erklärte, was die vorhergehenden acht Seiten bedeuteten. Ich weiß nicht, warum, aber in meinen Schulbüchern hatten die Seiten mit den Geschichten einen lilafarbenen Hintergrund.

Ich lebte für die lilafarbenen Seiten. Wahrscheinlich habe ich die Schule nur *wegen* dieser lilafarbenen Seiten überstanden. Wenn ich schreibe, erläutere ich Inhalte häufig im Rahmen einer Geschichte. Selbst in einem Buch wie diesem beantworte ich eine Frage häufig automatisch mithilfe einer Geschichte.

Was mein zukünftiges Schreiben betrifft, könnte ich mir durchaus vorstellen, einen spannenden Actionthriller zu verfassen. Ich habe einen Ordner mit all meinen guten Ideen dazu angelegt, und ich denke, ein paar davon könnten sich gut für Bücher eignen. Wir werden sehen. In der Verlagswelt werden Autoren häufig auf einen bestimmten Buchtyp festgelegt, und dann ist es schwieriger, davon abzuweichen.

Es liegt daran, dass die Leser die Autoren aufgrund einer bestimmten Art zu schreiben kennen und das auch bei künftigen Werken erwarten. Wenn die neuen Bücher dem nicht entsprechen, sind alle etwas verwirrt.

Nichtsdestotrotz haben J. K. Rowling, Ken Follett und

zahlreiche andere Autoren den Sprung gewagt und andere Arten von Geschichten geschrieben, daher ist es keineswegs unmöglich. Vielleicht müsste ich einen kleinen Hinweis bei den Actionthrillern einfügen – falls ich sie schreibe. So etwas wie: »Der Inhalt dieses Buchs ist nicht besonders inspirierend oder lebensverändernd. Aber er ist überaus unterhaltsam.«

Bis dahin habe ich allerdings vor, so weiterzumachen wie bisher. Denn die Erfahrung gefällt mir sehr, und es begeistert mich, dass die Bücher Menschen helfen.

Was ist der Sinn des Lebens? (Teil 2)

Wie du dir sicher vorstellen kannst, habe ich dieses Buch nicht innerhalb von ein paar Tagen geschrieben. Es hat etwa ein halbes Jahr gedauert. Ich kann eigentlich etwa zehn Seiten pro Tag schreiben. Theoretisch hätte ich das Buch also ungefähr in einem Monat verfassen können. Aber während der Zeit, die ich für dieses Buch eingeplant hatte, habe ich auch den Online-Kurs *Grow and Thrive* entwickelt, der auf den vier Café-Büchern basiert. Außerdem habe ich am Film zu *Das Café am Rande der Welt* gearbeitet.

Daher bin ich im Laufe vieler Monate zwischen den Projekten hin und her gesprungen. Ich erzähle all das nicht, weil ich um Verständnis bitte, sondern weil du in diesem Buch vielleicht bereits auf die gleichlautende Frage »Was ist der Sinn des Lebens? (Teil 1)« gestoßen bist.

Ich erkläre dir, warum diese Frage zweimal auftaucht. Im Grunde genommen hatte ich vergessen, dass ich die Frage bereits beantwortet hatte. Deshalb habe ich mich voller Eifer und Begeisterung erneut darangemacht. Erst beim Redigieren dieses Buchs habe ich festgestellt, was passiert war.

Anfangs hatte ich vor, das neue Kapitel zu streichen. Aber es enthält ein paar gute Punkte, die ich in meiner ersten Antwort nicht ausgeführt habe, und ich wollte sie nicht verlieren. Daher schlage ich dir vor, die beiden Kapitel nacheinander zu lesen. So erfährst du all meine Gedanken zu diesem Thema. Hier ist also meine zweite Antwort:

Ich finde es äußerst seltsam, dass es keine Gebrauchsanleitung für die menschliche Erfahrung gibt. Oder wenigstens ein paar Anweisungen.

Wenn wir ein Bücherregal von Ikea kaufen, bei dem wir lediglich fünf Bretter zusammenbauen müssen, bekommen wir eine vierseitige illustrierte Anleitung dazu. Falls das nicht genügt, gibt es darüber hinaus ein Video, das uns Schritt für Schritt durch den Montageprozess führt.

Neulich habe ich mir eine Sonnenbrille gekauft, der eine Gebrauchsanleitung in vier Sprachen beigefügt war. Seitenweise Text in winziger Schrift, der im Prinzip sagte: »Setz diese Brille auf. Sie schützt gegen die Sonne.«

Wenn man so viel Wert darauf legt, dass wir alles gut verstehen, sollte man da nicht meinen, dass ein offizielles Handbuch zu einer so komplexen Aufgabe wie dem Aufbau eines Lebens überaus angebracht wäre?

Aber so funktioniert es nicht. Wir bekommen kein goldenes Buch mit Anweisungen zu unserem fünften, zehnten oder sonst einem Geburtstag geschenkt. Und deshalb müssen wir selbst herausfinden, wie es funktioniert. Und vielleicht ist genau das der Punkt. Eine Reihe von Anweisungen würde uns zu sehr einschränken, denn was für die eine Person funktionieren würde, wäre für eine andere schrecklich unpassend. Und wenn die Anleitung klar, präzise und auf unser persönliches Leben zugeschnitten wäre, würde es die gesamte menschliche Erfahrung ziemlich einfach machen. Und wir würden uns nicht weiterentwickeln.

All dies könnte ein Hinweis darauf sein, was der Sinn des Ganzen ist.

Hier meine Betrachtung dazu, nach vielen, vielen Stunden der Besinnung und Beobachtung. Was nicht heißt, dass sie stimmt. Aber du sollst wissen, dass ich zumindest intensiv darüber nachgedacht habe. Wie du gleich sehen wirst, klafft in der allgemeinen Analyse dennoch eine Lücke. Daher habe ich trotz all meiner Bemühungen noch einen langen Weg vor mir, um die Frage letztlich zu klären.

Aus meiner Sicht ist der Sinn des Lebens, so viele Minuten wie möglich mit dem zu verbringen, was wir liebend gerne tun, und zwar auf eine Weise, die uns begeistert, und mit den Menschen, die wir lieben.

Das ist alles. Darum geht es.

Macht zu gewinnen scheint mir als Ziel extrem überbewertet zu sein, denn egal, wie mächtig jemand ist, die Natur ist weitaus mächtiger. Möglicherweise dauert es lange, aber der Ozean, der Wind, die Sonne ..., sie zerstören alles, was der Mensch geschaffen hat, mitsamt dem Menschen, der es geschaffen hat.

Dann ist da noch die Tatsache, dass wir alle sterblich sind. Egal für wie mächtig wir uns auch halten mögen, wir werden trotzdem alle sterben. Es überrascht mich in gewisser Weise, dass dies selbst für jemanden, der sich intensiv mit der Geschichte der Menschheit beschäftigt, keine selbstverständliche Erkenntnis ist.

Alexander der Große, Julius Cäsar, Dschingis Khan, der Inkakönig Pachakútec ... und viele andere Leute, die in unseren Geschichtsbüchern stehen, haben den größten Teil ihres Lebens versucht, ihr Imperium massiv auszudehnen. Häufig zum Preis irrsinnigen menschlichen Leids. Ihre Geschichten wurden mithilfe von Karten, historischen Berichten und Chroniken ihrer Errungenschaften ausführlich festgehalten. Aber nachdem sie gestorben waren, schwand all der »Erfolg«, den sie erreicht hatten, im Laufe der Jahre dahin. Weder sie selbst noch ihre Imperien waren unsterblich. Was all die brutalen Kriege und das menschliche Leid ziemlich sinnlos erscheinen lässt.

Andere Menschen fokussieren sich nicht darauf, ein Weltreich aufzubauen, sondern streben nach Reichtum. Für sie geht es im Spiel des Lebens darum, eine möglichst große Zahl zu erreichen. Ich kann nachvollziehen, dass dies eine Quelle der Befriedigung oder ein gewisses Vergnügen sein kann. Aber an einem bestimmten Punkt wirkt das ebenfalls ziemlich hohl. Denn wenn der Fokus darauf ausgerichtet ist, bräuchten solche Menschen bald 50 Leben, um all ihren Reichtum auszugeben. Und es ist nicht möglich, die erforderlichen 49 Leben zu kaufen, egal wie reich jemand auch sein mag.

Auch Ruhm kann uns nicht erfüllen. Wenn wir nachts die Sterne betrachten, ist es schwer vorstellbar, dass das Leben einer Person, egal wie berühmt sie auch sein mag, angesichts der Größe und Zeitlosigkeit des Universums tatsächlich von Bedeutung ist. Ein einzelnes Leben ist ein bedeutungsloser Wimpernschlag angesichts der Zeitspanne unseres Planeten, ganz zu schweigen des Kosmos.

Aufgrund von all dem komme ich auf das zurück, was ich weiter oben erwähnt habe. Verbringe so viele Minuten wie möglich mit dem, was du liebend gerne tust, auf eine Weise, die dich begeistert, mit den Menschen, die du liebst.

Das heißt freilich nicht, dass niemand sich zum Wohle anderer einsetzen wird. Wenn eine Person voller Begeisterung nach Lösungen für medizinische Probleme sucht, wird sie ihre Minuten diesem Ziel widmen. Das ist sowohl ein Gewinn für die Person selbst als auch ein Gewinn für die Menschheit. Wenn jemand als Grundschullehrer voller Begeisterung Erstklässler unterrichtet, wird er einen großen Teil seiner Minuten damit verbringen. Das ist ein Gewinn für ihn selbst, ein Gewinn für die Erstklässler und ein Gewinn für die Eltern der Erstklässler. Wenn eine Person voller Begeisterung nach Lösungen für ökologische Probleme sucht, wird sie viele Minuten darauf verwenden. Das ist ein Gewinn für die Person selbst, ein Gewinn für uns alle und auch ein Gewinn für den Planeten.

Wenn wir etwas liebend gerne oder mit Begeisterung tun, macht es uns Spaß. Weil es uns Spaß macht, widmen wir uns engagiert diesem Bereich. Da wir uns diesem Bereich widmen, ist die Wahrscheinlichkeit größer, dass die daraus resultierenden positiven Wirkungen überaus bedeutend sein werden.

Um das Ganze abzurunden, möchte ich zudem auf die folgende grundlegende Tatsache hinweisen: Wenn wir tun, was uns begeistert, und uns erlauben, die authentischste Version von uns selbst zu sein, inspiriert ebendieser Akt andere Menschen ebenfalls dazu, die authentischste Version ihrer selbst zu sein. Es ist beinahe so, als bekämen wir eine zusätzliche Erlaubnis, wir selbst zu sein, wenn wir andere Menschen sehen, die absolut authentisch sind. All das erhöht die Chancen auf weitere Vorteile für uns alle exponentiell.

Auf einer übergeordneten Ebene glaube ich, dass all das auch mit dem Kosmos zusammenhängt. Ich habe das genauer im Kapitel »Was ist der Sinn des Lebens? (Teil 1)« erläutert. Daher empfehle ich dir erneut, Teil 1 und diesen Abschnitt (Teil 2) direkt hintereinander zu lesen. Meiner Meinung nach geht es um die folgende Verbindung zum Kosmos: Jedes Mal, wenn wir etwas lernen, eine Entdeckung machen, eine Erkenntnis haben oder an einer Erfahrung teilnehmen, geht alles ins kollektive Bewusstsein des Universums ein. Und wenn die Dinge einmal dort Eingang gefunden haben, sind sie augenblicklich und für immer für jede andere Lebensform zugänglich.

Daher ist das Handbuch beziehungsweise die Gebrauchsanleitung im Wesentlichen tatsächlich vorhanden. Und sie wird ständig von uns sowie von jeder anderen Lebensform aktualisiert. Diese Updates sind am häufigsten und am positivsten, wenn wir etwas tun, was uns begeistert.

Und wenn das wahr ist, gehört es zum Sinn des Lebens, dass wir etwas zum kollektiven Bewusstsein beitragen. Damit alle Lebensformen von dem profitieren können, was wir gelernt haben. Damit das Universum sich stetig weiterentwickelt.

Kommen wir nun zu der klaffenden Lücke.

Ich weiß nicht, warum das Universum sich weiterentwickeln will oder muss. Ich weiß nicht, zu welchem Mechanismus es dazugehört. Es ist möglich, dass unsere gesamte Menschheitsgeschichte buchstäblich das Äquivalent einer einzigen Zelle in unserem Körper sein könnte. Wobei die gesamte Menschheitsgeschichte eine einzelne Zelle im riesigen Organismus beziehungsweise im Körper des Universums wäre. Es entspräche dem Prinzip des Darwinismus in einer riesigen Dimension. Demnach würden wir uns entwickeln, wachsen und lernen, und bei all dem ginge es im Prinzip um das Ziel zu überleben.

Unser Geist muss sich mächtig anstrengen, um diese Dinge zu begreifen. So viel ist sicher. Also: Angesichts der endlichen Natur eines menschlichen Lebens und der Ungewissheit, wie viel Zeit wir selbst haben werden, und angesichts der Tatsache, dass wir unseren größten Beitrag jeweils dann leisten, wenn wir tun, was uns begeistert, komme ich nun auf meine vorige Schlussfolgerung zurück:

Verbringe so viele Minuten wie möglich damit, was du liebend gerne tust, auf eine Weise, die dich begeistert, mit den Menschen, die du liebst, dann wirst du am Ende das Gefühl haben, dass du im Spiel des Lebens siegreich warst.

Woher weiß ich, ob gerade der richtige Zeitpunkt ist, um meinen Job, meine Beziehung oder andere Dinge zu verändern?

 Eine meiner Lieblingsstellen im Buch *Überraschung im Café am Rande der Welt* ist eine Geschichte, die Max erzählt. Darin geht es um einen Wendepunkt in seinem Leben und um das sogenannte »Schnellvorlauf-Spiel«.

Ich werde nicht zu viele Details verraten, um die Geschichte nicht zu spoilern. Aber die Kernaussage ist sehr hilfreich angesichts der Frage »Ist es der richtige Zeitpunkt?«.

Das Schnellvorlauf-Spiel geht ganz einfach. Du projizierst dein Leben einfach vom jetzigen Zeitpunkt aus gesehen auf einen bestimmten Punkt in der Zukunft. Aufgrund dessen, was du über dein Leben, deine Arbeit oder deine Beziehungen weißt, kannst du visualisieren, was ein weiteres Jahr beziehungsweise fünf oder zehn weitere Jahre für diese Lebensbereiche bedeuten würden. Als ich mit Anfang 30 beschloss, alles hinter mir zu lassen und mit dem Rucksack die Welt zu bereisen, basierte meine Entscheidung unter anderem auf dem Schnellvorlauf-Spiel. Obwohl ich es damals noch nicht in dem Maße verstanden hatte, wie ich es in *Überraschung im Café am Rande der Welt* erläutere.

Ich sah mir damals meine Kollegen an, die zehn Jahre älter waren als ich. Ich dachte über ihre Positionen und Aufgabenbereiche nach sowie darüber, welche Tätigkeiten sie ausführten. Zudem fragte ich mich, was ich über ihr Privatleben wusste.

Natürlich unterschieden sich meine persönlichen Verhältnisse und überhaupt mein Leben in gewissem Maße davon. Doch wenn ich bei diesem Unternehmen oder in dieser Branche blieb und so weitermachte wie bisher, war die Wahrscheinlichkeit sehr groß, dass mein Leben nach zehn Jahren so ähnlich aussehen würde wie das meiner Kollegen. Auf den ersten Blick wirkte das gar nicht so schlimm. An ihrem Leben war überhaupt nichts verkehrt. Doch es war nicht das Leben, das *ich* mir wünschte.

Diese Klarheit half mir. Ich konnte all das deutlich erkennen. Wahrscheinlich hätte ich es ignorieren können. Aber sobald wir die Wahrheit über etwas kennen, ist es schwer, so zu tun, als würde sie nicht existieren.

An diesem Punkt bestand die Herausforderung für mich darin, mir selbst einzugestehen, dass sich etwas verändern musste. So etwas ist häufig problematisch, weil größere Veränderungen unser Gehirn irritieren. Es kennt unsere aktuelle Situation und verfügt über eine Menge Daten dazu. Im Gegensatz dazu ist in der Regel unsere mögliche Situation eine große Unbekannte. Selbst wenn unsere aktuelle Situation nicht toll ist, schaltet unser Gehirn daher tendenziell darauf um, nicht aktiv zu werden, da es Angst vor dem Unbekannten hat.

Das Schnellvorlauf-Spiel hilft uns, diesen Zustand zu überwinden, weil es uns Informationen über die potenzielle Situation liefert. Diese ist uns somit nicht mehr unbekannt, sondern wir wissen bereits etwas darüber. Nicht zuletzt deshalb hat diese Übung eine so starke Wirkung.

Darüber hinaus können wir weitere Informationen sammeln, um unserem Gehirn zu helfen. Wenn wir in einer Beziehung auf einer Skala der Zufriedenheit sieben von zehn Punkten erreichen und ein Freund von uns in seiner Situation auf der Skala neun von zehn oder zehn von zehn Punkten verbuchen kann und wenn wir außerdem einige Details über seine Beziehung kennen, hilft das unserem Gehirn zu erkennen, dass es nicht die einzige Option ist, sieben von zehn Punkten zu erreichen. Tatsächlich ist das eine suboptimale Option.

Je mehr Informationen wir über die Optionen auf einer höheren Stufe sammeln, desto realer werden sie für unser Gehirn. Vielleicht hast du eine Freundin, deren Job nach ihrem eigenen Empfinden neun von zehn Punkten entspricht. Dein Gehirn wird mit neuen Daten gefüttert, wenn du erfährst, warum es neun von zehn Punkten sind. Vielleicht liegt es an ihrem kurzen Arbeitsweg, ihrem speziellen Tätigkeitsbereich, an der Unternehmenskultur, an der Anzahl an Urlaubstagen oder daran, dass sie eine Vier-Tage-Woche hat.

All das macht es deinem Gehirn leichter, keine Angst mehr vor der neuen Option zu haben, sondern sie sich herbeizuwünschen. Das ist eine fantastische Veränderung. Denn anstatt Bilder, chemische Botenstoffe und Gedanken zu erzeugen, die dich von anderen Optionen *abhalten*, produziert es positive Bilder, Botenstoffe und Gedanken, die dich den besseren Optionen *näherbringen*.

Der Prozess des Datensammelns schickt überdies ein überaus deutliches Signal an den kosmischen Algorithmus des Universums. (Mehr dazu findest du im Kapitel »Was ist der kosmische Algorithmus des Universums?«.) Und das setzt einen Prozess in Gang, bei dem sich uns immer mehr Möglichkeiten und Chancen präsentieren. Daher lohnt es sich aus vielen Gründen, solche Informationen zu sammeln.

Auch wenn es im Alltag nicht so wirkt, verstreicht das Leben sehr schnell. Jede Phase ist einzigartig und ein wertvolles Gut. Und was einmal vorbei ist, kommt nie mehr wieder. Wenn du weißt, dass es in einem Lebensbereich nicht gut läuft und die Situation sich nicht zum Besseren verändern wird, verschwendest du durch das Aufschieben einer

Veränderung wertvolle Tage, Wochen und Monate. Besser ist es, nach einer Alternative zu suchen, die stärker dem Leben entspricht, das du dir wirklich wünschst, und dann *dieses* Leben zu führen.

Mit welchen Gefühlen und Gedanken beginnst du den Schreibprozess?

Ehrlich gesagt war es bei jedem Buch eine andere Erfahrung. Wie ich im Kapitel »Wie bist du ein Autor geworden?« erwähnt habe, ist mein erstes Buch *Das Café am Rande der Welt* im Laufe weniger Wochen durch mich hindurchgeflossen. Daher wusste ich bei diesem Titel nicht genau, was vor sich ging.

Bei *Safari des Lebens* fiel mir zuerst das Ende ein. Es war sehr klar und sehr emotional, daher hatte ich ein gutes Gefühl, dass eine Geschichte darauf wartete, gemeinsam mit dem Ende erzählt zu werden. Letztlich schrieb ich fast ununterbrochen zehn Tage lang, und dann war ich damit fertig. Es war eine besonders interessante Erfahrung, denn als ich das Ende niederschrieb, das ich ja die ganze Zeit schon im Kopf gehabt hatte, traf es mich emotional sehr.

Es war zwei Uhr morgens, ich war allein in meinem Büro, und als ich diesen Teil der Geschichte schrieb, liefen mir die Tränen übers Gesicht, und ich rief laut: »Nein!« Ich erinnere mich noch genau an das intensive Gefühl, in Afrika bei der Figur Ma Ma Gombe zu sein. Es war sehr beeindruckend.

Als ich *Wiedersehen im Café am Rande der Welt* schrieb, begeisterte mich das Gefühl, nach Hause zu kommen. Als John das Café erblickt und es beschreibt, bekam ich eine Gänsehaut. Sobald er ins Café hineingeht und dort Casey begegnet, hatte ich das unglaubliche Gefühl, wieder an dem Ort zu sein, an dem ich sein sollte.

Am Ende des Buchs unterhalten sich John und Casey. Er blickt zum Fenster hinaus und fragt, ob er wiederkommen wird. Jedes Mal, wenn ich das lese, spüre ich den Geist des Cafés auf einer unfassbar tiefen Ebene.

Wenn ich darüber nachdenke, ein neues Buch zu schreiben, sammle ich grundsätzlich zunächst Gedanken und Ideen in einem Dokument im Computer. Das geschieht in der Regel in einem Zeitraum von sechs bis acht Wochen. Irgendwann sagt dann etwas in meinem Inneren: »Es ist an der Zeit, mit dem Schreiben zu beginnen.« Wenn das passiert, lese ich all meine Gedanken und Ideen noch einmal durch und fange dann an zu schreiben.

Einer der interessantesten und mysteriösesten Aspekte des Schreibprozesses ist, dass ich nicht weiß, was passieren wird. Ich habe lediglich einige Ideen. Wobei ich im Fall von *Safari des Lebens*, wie gesagt, das Ende kannte. Aber meistens begebe ich mich in die Welt des Buchs, wenn ich mich zum Schreiben hinsetze, und sehe alles vor mir. Ich sehe die Menschen und die Szenerie. Ich höre die Figuren und spüre, was sie empfinden. Meine Rolle dabei ist, alles so schnell wie möglich festzuhalten.

Der Prozess fasziniert mich. Ich kann nicht genau erklären, worum es sich handelt oder wie er funktioniert. Ich weiß nicht, ob die Geschichten in diesem Moment entstehen oder ob sie in einer anderen Dimension entweder als Realität oder als Geschichte existieren und ich irgendwie einen Zugang dazu habe.

Aber ich kann dir sagen, dass es etwas ist, was ich sehr tief *spüre*. In dem Buch *The Big Five for Life* gibt es gegen Ende eine Szene, in der Thomas eine Nachricht hinterlässt. Ich habe diese Szene wahrscheinlich 100 Mal beim Schreiben, Überarbeiten und Redigieren sowie während der Entstehung des gedruckten Buchs und des Hörbuchs gelesen. Und jedes Mal kommen mir dabei die Tränen.

Als ich *Überraschung im Café am Rande der Welt* geschrieben habe, war John zum ersten Mal in der Café-Reihe nicht die Hauptfigur. Stattdessen ist es ein 15-jähriges Mädchen namens Hannah. Daher war ich nicht sicher, wie die Erfahrung für mich als Autor sein würde oder warum ich mich dazu berufen fühlte, diese Geschichte zu schreiben. Doch sobald ich damit begann, spürte ich dieselbe Verbindung zu den Emotionen der Figur, die ich auch bei den anderen Büchern empfunden hatte.

Eins meiner Lieblingselemente in dieser Geschichte ist die Beziehung zwischen Max, der um die 80 ist, und Hannah. Als er sie nach Hause fährt und ihr Wohnviertel sieht, erkennt er, wie schwierig ihr Leben sein muss. Er hatte selbst eine sehr schwere Kindheit, daher kann er es gut nachempfinden. Anschließend spricht er mit ihr darüber, dass sie sich nicht über ihre Wohngegend definieren muss und dieser Ort nicht dem entspricht, was sie ausmacht.

Max ist ein etwas unwirscher älterer Herr, aber in der Szene wird er emotional, weil er selbst so viel durchgemacht hat und weiß, wie brutal das Leben sein kann. Auch dieser Moment lässt mich beim Lesen jedes Mal emotional werden, und ich habe diese Passage viele, viele Male gelesen.

Wenn wir das, was wir tun, liebend gerne machen und spüren, dass es unserem Zweck der Existenz entspricht, gibt es wahrscheinlich in jedem Beruf Momente, in denen wir einen mühelosen Flow erleben.

So geht es mir beim Schreiben. Wenn ich mich auf diese Energie einschwinge, überkommt mich eine gewisse Leichtigkeit. Dabei ist mir Folgendes sehr bewusst: Was auch immer mit meiner Hilfe entsteht, es ist tief damit verbunden, warum mein Leben existiert. Obwohl ich nicht ganz verstehe, wie all das funktioniert oder warum ich ein Teil davon bin, ist es eine wirklich besondere Erfahrung.

Interessanterweise ist die Phase nach dem Schreiben von

einem gänzlich anderen Gefühl geprägt. Es ist die Überarbeitungsphase, in der ich den Inhalt Zeile für Zeile durchgehe und daraufhin überprüfe, ob ich mit jedem Absatz, jedem Satz, jedem Wort zufrieden bin.

Es gibt Momente in diesem Teil des Prozesses, in denen ebenfalls eine Flow-Energie entsteht. Etwa wenn ich etwas verbessern will und die Lösung, um die ich eine Weile kämpfen musste, plötzlich direkt vor mir habe. Doch zum größten Teil ist es eher ein rationales, von der linken Gehirnhälfte gesteuertes Gefühl.

Aber es ist wichtig. Ohne diesen Teil, der übrigens zwei- oder dreimal so lange dauert wie der Schreibprozess, wären die Bücher längst nicht so, wie ich sie haben möchte.

In gewisser Weise verdiene ich mir meinen Platz in dem Prozess eigentlich in dieser Phase. Sie macht mir viel weniger Spaß als das Schreiben selbst. Deshalb sind viel mehr innere Überzeugungsarbeit und Einsatz nötig, um mich durchzukämpfen, damit ich für ein Endergebnis sorgen kann, das so perfekt wie möglich ist.

Wie kann ich mit dem Leben fertigwerden, wenn ich niedergeschlagen oder traurig bin?

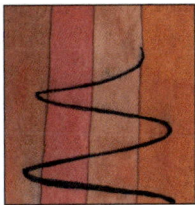

Lies zunächst das Kapitel »Wie kann ich im Leben glücklicher werden?«. Manchmal machen wir die Dinge unnötig kompliziert. Wenn du umsetzt, was auf der Liste steht, trägt das bereits erheblich dazu bei, dein Leben zu verändern, wie auch immer es im Moment aussehen mag.

Daher ist das ein guter Startpunkt.

Hier ein paar weitere Gedanken dazu.

Ein buddhistisches Zitat lautet: »Unzufriedenheit ist der erste Schritt zur Erleuchtung.« Ich denke, da ist viel Wahres dran.

So gesehen hat Niedergeschlagenheit oder Traurigkeit etwas von einem Weckruf. Es ist etwas Gutes. Es ist wahrscheinlich ein Hinweis darauf, dass wir bereit dafür sind, einige Veränderungen in unserem Leben vorzunehmen.

Daran schließt sich die Frage an, welche Veränderungen es sein sollen. Manchmal ist das ziemlich offensichtlich. Frag dich, was dich runterzieht oder traurig macht.

Wenn du zum Beispiel in einer Beziehung mit jemandem bist, der sich nicht festlegen will, du dir aber eine verbindliche Beziehung wünschst, ist ziemlich offensichtlich, was dich traurig macht.

Wenn du in einem kleinen Dorf in einem Cottage am Meer leben möchtest, aber in einer großen Stadt weit weg vom Meer in einer Wohnung wohnst, wird dich das jeden Tag deprimieren.

Die Lösungen für diese Dinge sind ziemlich klar. Die dafür erforderlichen Veränderungen fühlen sich vielleicht nicht gerade großartig an. Aber es ist besser, ein Problem einmal anzugehen und einen Weg in Richtung Freude einzuschlagen, als Tag für Tag untätig zu sein und weiterhin deprimiert und traurig zu bleiben. Dieses Verhalten bringt uns nicht dahin, wo wir im Leben hinwollen.

Meistens hält uns die Angst vor dem Unbekannten in Situationen fest, die nicht unseren Wünschen entsprechen. Das Bekannte ist vielleicht nicht gut, aber zumindest ist es uns vertraut. Das Unbekannte könnte so oder so aussehen. Es könnte letzten Endes schlimmer sein. Daher ist es besser, die Dinge einfach so zu belassen, wie sie sind.

Zumindest sagen wir uns das. Aber wenn wir es tatsächlich glauben würden, wären wir nicht niedergeschlagen oder traurig, sondern zufrieden.

Manchmal sind die Ursachen für unsere Gefühle weniger offensichtlich. Eine der wichtigsten Erkenntnisse, die ich in den letzten Jahren hatte, war, welchen Einfluss die Ernährung auf unsere Emotionen haben kann. Nicht jedes Essen hat die gleiche Wirkung darauf, wie wir uns fühlen. Und nicht jedes Essen wirkt bei allen Menschen gleich. Dasselbe gilt für das, was wir trinken.

In diesem Zusammenhang kann es sehr aufschlussreich sein herauszufinden, was wir in den Tagen oder Stunden, bevor wir uns deprimiert oder traurig fühlten, konsumiert haben. Manchmal ist es ein Muster, das sehr deutlich wird, sobald wir es einmal erkannt haben.

Als ich zwölf war, hatte ich manchmal quälende Kopfschmerzen sowie Stimmungsschwankungen. Irgendwann fand ich heraus, dass die Ursache dafür koffeinhaltige Lebensmittel waren. Als ich die Softdrinks und Schokolade wegließ, kam es fast sofort zur Veränderung.

Mach dir zudem bewusst, dass wir uns nicht alles, was wir konsumieren, über das Essen oder Trinken zuführen. Inhalte, etwa aus den sozialen Medien, sind ein perfektes Beispiel dafür. Unsere Reaktionen darauf können durchaus dem entsprechen, was wir bei Lebensmitteln erleben. Womit wir unseren Bauch füllen, erzeugt bei uns ein bestimmtes Gefühl. Womit wir unseren Geist füttern, ruft ebenfalls ein bestimmtes Gefühl hervor.

Denk nur an Songs. Manche können unsere Stimmung augenblicklich verändern. Sie können uns begeistern, uns fröhlich, energiegeladen, traurig, wütend, depressiv ... machen. Längere Audioformate wie Podcasts und Hörbücher sind wie superlange Songs. Sie haben eine Energie, die wir aufnehmen, ob uns das bewusst ist oder nicht. Mir ist das besonders bei Hörbüchern aufgefallen. Ich liebe Biografien, aber manche sind voller traumatischer Erfahrungen, sodass ich die Menschheit dann in einem sehr schlechten Licht sehe.

Die sozialen Medien und Inhalte im Internet haben ebenfalls eine Energie. Manche bringen uns zum Lachen. Manche machen uns Angst, verunsichern oder beunruhigen uns. Heutzutage passen sich die Algorithmen ständig an, um Überschriften und Inhalte zu generieren, die vorwiegend auf Angst basieren. Diese Angst verleitet die meisten Menschen dazu, einen Link anzuklicken, und diese Klicks generieren Werbeeinnahmen.

Achte darauf, wie es dir geht, nachdem du bestimmte Inhalte konsumiert hast, und passe daraufhin das, womit du deinen Geist fütterst, entsprechend an. Das kann in Bezug darauf, wie du dich fühlst, eine der wichtigsten Entscheidungen sein, die du je treffen wirst.

Und schließlich wirkt sich unsere persönliche Umgebung viel stärker auf unsere Gemütsverfassung aus, als es den meisten von uns je vermittelt wurde. Beengte, unordentliche, vollgestopfte Räume können bei uns zu einem Gefühl des Unbehagens führen. Unordnung und ein provisorischer Dauerzustand machen uns nervös und reizbar. Wir können uns nie erholen, sind nie entspannt und kommen nicht zur Ruhe. Je nachdem, ob unser Gehirn in einer Situation eine gewisse Ordnung wahrnimmt, schüttet es bestimmte chemische Botenstoffe aus. Ständige Unordnung kann daher zu einem Gefühl der Niedergeschlagenheit und Traurigkeit führen.

Das Gleiche passiert je nachdem, was an unseren Wänden hängt und sich in unserem Blickfeld befindet, wenn wir aus dem Fenster schauen. All diese Dinge erzeugen einen ständigen Strom von Impulsen für unser Gehirn, was zur Ausschüttung von chemischen Substanzen führt, die unsere Emotionen hervorrufen.

Es ist besonders erstaunlich, welch einzigartige Wirkung all dies auf jeden Einzelnen hat. Ein Song, der einer Person einen riesengroßen Auftrieb gibt, kann eine andere nervös machen. Ein Lebensmittel, das einem Menschen Energie verleiht, kann bei einem anderen zu Unwohlsein führen. Eine Lebenssituation, die für eine Person perfekt ist, kann eine andere unglücklich machen.

Sobald wir jedoch erkennen, welche Wirkung bestimmte Elemente auf uns haben, können wir etwas verändern. Vielleicht sind einige Versuche und Irrtümer nötig, bis du die richtige Mischung findest. Doch mit der Zeit kannst du die Dinge genau auf dein Leben abstimmen, damit du den perfekten Mix aus Impulsen hast, die dich am glücklichsten machen und am meisten erfüllen.

Wie lassen sich all die Ideen, über die du sprichst, in die Praxis umsetzen?

 Das werde ich oft gefragt. Wahrscheinlich liegt es zum Teil am Stil meiner Bücher. Viele von ihnen sind Geschichten. Häufig werde ich gebeten, Bücher zu signieren, die seitlich mit zahlreichen kleinen Haftnotizen versehen sind oder in denen durchweg zahlreiche Abschnitte farbig markiert sind.

Daher weiß ich, dass die Ideen bei diesen Lesern auf eine große Resonanz stoßen. Aber mir ist bewusst, dass mein Format sich stark von einem klassischen Ratgeber unterscheidet, in dem Dinge Schritt für Schritt erklärt werden.

Ich habe versucht, diese Lücke für die Leser zu schließen, indem ich weitere Inhalte generiert habe. Auf meiner Website www.johnstrelecky.com gibt es eine ganze Reihe von Artikeln, die sich mit speziellen Themen befassen. Und dieses Buch beinhaltet ebenfalls einige konkrete Schritt-für-Schritt-Anleitungen.

Basierend auf den Anfragen von Leserinnen und Lesern habe ich darüber hinaus zwei Kurse entwickelt, die zeigen, wie die Ideen in die Praxis umgesetzt werden können. Ein Kurs basiert auf den Lehren aus den vier Café-Büchern. Es ist ein grundlegender Kurs für das Leben, der im Prinzip genau das bietet, wonach in diesem Kapitel gefragt wird. Er zeigt, wie sich einzelne Elemente, über die ich in den Büchern spreche, in den Alltag integrieren lassen. Der Kurs heißt *Grow and Thrive*.

Ich habe ihn entwickelt, um Menschen zu helfen, all die Dinge zu erfahren und umzusetzen, die ich gerne viel früher im Leben gewusst hätte. Dinge, die mein Leben verändert haben, sobald sie mir bewusst waren. Wobei ich lange dafür gebraucht habe, sie zu erkennen.

Der zweite Kurs hilft Menschen dabei, ihre Big Five for Life zu entdecken und zu verwirklichen. (Wenn du nicht weißt, was das bedeutet, lies das Kapitel »Was sind die Big Five for Life?«.) Dieser Kurs basiert auf den Lehren der Bücher *The Big Five for Life* und *Safari des Lebens*. Er heißt *Big Five for Life Discovery-Seminar*. Schritt für Schritt hilft es Menschen dabei, die fünf Dinge aufzudecken, die sie in ihrem Leben am liebsten tun, sehen und erleben möchten. Ich sage »aufdecken«, weil die Big Five bei allen Teilnehmern bereits zu Beginn des Kurses im Inneren vorhanden sind. Sie sind lediglich von vielen Schichten überlagert – zum Beispiel davon, was ihnen vorgeschrieben wurde, was sie tun sollten und müssen, was sie nicht dürfen und so weiter.

Dieser Kurs ist eine Reise der Selbstentdeckung, und wahrscheinlich habe ich unter anderem genau das im Sinn gehabt, als ich von »Discovery« sprach.

Es ist ein wunderbarer Prozess, der Spaß macht und funktioniert. Tausende von Menschen aus der ganzen Welt haben bereits an dem Seminar teilgenommen. Als sie ankamen, waren sie im Hinblick auf ihr Leben sehr durcheinander, und nach dem Seminar hatten sie ein sehr klares Bild davon, welche Richtung sie einschlagen wollten. In jedem Fall, den ich erlebt habe, war das Bild bereits in der Person vorhanden, aber es war so verborgen, dass sie es selbst nicht sehen konnte.

Ich sage dir ganz ehrlich, dass ich sehr gezögert habe, Kurse zu entwickeln. Es schien weit außerhalb meines Kompetenzbereichs zu liegen. Aber vielleicht war das gerade gut, denn letztlich habe ich sie auf eine Weise gestaltet, die für mich selbst überaus effektiv wäre. Was im Wesentlichen bedeutet, dass sie überaus verständlich, nicht überfordernd, leicht umsetzbar und voller Beispiele und Geschichten sind (ich erinnere nur an die lilafarbenen Seiten, die ich im Kapitel »Warum schreibst du Bücher zum Thema Lebenshilfe?« erwähne).

Außerdem hatte ich stets Bedenken, dass Menschen annehmen würden, ich wolle ihnen lediglich etwas verkaufen. Würde ich also einen Kurs entwickeln, so dachte ich, wäre wohl jede Menge Stress in diesem Zusammenhang vorprogrammiert. Ich helfe Menschen sehr gerne. Ich mache das wirklich liebend gerne. Und wie ich in einigen anderen Kapiteln erklärt habe, strömen die Geschichten, die ich schreibe, auf eine überaus erstaunliche und pure Weise durch mich hindurch, und häufig ist dabei etwas mit im Spiel, das außerhalb von mir selbst liegt. Die Idee, einen Kurs zu entwickeln, kam mir auch deshalb stressig vor.

Doch irgendwann baten mich viele Leser um Unterstützung. Mir wurde klar, dass ich meine eigenen Bedenken überwinden musste, um so gut wie möglich zu helfen, da ich den Leuten sonst die Unterstützung verwehren würde, die sie verdienten. Also entwickelte ich die Kurse. Letztlich stellte sich heraus, dass ich mich dabei auf die gleiche Energie einschwinge wie beim Schreiben meiner Bücher.

Dazu eine kleine Randbemerkung: Stellst du dir manche Dinge als so große Herausforderungen vor, dass du Angst hast, sie in Angriff zu nehmen? Verschiebst du sie daher immer wieder? Und wenn du schließlich doch damit anfängst, erkennst du dann, dass es viel leichter ist, als du es befürchtet hattest?

So ging es mir mit den Kursen. Die Inhalte und Übungen flossen durch mich hindurch, genau so, wie es bei den Büchern stets der Fall war.

Eines der schönen Dinge ist, dass die Technologie sich weiterentwickelt hat und alles digital geworden ist. So können Menschen sich in ihrem eigenen Tempo helfen lassen – von zu Hause aus, egal in welcher Lebenssituation sie sich auch befinden mögen. Dieser Aspekt begeistert mich wirklich. Was das Lernen betrifft, leben wir in einer nie da gewesenen Zeit. Auch das war ein wichtiger Faktor, der mir geholfen hat, mich mit allem wohler zu fühlen.

Zudem habe ich in meinem Leben gelernt, dass es Momente gibt, in denen ich gerne Hilfe in Anspruch nehme, wenn ich dadurch schneller zu den gewünschten Antworten komme. Das ist etwa der Grund dafür, warum ich ständig die Kartenfunktion in meinem Handy verwende. Natürlich könnte ich herumlaufen und würde irgendwann wahrscheinlich ebenfalls mein Ziel erreichen. Aber die Kartenfunktion macht es viel leichter und schneller.

Was die Lebensreise betrifft, so können wir durch Versuch und Irrtum viele Herausforderungen allein bewältigen. Das Problem dabei ist, es erfordert Zeit und Energie. Beide stehen uns nicht unendlich zur Verfügung.

Daher gibt es zum jetzigen Zeitpunkt in meinem Leben Situationen, in denen ich mich gerne von jemandem anleiten lasse, um mein Ziel zu erreichen, damit ich nicht alles alleine herausfinden muss. Und darum geht es letztlich in jedem guten Kurs.

Trotz all meiner Bedenken gehört es zu den lohnendsten Aspekten meines Tuns, wenn ich erlebe, wie Menschen, die überhaupt nicht wissen, was sie mit ihrem Leben anfangen wollen oder wie sie es bewältigen sollen, diese Dinge am Ende eines Kurses unglaublich klar und voller Begeisterung sehen. Diese Erfahrungen gehören zu meinen Lieblingsmuseumstag-Momenten.

Ich denke, manchmal dürfen wir uns im Leben einfach

nicht länger selbst im Weg stehen. Zumindest war das bei mir der Fall.

Wenn du dir daher Unterstützung wünschst, kannst du hier gerne mehr erfahren:

www.cafekurs.com

und

www.bigfiveforlife.de

Wie kann ich die Angst überwinden, von anderen bewertet zu werden?

Lies zunächst bitte das Kapitel »Was ist das größte Hindernis für ein Leben, das wir uns wünschen?«. Darin spreche ich über diesen alten Code, mit dem unser Bedürfnis nach Anpassung und Zugehörigkeit festgeschrieben ist. Dieser Aspekt ist eng mit unserer Angst verknüpft, von anderen bewertet zu werden, und bietet viel Stoff zum Nachdenken. Wenn du das Kapitel gelesen hast, könntest du dir zusätzlich die beiden Kapitel zu der Frage »Wie kann ich meine Ängste verstehen und mit ihnen fertigwerden?« ansehen. Sie enthalten ebenfalls viele wertvolle Informationen.

Im Buch *Wiedersehen im Café am Rande der Welt* spreche ich über eine meiner größten persönlichen Offenbarungen, was die Bewertung durch andere betrifft. Sie wird in einem Gespräch von Casey und Jessica thematisiert.

Darin erklärt Casey: »Manchmal versuchen wir, der Welt zu beweisen, dass wir dazugehören, ohne es selbst zu bemerken. Anfangs wollen wir, dass andere Leute uns mögen, uns wahrnehmen oder uns wertschätzen. An irgendeinem Punkt wird uns dann die Wahrheit bewusst. Wir versuchen, einem Club anzugehören, in dem wir eigentlich gar nicht sein wollen.

In Wirklichkeit und mehr als alles andere wollen wir in unseren eigenen Club aufgenommen werden. Ja, wir wünschen uns Bestätigung. Aber im tiefsten Inneren unseres Herzens warten wir nicht darauf, dass ein anderer uns sagt, wie besonders wir sind. Wir möchten, dass wir selbst erkennen, wie besonders wir sind. Und wenn das der Fall ist, schwindet unser Bedürfnis nach Anerkennung durch alle anderen. Wir wissen, dass wir besonders sind – wir wissen das ganz von alleine.«

Ich habe in verschiedenen Geschichten in diesem Buch, das du gerade liest, erläutert, dass ich beim Schreibprozess häufig die Ereignisse sehe und höre, die sich abspielen. Meine Aufgabe dabei ist, mich nach Kräften zu bemühen, alles schriftlich festzuhalten. Die Botschaften befinden sich oft außerhalb meiner selbst und sind häufig an *mich* gerichtet.

Der Abschnitt, den ich gerade zitiert habe, ist ein großartiges Beispiel dafür. Als Teenager wollte ich unbedingt stärker dazugehören. Sicherlich gab es Bereiche mit Entwicklungsmöglichkeiten etwa im Hinblick auf meine soziale Kompetenz oder die Auswahl von Kleidung, die mir besser gestanden hätte, doch das größere Problem war, dass ich versuchte, verschiedenen Clubs anzugehören, in denen ich eigentlich gar nicht sein wollte.

Als ich es mir erlaubte, Leute kennenzulernen, die mir tatsächlich entsprachen, und Zeit mit ihnen zu verbringen, begann das Leben mir Spaß zu machen. Ich musste nichts mehr darstellen oder anderen etwas vorspielen. Ich konnte authentisch sein. Und die anderen in ihrer Authentizität ebenfalls wertschätzen.

Wenn wir uns so verhalten, entwickeln wir mehr Selbstvertrauen in Bezug darauf, wer und was wir im Innersten sind. Wir erkennen, dass die Angst, von anderen bewertet zu werden, eine falsche Angst ist. Zwar mögen manche Menschen uns bewerten, aber die Leute, mit denen wir uns gerne umgeben, tun das nicht.

Ich denke, dass die Welt der sozialen Medien da eine Menge Probleme mit sich bringt. Allerdings stellen wir ziemlich schnell fest – und das gehört zu den positiven Dingen –, dass es zahlreiche verschiedene Stile, Looks, Interessen, Hobbys, Figurtypen und vieles mehr gibt. Auch wenn es zunächst nicht so scheint, müssen wir meiner Meinung nach in der heutigen Welt weniger konform sein, um dazuzugehören, als zu der Zeit, in der ich jung war. Und das ist sehr gut so.

Bei dem Thema hat es mir ebenfalls sehr geholfen, mir selbst zu erlauben, in einem Bereich gut zu werden. Oder in mehreren. Eine der wichtigen Variablen in diesem Zusammenhang ist, etwas auszuwählen, das wir gerne machen. Wir neigen dazu, Dinge, die wir nicht mögen, auf die lange Bank zu schieben. Aber wenn uns etwas Spaß macht, haben wir eine natürliche Affinität dazu.

Auch in diesem Bereich kann die Tech-Welt, in der wir leben, ein Plus statt einer Belastung sein. Die schiere Menge an guter, wertvoller Information, die ständig in Form von Videos, Büchern, E-Books, Audioformaten und Kursen verfügbar ist, hat es in der Geschichte der Menschheit so noch nie gegeben. Egal in welchem Bereich wir gut sein möchten, wir können Menschen finden, die uns ihr Wissen oder ihre Fähigkeiten vermitteln.

Beim Rest geht es dann lediglich um das persönliche Engagement. Darum, entsprechend Zeit zu investieren. Vielleicht müssen wir die Minuten unseres Lebens in manchen Bereichen etwas anders aufteilen, aber es lohnt sich allemal.

Wenn wir in einem Bereich gut werden, fördert es auf eine wunderbare Weise unser Selbstvertrauen. Es erinnert uns daran, dass wir in der Lage sind, uns persönlich weiterzuentwickeln, uns zu verändern und zu verbessern. Wenn wir unser Selbstvertrauen in irgendeinem Bereich fördern, stärkt es unser Selbstvertrauen bei allem.

Aufgrund unseres zunehmenden Selbstvertrauens erreichen wir schließlich einen wunderbaren Wendepunkt in unserer persönlichen Entwicklung. Es ist ein Bewusstseinszustand, der uns verstehen lässt, dass *kein Mensch* in jedem Bereich großartig ist. Außerdem wissen wir sowohl unsere angeborenen Begabungen und Fähigkeiten zu schätzen als auch die Fertigkeiten und Kompetenzen, die wir uns angeeignet haben. Zudem begreifen wir vollkommen und wissen im tiefsten Inneren, dass wir alle in der Lage sind, etwas anderes zu werden.

All das versetzt uns in die Lage, nicht mehr wichtig zu nehmen, was andere Menschen denken. Vielleicht bewerten sie uns immer noch, aber ihr Urteil beeinflusst uns nicht mehr. Wir haben den Punkt erreicht, von dem Casey spricht. Wir erkennen, dass wir besonders sind. Die Wertschätzung durch andere ist zwar schön, aber sie spielt keine Rolle mehr für unser Glücksempfinden oder unsere Selbstwahrnehmung.

Hier noch ein letzter Gedanke zu diesem Thema: Mach dir stets bewusst, dass wir uns häufig so stark von anderen einschüchtern lassen und daher Angst vor ihrer Bewertung haben, weil wir sie auf ein Podest stellen. Oder weil sie sich selbst darauf stellen und wir es ihnen abkaufen.

In Wahrheit allerdings ist sehr vieles davon falsch. Wenn wir die Statussymbole, die Kleidung, das Auto, die Designerbrille wegnehmen ..., sind wir alle im Grunde genommen gleich. Als ich Wirtschaftswissenschaften studiert habe, war ich häufig von Leuten umgeben, die viel besser gekleidet waren und in der freien Wirtschaft bereits viel mehr erreicht hatten als ich. Es wirkte respekteinflößend. Als ein Professor dann in einem Seminar etwas über Fließbandarbeit veranschaulichen wollte, forderte er uns auf, eine bestimmte Baseballkappe aufzusetzen. Es waren sehr billige Kappen, die absolut minderwertig aussahen.

Als ich meine Kommilitonen mit ihren Kappen betrachtete, wurde mir plötzlich klar, dass wir nicht mehr so aussahen wie *zuvor*, sondern nun gleichermaßen lächerlich wirkten. Und zwar wir alle. Allein dadurch, dass wir eine Kappe aufgesetzt hatten.

Das ist seitdem bei mir hängengeblieben. So vieles im Leben ist lediglich eine Illusion. Wir können damit spielen, sie genießen, darüber staunen, wie sie funktioniert, aber letztlich ist die Illusion eben nichts anderes als eine Illusion. Wir sind im Grunde genommen alle gleich.

Das macht uns nicht besser als irgendjemand anderen, und es macht niemanden besser als uns.

Womit befeuerst du täglich deine Motivation?

Etwas zu haben, worauf ich mich freue, ist zweifellos der beste Weg, um jeden Tag mit einem Lächeln aufzuwachen. Wenn das in meinem Leben fehlt, ist es schwer, motiviert zu bleiben.

Vor einer Weile war ich in Kitzbühel in Österreich, um dort einen Vortrag halten. Der Veranstalter hatte einen Fahrer für mich organisiert, der mich am Tag nach dem Event von Kitzbühel zurück nach München fuhr. Wir begannen uns zu unterhalten, und ich fragte den Fahrer, wie er so lebte. Er erzählte mir, dass er den Winter als Skilehrer verbringt und im Sommer als Chauffeur arbeitet. Jedes Jahr fährt er an über 100 Tagen Ski.

Ich begegnete ihm Mitte November. Die Skisaison hatte noch nicht begonnen. Aber als er darüber sprach, wie sehr er sich darauf freute, strahlte er vor lauter Begeisterung. Er sagte mir, dass er außerhalb der Wintersaison Mountainbike fuhr und manchmal wanderte, aber das Skifahren liebte er am meisten. Er war Anfang 60 und hatte über 40 Jahre lang ein ausgeglichenes Leben geführt, in dem sich das Skifahren mit den anderen Dingen, die das Skifahren ergänzten, die Waage hielt.

Wenn wir den Sinn und Zweck unserer Existenz erkannt haben, ist es so, als wüssten wir, wo auf einer Karte ein Schatz markiert ist. Über dieses Thema unterhalten sich auch Casey und John in *Das Café am Rande der Welt*. Der Skilehrer hatte eindeutig die Markierung auf seiner Karte gefunden. Daher konnte er sich jeden Tag auf etwas freuen. Während der Saison freute er sich darauf, am selben Tag oder während der Woche auf die Piste zu kommen. Außer-

halb der Saison träumte er von der Zeit, wenn die Saison wieder losgehen würde.

Ich fragte ihn, ob es für ihn infrage komme, irgendwo anders zu wohnen. Daraufhin berichtete er mir, dass er im Laufe der Jahre viel gereist war. Er hatte seinen Masterabschluss an einer Universität in den USA gemacht und in seinem Leben viele Orte bereist. All die Erfahrungen hatten ihm zwar gut gefallen, doch am meisten liebte er den Ort, an dem er lebte. Und deshalb wohnte er genau dort.

Manchmal machen wir uns das Leben schwerer, als es ist. Die Weisheit dieses Mannes bringt alles ziemlich gut auf den Punkt. Finde heraus, was du liebend gerne tust, und tu es häufig. Finde heraus, welche Orte dich am glücklichsten machen, und sei viel dort. Finde heraus, mit welchen Menschen du am liebsten zusammen bist, und verbringe deine Zeit mit ihnen.

Besonders interessant ist dabei Folgendes: Wenn wir uns die Freiheit schenken, dem Leben mit einer solchen Haltung zu begegnen, stellt sich eine gewisse Einfachheit ein. Sie übernimmt quasi das Ruder. Geld wird weniger wichtig. Dinge werden weniger wichtig. Der persönliche Status wird weniger wichtig. Das Drama der Welt wird weniger wichtig.

Es ist, als würden wir dieses große Geheimnis kennen und daher den ganzen Tag mit einem kleinen Lächeln im Gesicht herumlaufen. Wir genießen einfach die menschliche Erfahrung, während der Großteil der Menschen um uns herum in einem Riesenchaos lebt. Wir bewerten das Chaos nicht. Und wir bewerten auch die Menschen nicht. Es kommt uns lediglich seltsam vor, dass andere sich vom Chaos vereinnahmen lassen, weil wir wissen, dass es eine Alternative gibt.

Im Wesentlichen verkörperte mein Fahrer genau das, beziehungsweise er strahlte es aus. Es war nicht wertend, es war nicht selbstverherrlichend. Er hatte vielmehr etwas für sich erkannt und lebte es voller Zufriedenheit.

Worauf du dich nun speziell in deinem Leben jeden Tag freust, hängt von dir selbst ab. Und es kann sich verändern, wenn sich dein Leben verändert. Als ich Ende 20 war, erlebte ich zum ersten Mal das Glück, mit dem Rucksack herumzureisen. Es hat mein Leben verändert. Ich schwor mir, dass ich es nie mehr vergessen würde. Dann wurde ich von meiner Karriere vereinnahmt, und prompt vergaß ich es.

Aber mit Anfang 30 stellte ich die Verbindung dazu wieder her und habe sie seitdem nie mehr verloren. Die Häufigkeit oder Dauer meiner Reisen hat sich verändert. In erster Linie aufgrund meiner Rolle als Vater. Aber ich verreise jedes Jahr und freue mich immer darauf.

Meine Erfahrung, ein Vater zu sein, hat mir viele Jahre lang etwas geschenkt, worauf ich mich jeden Tag freuen konnte. Ich konnte es gar nicht erwarten aufzustehen und Daddy zu sein. Lange Zeit hatten meine Tochter und ich viele Rituale, und das bedeutete, dass jede Woche viele Dinge in meinem Lebenskalender standen, die mir großen Spaß machten. Eine lange Phase lasen wir jeden Abend gemeinsam etwas, bevor ich meine Tochter schön zudeckte. Daher freute ich mich in diesen Jahren jeden Abend darauf.

Als sie älter wurde, musste ich neue Dinge finden, auf die ich mich freuen konnte. Das ist ein überaus wichtiger Aspekt im Leben. Neu zu definieren, was die Highlight-Momente für uns sind, wenn unser Leben sich verändert.

Wenn wir demotiviert sind, liegt es daran, dass das Leben uns sinnlos erscheint. Oder, um es genauer zu formulieren, wir haben den Eindruck, das Leben auf eine sinnlose Weise zu verbringen. Wir sind damit beschäftigt, beschäftigt zu sein, aber wir bekommen im Gegenzug keine Museumstag-Momente dafür. (Wenn du nicht weißt, was das bedeutet, lies das Kapitel »Ist jeder Tag ein Museumstag?«.) So ähnlich, wie ein Durstgefühl uns daran erinnert, dass wir Flüssigkeit zu uns nehmen sollten, erinnert uns mangelnde Motivation daran, bei dem nachzujustieren, was wir tun, welchen Dingen wir unsere Zeit widmen und mit welchen Menschen wir uns umgeben.

Auf einer grundlegenden Ebene ist unsere Sehnsucht nach einem sinnvollen Leben, das uns Freude bringt und Spaß macht, der Antrieb, unsere Lebensbereiche nachzujustieren.

Doch letztlich ist der Antrieb, der uns aktiv werden lässt, selbst wenn wir uns wirklich demotiviert fühlen, die Uhr, auf der unser Countdown läuft. Jeden Tag kommt das Ende näher.

Ich weiß nicht, ob er bewusst darüber nachdenkt, aber für meinen Fahrer bleiben als Mann um die 60 statistisch gesehen nur noch 15 oder 16 Skisaisons übrig. Und ich weiß aus persönlicher Erfahrung, dass wir uns mit über 50 körperlich nicht mehr so fühlen wie mit 20 oder 30. Daher ist jede Skisaison für den Fahrer ein sehr wertvolles Gut.

Davon abgesehen gibt es keine Garantie dafür, dass wir auf der Zeitachse des Lebens sehr weit kommen werden. Ich habe Freunde verloren, die Anfang 40 waren, mehr noch sind zwischen 50 und 60 gestorben. Wenn wir jünger sind, kommt uns die Zeit, in der wir älter sein werden, noch weit entfernt vor. Wir können es uns tatsächlich kaum vorstellen. Aber mit Mitte 40 läuft die Uhr immer schneller. Die Zeit des Altwerdens und sogar der Tod scheinen uns nun viel näher zu sein.

Ich spreche ziemlich ausführlich darüber in *Auszeit im Café am Rande der Welt*. Als ich auf die 50 zuging, habe ich viel mit diesem Thema gekämpft. Aber wie Max, eine der Personen aus dem Buch, sagt: »Es gefällt dir vielleicht nicht. Möglicherweise fällt es dir schwer, das zu akzeptieren. Aber das spielt keine Rolle. Es ist nun mal so. Deshalb solltest du lieber jede Minute, die du zur Verfügung hast, optimal nutzen. Denn die Zeit währt nicht ewig, und die Uhr tickt, egal ob du das Beste daraus machst oder nicht.«

Was die Motivation betrifft, empfehle ich dir daher grundsätzlich, dein Motivationslevel als Indikator zu betrachten. Wenn du dich motiviert fühlst, mach so weiter wie bisher. Wenn es dir an Motivation mangelt, ist es an der Zeit, einige Veränderungen vorzunehmen. Wenn du Zweifel hast, halte dich an die Weisheit meines Fahrers aus Kitzbühel.

Wirst du manchmal durch Obst inspiriert?

Ehrlich gesagt hat mich diese Frage etwas kalt erwischt. Als Autor von erzählender Lebenshilfe bekomme ich nicht viele Leserfragen, die etwas mit Obst zu tun haben.

Dabei ist es wirklich erstaunlich, dass etwas so Einfaches wie eine Frage eine Erinnerung an etwas hervorrufen kann, an das wir lange Zeit nicht mehr gedacht haben. Diese Frage hat bei mir dazu geführt. Und tatsächlich hat die Erinnerung etwas damit zu tun, durch Obst inspiriert zu werden.

Als ich noch sehr klein war, besuchte meine Familie im Sommer hin und wieder Freunde, die etwa fünf Stunden von uns entfernt wohnten. Sie lebten in einer viel ländlicheren Gegend als wir und hatten Obstbäume. Allein die Tatsache, dass man Obst im eigenen Garten haben konnte, fand ich bereits absolut fantastisch.

Zu den Obstsorten, die dort wuchsen, gehörten auch Pfirsiche. Zu unserem Glück besuchten wir die Leute zu einer Jahreszeit, als die Pfirsiche reif waren. Ich erinnere mich noch genau daran, dass ich sie direkt vom Baum pflücken und essen durfte.

Die Pfirsiche schmeckten köstlich. Sie waren wunderbar und warm, weil sie draußen in der Sonne reiften. Außerdem konnte man sanft ins Fruchtfleisch hineindrücken, um verschiedene Pfirsiche am Baum zu testen, bis man einen fand, der perfekt weich war. Und wenn man hineinbiss, waren die Pfirsiche supersüß und saftig.

Ich muss etwa drei Jahre alt gewesen sein, als ich das großartige Pfirsichpflücken sowie das Genussabenteuer zum ersten Mal erleben durfte. Alt genug, um die Aktion durchzuführen, aber nicht alt genug, um sie gut zu beherrschen. Ich erinnere mich an ein paar Dinge an diesem Tag.

Erstens fand ich die Tatsache, dass die Pfirsiche von der Sonne gewärmt waren, absolut fantastisch. Zweitens war da der Geschmack. Der Pfirsich, den ich direkt vom Baum pflückte, war viel besser als jeder andere Pfirsich, den ich in meinem ganzen Leben gegessen hatte (es erstreckte sich insgesamt über drei lange Jahre, aber immerhin). Der Pfirsich war zuckersüß, aber er schmeckte irgendwie viel natürlicher als sonst. Und schließlich erinnere ich mich daran, wie sehr ich mich dabei vollkleckerte.

Meinem kleinen dreijährigen Selbst gelang es, eine ordentliche Portion des Pfirsichs in den Mund zu bugsieren. Doch der Rest verteilte sich über mein Gesicht, meine Arme und vor allem meine Hände. Unmittelbar nachdem ich den Pfirsich gegessen hatte, war ich über und über vollgekleckert, und alles war klebrig. Ich versuchte, meine Hände an meinem Hemd abzuwischen. Doch das brachte nichts. Ich versuchte, sie auf dem Gras abzuwischen, doch auch das brachte nichts. Es machte das Ganze nur noch schlimmer.

Ich weiß nicht mehr, ob meine Eltern es mir rieten oder ob ich es einfach selbst ausprobierte, aber irgendwann stand ich vor dem Außenwasserhahn, an den normalerweise ein Gartenschlauch angeschlossen wurde. Mittlerweile war alles vollkommen klebrig. Was zuvor, als ich den Pfirsich gegessen hatte, ein Höhepunkt meines Lebens gewesen war, hatte sich nun in eine frustrierende, eklige Erfahrung verwandelt, weil alles an mir klebrig war! Aber dann drehte ich das Wasser auf.

Innerhalb von Sekunden verschwand das klebrige Gefühl. Zunächst von meinen Händen. Dann von meinen Armen. Und schließlich auch von meinem Gesicht. Wie konnte das sein? Innerhalb weniger Augenblicke fühlte ich mich nicht mehr absolut erbärmlich, sondern alles war wieder in Ordnung.

Ich war restlos begeistert. Es kam mir wie Magie vor. Wie absolute Magie. Dass Wasser das unangenehme Gefühl vollkommen verschwinden lassen konnte, war für meinen dreijährigen Geist ein völliges Wunder.

Daher, ja, als Dreijähriger lernte ich, wie schnell sich unser Zustand von glücklich zu miserabel und wieder zu glücklich verändern kann, je nachdem, welche Ressourcen uns zur Verfügung stehen und ob wir wissen, wie man sie nutzt. Und all das habe ich durch Obst gelernt.

Aber Moment. Das ist nicht meine einzige Erkenntnis, die auf Obst basiert. Sehr richtig. Es kommt noch mehr.

Im nächsten Fall hatte ich einen Aha-Moment als Erwachsener.

Ich kaufe häufig Bananen. Unter der Woche esse ich sie oft zum Müsli dazu, weil ich sie für ziemlich gesund halte. Außerdem sind sie ein regelmäßiger Bestandteil meiner Wochenendroutine, da ich sie für Smoothies verwende, die ich beim Beachvolleyballspielen trinke. Sie sind ein guter Kaliumlieferant und enthalten Zucker, der gut verstoffwechselt wird, sodass man bei einem intensiven Spiel besser durchhält.

Da ich viele Bananen verzehre, nehme ich regelmäßig welche mit, wenn ich im Lebensmittelgeschäft bin. Das hat manchmal bereits zu einem interessanten Dilemma geführt. Ich kam mit meinen frisch gekauften Bananen nach Hause, und dort waren noch ein oder zwei Bananen von meinem letzten Einkauf übrig.

Bananen reifen in der Regel ziemlich schnell, daher sahen diese übrig gebliebenen Bananen meist etwas braun aus. Im Vergleich zu den neuen, die ich gerade gekauft hatte, wirkten sie überreif. Daher war es sehr verlockend, sie nicht zu essen, sondern stattdessen die neuen zu verzehren.

Und darin lag ein interessantes Lebensdilemma. Sollte ich die alten Bananen wegwerfen und einfach die neuen verwenden? Oder sollte ich mich im wahrsten Sinne durchbeißen, die alten Bananen zuerst essen und erst dann die neuen verzehren?

Ein Teil von mir zögerte bei der Vorstellung, die alten Bananen wegzuwerfen, weil ich gutes Geld dafür bezahlt hatte und es mir wie eine Verschwendung vorkam. Ein anderer Teil von mir zögerte ebenfalls, denn wenn ich die alten Bananen wegwarf, musste ich mir selbst eingestehen, dass ich meinen Bananeneinkauf strategisch schlecht geplant hatte. Und sich zu irren ist nie angenehm.

Aber jetzt kommts: Wenn ich hartnäckig blieb und die überreifen Bananen im Laufe der nächsten zwei Tage aß, führte das zu suboptimalen Erfahrungen. Da sie bereits überreif waren, schmeckten sie nicht so gut wie die frisch gekauften.

Und wenn ich die überreifen Bananen zuerst aß, was passierte dann in den zwei Tagen mit den frisch gekauften? Genau. Sie reiften zwei weitere Tage nach, sodass viele weitere in dem Bündel ebenfalls überreif wurden.

Unterm Strich machte ich dadurch viele suboptimale Erfahrungen beim Verzehr von Bananen.

In der Vergangenheit habe ich versucht, das Problem zu beheben, indem ich die alten Bananen in den Kühlschrank legte, da viele Leute mir erklärt hatten, dass dies den Reifeprozess verzögert.

Und so ist es auch. In gewisser Weise. Die Schale wird vollkommen braun und sieht unappetitlich aus. Innen bleibt die Banane zwar essbar, aber sie wird ziemlich geschmacklos. Letztlich werden solche Bananen zu den Lebensmitteln, die wir zwar sehen, wenn wir den Kühlschrank auf der Suche nach einem Snack öffnen, die wir aber nie mehr essen. Aber wir werfen sie auch nicht weg. Nicht bevor sie vollkommen verdorben sind. Erst dann entsorgen wir sie.

Und ...?, fragst du dich vielleicht an diesem Punkt der Geschichte. Was genau soll jetzt die Erkenntnis sein?

Tja, das ist eine sehr gute Frage, und ich kann nicht behaupten, dass ich es sicher weiß. Es scheint eine wichtige Lebenslehre zu sein, zu deren Kern ich noch nicht ganz vorgedrungen bin. Aber bisher habe ich die folgenden Schlüsse daraus gezogen:

Es gibt Situationen im Leben, in denen wir an Dingen festhalten, nur weil wir Zeit, Energie, Geld oder andere Ressourcen in sie investiert haben. Das können Kleidungsstücke sein, die wir sicher nie tragen werden, Beziehungen, die nicht mehr funktionieren, Überzeugungen, an die wir uns früher geklammert haben, Jobs, die uns keinen Spaß machen, und ... Bananen.

Wir halten daran fest, weil wir etwas in diese Dinge investiert haben. Wir wollen nichts verschwenden oder umsonst getan haben. Wir möchten nicht zugeben, dass wir beim Kauf einen Fehler gemacht haben oder – im Fall von Überzeugungen oder Beziehungen – falschlagen. Daher verschieben wir die Entscheidung, uns von etwas zu trennen.

Doch das vergrößert das Problem nur. Ähnlich wie bei meinen Bananen führt unsere Unfähigkeit, den kleinen Verlust zu akzeptieren, daraus zu lernen und nach vorne zu schauen, zu noch größeren Problemen, die für lange Zeit bestehen bleiben. Und die ganze Zeit über hindern sie uns an der positiven Erfahrung, die uns eigentlich zur Verfügung steht.

Manchmal müssen wir im Leben einfach die Reißleine ziehen und den Knopf für einen Neustart drücken. Manchmal müssen wir die alten Bananen wegwerfen und nach vorne schauen.

Was kann ich tun, wenn ich mich im Leben wie ein Gefangener fühle, der nicht ausbrechen kann?

Es ist interessant, auf welche Weise verschiedene Fragen unterschiedliche Reaktionen bei mir hervorrufen. Beim Schreiben dieses Buchs habe ich bei manchen Fragen eine Weile gebraucht, bis meine Gedanken richtig in Fluss kamen. Bei dieser Frage schossen die Ideen dagegen nur so hervor. Wahrscheinlich lag es daran, dass ich selbst einmal das Gefühl hatte, ein Gefangener zu sein. Ich weiß, wie leidvoll das ist. Und ich weiß, wie fantastisch es sich anfühlt, sobald man aus dem Gefängnis draußen ist.

Mach dich also bereit für eine Menge Gedanken zu dieser Frage. Sie sind sehr direkt. Und zielgerichtet. Lass uns deine Befreiung in Angriff nehmen.

Zunächst sei gesagt: Wenn du dich wie ein Gefangener fühlst, der nicht ausbrechen kann, bist du im Moment mit zwei Realitäten konfrontiert. Realität eins umfasst das, wie dein Leben *ist*. Der Job, Beziehungen, Gedanken, Gefühle, wo du wohnst, wie du lebst und was immer deine Existenz sonst noch ausmacht. Realität zwei umfasst das, wie dein Leben *werden* könnte.

Wahrscheinlich vermittelt dir nicht jeder Teil deines Lebens das Gefühl, ein Gefangener zu sein. Das bedeutet, nicht alles, was mit Realität eins zu tun hat, muss sich verändern. Aber einige Dinge sollten sich durchaus ändern.

Daher stehst du vor der Entscheidung, entweder weiterhin als Gefangener in der Zelle zu bleiben oder dich aus ihr zu befreien.

Wenn es dich in diesem Moment traurig macht, diese Worte zu lesen, könnte es sein, dass du dich selbst in deine

Zelle gebracht und zugelassen hast, ein Gefangener zu werden. Ich habe das schon öfter beobachtet und kann es aufgrund dessen, wie mein eigener Geist agiert hat, bevor ich frei wurde, gut verstehen.

Vielleicht wirst du eine Weile brauchen, um zu verarbeiten, was du gleich lesen wirst. Besonders, wenn du dich schon lange wie ein Gefangener fühlst. Vielleicht verspürst du anfangs auch den Impuls, es von dir zu weisen. All das ist in Ordnung. Lies den Abschnitt, denk darüber nach, lies ihn noch ein paar Mal, wenn das hilfreich ist, und entscheide dann ehrlich, ob er deine Situation trifft. Wenn es der Fall ist, lass den Abschnitt bitte *richtig* wirken, denn er wird dein Leben für immer verändern. Okay, legen wir los.

Der Akt, uns selbst in unsere Zelle zu begeben, kann etwas mit einer inneren Überzeugung zu tun haben, der zufolge jemand kommen und uns retten wird, wenn wir leiden oder in Gefahr sind. Die Überzeugung basiert wahrscheinlich in gewisser Weise auf unseren Lebenserfahrungen, auf Situationen, in denen wir Probleme hatten, verletzt wurden oder traurig waren und in denen tatsächlich jemand gekommen ist, um uns zu retten.

Vielleicht bist du mit fünf Jahren vom Fahrrad gefallen. Es hat wehgetan. Du hast geweint. Deine Mutter oder dein Vater ist gekommen, hat dich hochgehoben, dich fest im Arm gehalten, dir gesagt, dass alles gut wird, und dein aufgeschlagenes Knie geküsst, um den Schmerz zu lindern.

Liebevolle Eltern tun solche Dinge ständig und aus guten Gründen. Auch Großeltern verhalten sich so, vor allem, wenn wir klein sind. Gute Freunde sind in allen Lebensphasen für uns da. Aufgrund solcher Erfahrungen wird die Überzeugung entwickelt und gestärkt: *Wenn wir leiden oder in Gefahr sind, wird jemand kommen und uns retten*.

Diese Überzeugung wird zusätzlich durch Geschichten

gefördert, die wir lesen oder sehen. Der Held ist in Gefahr. Der Drache hat ihm Schild und Schwert aus der Hand geschlagen und ist bereit, ihn feuerspeiend zu vernichten. Aber in diesem Moment, nur Sekunden bevor jede Hoffnung vergeblich ist, kommt Hilfe. Der Freund des Helden oder seine Schwester, sein Vater, sein Mentor, seine Partnerin ... taucht auf und wirft ihm sein Schwert gerade noch rechtzeitig zu.

Dann tötet der Held den Drachen, schließt seine Heldenreise ab, und danach leben alle glücklich bis an ihr Lebensende. In irgendeiner Variante taucht dieser Plot in unzähligen Büchern, Kino- und Fernsehfilmen auf. Und so lernen wir: Wenn es Probleme gibt, wird Hilfe kommen.

All das ist in Ordnung. Aber wenn wir nicht aufpassen, können unsere Erfahrungen und die fiktiven Geschichten die Grundlage für ein falsches Muster sein, das sich unbewusst in unserem Denken entwickelt.

Das falsche Muster entsteht, wenn wir das Gelernte umkehren.

Stell dir eine Situation vor, in der wir uns Hilfe *wünschen*. Irgendetwas läuft nicht gut in unserem Leben, und wir fühlen uns einsam, unglücklich, traurig, unerfüllt ... Also sagt unser Geist: »Kein Problem. Meine Schwierigkeiten müssen lediglich groß genug sein, sodass ich ziemlich leide und in großer Gefahr bin. Denn wenn das der Fall ist, wird Hilfe kommen.« Ohne uns dessen bewusst zu sein, lassen wir daher Situationen entstehen, die dem entsprechen. Und während dieses Prozesses machen wir uns selbst zu Gefangenen von Realitäten, die wir uns eigentlich nicht wünschen.

Ich möchte hier auf Folgendes hinaus: Es gibt zwei Möglichkeiten. Entweder wir bleiben in der Zelle, oder wir verlassen sie. Darum geht es. Das sind unsere Wahlmöglichkeiten. Es kann uns ungemein bei unserer Entscheidung unterstützen, uns bewusst zu machen, dass die Zellentür vielleicht nicht einmal abgesperrt ist. Vielmehr bringen wir uns selbst gewissermaßen in die Zelle hinein, weil wir darauf hoffen, Trost, Unterstützung oder Rettung von außen zu bekommen.

Wenn du beschließt, die Zelle zu verlassen – was ich hoffe –, empfehle ich dir, das, was du gerade gelesen hast, anzunehmen und deine Überzeugungen und dein Verhalten entsprechend zu verändern. Darüber hinaus habe ich noch einige konkrete Tipps für dich. Es sind insgesamt zwölf. Fühl dich nicht dazu gedrängt, sie alle anzunehmen oder alle gleichzeitig zu befolgen. Du kannst einen auswählen und damit beginnen. Und wenn du dafür bereit bist, einen weiteren Tipp übernehmen, der dich anspricht.

Fühl dich nicht einmal dazu genötigt, alle Tipps auf einmal zu *lesen*. Teil es dir ein, je nachdem, wie viel Energie du dafür hast. Es geht hier nicht darum, alle Seiten in diesem Kapitel zu lesen. Erfolgreich bist du vielmehr dann, wenn du ein paar Prinzipien in deinem Leben anwendest.

1. Benutze vorhandene Fluchtrouten.

Einer der wichtigsten Aspekte, den ich den Menschen in meinem Big-Five-for-Life-Kurs vermittle, ist, unsere Wers zu finden. (Wenn du die Big Five for Life nicht kennst, lies das Kapitel »Was sind die Big Five for Life?«.)

Egal was wir im Leben tun, sehen oder erleben wollen, ich kann ziemlich sicher garantieren, dass irgendjemand zu irgendeinem Zeitpunkt in der Geschichte der Menschheit irgendwo auf der Welt es bereits getan, gesehen oder erlebt hat. Oder zumindest etwas sehr Ähnliches. Es wäre ein Jammer, zehn Jahre lang damit zu verbringen, uns auf Händen und Knien aus unserer Zelle freizugraben, nur um dann festzustellen, dass Dutzende andere Lösungen viel schneller und viel leichter funktioniert hätten.

Nur du kennst deine Geschichte. Nur du weißt, in welcher Gefängniszelle du dich gefangen fühlst. Deshalb kannst auch nur du sicher wissen, wer die richtigen »Wers« für dich sind. Such nach ihnen, finde sie, lerne so viel wie möglich über ihre Geschichte und folge ihren Fluchtrouten.

2. Bau Muskelkraft auf.

Wenn wir körperlich stärker werden, verändern wir uns insgesamt. In gewissem Maß liegt es an bestimmten chemischen Prozessen. Unser Körper produziert andere chemische Stoffe, wenn wir Muskeln bilden. Er bereitet uns auf den Prozess vor, noch stärkere Muskelfasern aufzubauen. Außerdem laufen definitiv auch positive mentale Prozesse ab. Wenn wir uns bewegen und dabei unsere Muskeln spüren, schenkt uns das Selbstvertrauen sowie ein Gefühl der inneren Stärke, und es erinnert uns daran, dass wir in der Lage sind, Kraft aufzubauen.

Liegestütze sind ein persönlicher Favorit von mir. Bevor du damit beginnst, rate ich dir dringend, zunächst ein paar Online-Videos anzuschauen, wie Liegestütze perfekt ausgeführt werden. Man kann dabei leicht etwas falsch machen, was zu Schmerzen und einem mangelnden Wunsch führt, damit fortzufahren. Es ist allerdings auch leicht, sie richtig durchzuführen. Was zu Muskelwachstum und einem anhaltenden Wunsch führt, viele davon zu machen.

Du kannst natürlich auch jedes andere Krafttraining wählen, das dir besser gefällt. Yoga ist eine schonende Alternative, die den Körper stärkt und gleichzeitig den Geist zentriert. Eine ganze Yogaeinheit dauert in der Regel länger, als Liegestütze zu machen. Aber du könntest ein oder zwei Yogahaltungen auswählen, die den Muskelaufbau fördern, und sie mehrmals pro Tag an fast jedem Ort ausführen. Ergänze sie nach Belieben durch ein paar umfassendere Yoga- oder Stretchingübungen. Falls du dich grundsätzlich für die Yoga-haltungen entscheidest, empfehle ich dir, zum Ausgleich unbedingt auch die entsprechenden Gegenstellungen durch-zuführen.

Es ist leichter, mit Herausforderungen fertigzuwerden, wenn wir uns stark und selbstbewusst fühlen. Das ist einfach Fakt. Und einige Muskeln zu stärken fördert dieses Gefühl. Mach dir zudem stets bewusst, dass es ein Prozess ist. Als ich vor ein paar Jahren angefangen habe, Liegestütze für meinen Muskelaufbau zu nutzen, schaffte ich lediglich vier Stück. Das war mir schrecklich peinlich, da ich mein ganzes Leben lang Sport getrieben habe. Aber nach nur ein paar Monaten schaffte ich problemlos 100 pro Tag. Wenn wir die richtige Technik nutzen und dranbleiben, nimmt unsere Kraft ziemlich schnell zu.

3. Erweitere dein Wissen.

Wenn wir unser Wissen erweitern, wird es zu einer Plattform der Stärke, von der aus wir alles Weitere aufbauen können.

Zu lernen, wie wir mit Stress und Sorgen umgehen, eine Mantrapraxis in unseren Alltag integrieren, eine tiefe Ver-bindung zum kosmischen Algorithmus des Universums ent-wickeln, die Zeit kontrollieren, uns mit unseren Ängsten auseinandersetzen und sie überwinden ..., all das sind grund-legende Elemente des Lebens. Sobald wir sie kennen, ver-ändern diese Grundelemente die Art und Weise, wie wir die Welt sehen. Sie verändern das, wozu wir in unserem Leben fähig sind – was wir tun, erleben und erschaffen können.

Vielleicht ist der beeindruckendste Aspekt beim Wissen, dass wir es – sobald wir es einmal erworben haben – unser restliches Leben lang nutzen können. Was wir am Anfang dafür investieren, zahlt sich immer wieder aufs Neue für uns aus.

Ob du dein Wissen erweiterst, indem du dir einen TED-Vortrag pro Woche anschaust oder Podcasts hörst, in denen Experten über ihre Erkenntnisse sprechen, ob du Kurse belegst, Bücher liest oder dich mit überaus kompetenten Menschen unterhältst – erweitere es in jedem Fall!

Ich habe vor langer Zeit erkannt, dass das Leben ein fortwährender Strom von Herausforderungen ist. Allerdings habe ich damals nicht begriffen, dass die Herausforderungen uns längst nicht so leicht umwerfen können, wenn wir eine starke Wissensbasis haben, um erfolgreich durch die menschliche Erfahrung hindurchzusteuern.

Gebäude werden aus gutem Grund auf einem festen Fundament und nicht auf Sand gebaut. Wissen ist ein wichtiger Teil des Fundaments, auf dem wir ein außergewöhnliches Leben aufbauen können.

4. Erhöhe deinen Marktwert.

Zum Teil fühlen wir uns wie Gefangene, wenn wir keine Kontrolle haben und unsere Realität vom Gutdünken anderer abhängt. Das ändert sich, wenn wir unseren Marktwert erhöhen.

Daher ermuntere ich dich, eine Expertin beziehungsweise ein Experte in einem Bereich zu werden. Eine Kompetenz zu entwickeln, für die andere Menschen dich schätzen und für die sie etwas bezahlen. Um es dir leicht zu machen, rate ich dir dringend, etwas auszuwählen, das dich sehr interessiert.

Etwas zu lernen macht Spaß, wenn es uns gefällt und wir das Thema spannend finden. Andernfalls ist es eine Plackerei. Und der Schlüssel dazu, ein Experte auf einem Gebiet zu werden, ist zu lernen.

Dabei empfehle ich dir, auf die Weise zu lernen, die dir am meisten entspricht. Manche Menschen lernen am besten, wenn sie Informationen über das Lesen aufnehmen.

Anderen fällt es leichter, wenn sie sich etwas ansehen. Andere müssen Dinge selbst tun. Du kannst einen guten Hinweis darauf bekommen, welche Lernmethode am besten für dich geeignet ist, wenn du darüber nachdenkst, auf welche Weise du am liebsten Anleitungen bekommst. Kannst du ein Regal am schnellsten aufbauen, wenn du die Gebrauchsanleitung liest, wenn du dir ein Video dazu ansiehst, wenn du es durch Versuch und Irrtum ausprobierst oder wenn jemand dich persönlich anleitet?

Sobald du in einem Bereich, in dem du dich gerne weiterbildest, eine so große Kompetenz hast, dass andere Menschen bereit sind, etwas dafür zu bezahlen, bekommst du die Kontrolle zurück. Außerdem macht es Spaß.

5. Komm in Bewegung.

Bewegung erzeugt Energie. Energie zu haben hilft uns, das Gefühl zu überwinden, ein Gefangener zu sein. Außerdem können wir über die Bewegung unseren Gefangenenstatus verändern. Wenn wir das Gefühl haben, in einer winzigen Wohnung in einer großen Stadt festzuhängen, wo es kaum Grün gibt, kann sich unser gesamtes Lebensgefühl verändern, wenn wir aufs Land ziehen.

Eine Bekannte von mir fühlte sich in New York gefangen. Sie wünschte sich eine Beziehung und hatte das Gefühl, mit den Männern dort nicht auf derselben Wellenlänge zu sein. Außerdem war das Verhältnis von Frauen zu Männern unausgewogen. Also zog sie in eine andere Stadt, wo die Atmosphäre ihr mehr entsprach und der Männeranteil höher war.

Unsere Bewegungen können anfangs klein sein. Wenn wir neue Orte aufsuchen – das gilt auch für neue Plätze in der Stadt oder der Region, in der wir wohnen –, erinnert uns das daran, dass das Leben voller Optionen ist. Selbst wenn wir nur einen flüchtigen Blick auf diese anderen Realitäten werfen, verändert das unsere Wahrnehmung darauf, wie unser Leben sich entwickeln könnte.

6. Probier die Freiheit aus.

Im Kapitel »Wie bist du ein Autor geworden?« erläutere ich, auf welche Weise meine Entscheidung, die Welt zu bereisen, mir mein Dasein als Autor ermöglicht hat. Sobald ich auf Reisen war, erkannte ich, dass es möglich ist, viele Teile der Welt mit weniger als 40 Dollar pro Tag zu bereisen. Aufgrund meiner Reisen in meinem eigenen Land hatte ich geglaubt, die Welt zu sehen, sei viel teurer.

Dieses Wissen veränderte meine Perspektive darauf, wie mein Leben funktionieren könnte, dramatisch. Ich hatte eine lange Phase der Freiheit ausprobiert, und meine Welt war nicht zusammengebrochen. Ganz im Gegenteil. Ich liebte es zu reisen und erlebte endlich viele Abenteuer, von denen ich immer geträumt hatte.

Als ich von meiner Reise zurückkam, war ich in der Lage, mich wieder in die Gesellschaft und den Alltag einzugliedern, um Geld zu verdienen. Ich lernte also, dass es für mich nicht mit Obdachlosigkeit und Arbeitslosigkeit enden musste, wenn ich Freiheit erlebte. Die Reise zeigte mir auch, dass meine Vorstellung, wie viel Geld ich benötigte, um glücklich zu sein, eine längere Auszeit zu nehmen oder in den Ruhestand zu gehen, vollkommen falsch gewesen war. Ich brauchte viel weniger, als ich gedacht hatte.

Unsere Wahrnehmung der Realität entspricht häufig nicht der Wirklichkeit. Wenn wir die Freiheit ausprobieren, erhalten wir ein viel genaueres Bild davon, wie die Welt tatsächlich ist und wie unser Leben aussehen könnte. Es hilft unserem Geist, motiviert das zu tun, was nötig ist, um frei zu sein. Außerdem: Sobald wir die Freiheit gekostet haben, werden wir darum kämpfen, sie uns zu bewahren.

7. Grab dich frei.

Jeder Tag besteht aus 1 440 Minuten voller Möglichkeiten, uns selbst aus dem Gefängnis freizugraben, in dem wir uns gefangen fühlen. Wenn wir diese Zeit nutzen, um uns vom Gefängnis abzulenken, kommen wir nicht aus dem Gefängnis hinaus. Vielleicht betäubt es den Schmerz vorübergehend, aber es trägt nichts dazu bei, das Problem zu lösen.

Im Buch *Überraschung im Café am Rande der Welt* spreche ich über das Prinzip des »Angenehm-Beschäftigt-Seins«. Es ist einfach, unsere Minuten, unsere Energie und unsere finanziellen Mittel darauf zu verwenden, »angenehm beschäftigt zu sein«. Dabei ist uns nicht langweilig. Wir machen nichts Besonderes. Wir sind lediglich angenehm beschäftigt, während wir anderen Menschen dabei zuschauen, wie sie interessante Dinge tun. Die Möglichkeiten dafür sind grenzenlos, und sie sind wie eine schwache Droge, die uns als Betrachter etwas von unserer eigenen Realität entfernt.

Aber das ist keine Lösung. Es befreit uns nicht aus dem Gefängnis. Um hinauszukommen, ist ein gewisser Einsatz nötig. Ein bewusster, zielgerichteter Einsatz, der auf dem Wunsch basiert, uns nicht nur aus dem Gefängnis zu befreien, sondern auch die Ziele zu erreichen, die wir jenseits der Gefängnismauern anvisieren.

Der Prozess kann manchmal schmerzlich sein. Das gehört zum persönlichen Wachstum dazu. Aber wenn du dranbleibst und schließlich das Leben führst, das du dir wünschst, wirst du eine Stufe der Erfüllung erreichen, die so weit über das einlullende »Angenehm-Beschäftigt-Sein« hinausgeht, dass die beiden Optionen sich überhaupt nicht mehr miteinander vergleichen lassen.

8. Erweitere deinen Blickwinkel.

Die Größe unserer Probleme ist ein Spiegel dafür, wie groß unsere Perspektive auf die Welt ist. Je umfassender unser Weltbild ist, desto bewältigbarer erscheinen uns unsere Probleme.

Das soll nicht heißen, dass unsere Probleme, Herausforderungen und persönlichen Kämpfe keine Bedeutung haben. Wenn wir allerdings die Realitäten von Menschen in anderen Kulturen zu unterschiedlichen Zeiten in der Geschichte der Menschheit betrachten, erweitert sich unsere Perspektive – nicht nur, was die Größe unserer Probleme betrifft, sondern auch in Bezug darauf, welche Dinge wir als Menschen bewältigen können.

Es versetzt uns in die Lage, dankbar für das zu sein, was wir haben, sowie dafür, mit welchen Situationen wir nicht konfrontiert sind. Darüber hinaus verleiht es uns Mut und gibt uns Hinweise, wie wir mit unseren Problemen umgehen können.

9. Sei neugierig.

Im Kapitel »Wie lange dauert es, ein Buch zu schreiben?« erkläre ich anhand von einer Geschichte, wie ich die folgende Frage für mich nutze: »Ich frage mich, warum das passiert?« Es gehört zu den grundlegenden Elementen, auf die ich unter Punkt 3 »Erweitere dein Wissen« hinweise. Zudem ist es eine der effektivsten Techniken, die uns zur Verfügung stehen, um unserem aktuellen Zustand zu entkommen und einen Punkt zu erreichen, an dem wir gerne sein möchten. Wenn wir neugierig sind und erkennen, warum wir uns aktuell an einem bestimmten Punkt befinden, welche Rolle unsere Erfahrung dabei gespielt hat und was wir daraus lernen sollen, sind wir häufig in der Lage, die gesamte Situation aus einer anderen Perspektive zu betrachten.

Häufig ermöglicht dieser neue Blickwinkel es uns, Wege zu erkennen, die wir uns bisher nicht vorstellen konnten. Es gibt Gründe dafür, warum Dinge geschehen. Es gibt kein zufälliges Verhalten. Die Neugier hilft uns, die Puzzleteile so zusammenzusetzen, dass wir die gesamte Geschichte sehen können.

10. Bitte um Hilfe.

Unsere menschliche Erfahrung wird viel leichter, wenn wir nicht länger versuchen, alles alleine zu bewältigen. Häufig helfen Menschen mit einem großen Herzen allen anderen. Aber wenn es um ihre eigenen Probleme geht, ist es ihnen unangenehm, um Unterstützung zu bitten.

Das verstehe ich gut. Ich habe aus verschiedenen Gründen lange damit gekämpft. Zum Teil lag es an meiner Unsicherheit und meinem mangelnden Selbstwertgefühl. Außerdem wuchs ich in einem Umfeld auf, in dem Hilfe jeweils auf einer Gegenleistungsbasis angeboten wurde. Wenn man die Hilfe von einer Person annahm, ging man davon aus, dass man ihr etwas schuldig war. Und dass diese Person zu einer beliebigen Zeit oder bei einer beliebigen Aufgabe diese Gegenleistung einfordern konnte und es tatsächlich auch tun würde. Und dann wurde erwartet, dass man alles stehen und liegen ließ, um ihr zu helfen.

Es gibt viele Gründe, warum es uns leichter fällt, anderen zu helfen, als Hilfe anzunehmen. Aber in Wirklichkeit ist es egoistisch, nicht um Hilfe zu bitten.

In der Regel sind Menschen etwas geschockt, wenn sie das hören. Vor allem diejenigen mit einem großen Herzen. Aber es ist die Wahrheit.

Denk einmal darüber nach, warum du anderen Menschen gerne hilfst. Aller Wahrscheinlichkeit nach liegt es zum Teil daran, dass es dir ein gutes Gefühl verleiht. Wenn du anderen daher die Möglichkeit vorenthältst, dir zu helfen, verwehrst du ihnen die Chance, sich gut zu fühlen. Und das ist schlicht egoistisch.

Ich habe lange gebraucht, um das zu verstehen und anzunehmen. Sobald ich es begriff, hatte es eine unglaublich transformative Wirkung auf mich. Diese Erkenntnis gehört ebenfalls zu den grundlegenden Elementen des Lebens, die ich weiter oben erwähnt habe, denn sie hat enormen Einfluss auf unsere Fähigkeit, das Leben zu gestalten, das wir uns wünschen.

Zudem geht ihre Wirkung weit über unsere Bereitschaft, andere Menschen um Hilfe zu bitten, hinaus. Wie ich im Kapitel »Was ist der kosmische Algorithmus des Universums?« erläutere, ist ein viel größeres Spiel im Gange. Wenn wir uns erlauben, im Rahmen des größeren Spiels um Hilfe zu bitten, eröffnet uns das einen Zugang zu Orientierungshilfen, Ideen und Erkenntnissen, die unsere Wahrnehmung der Realität verändern. Es definiert das Maß, inwieweit wir uns in einem beliebigen Moment alleine fühlen, vollkommen neu. Und während unsere Verbindung dazu stärker wird, wächst auch unsere Zuversicht, dass wir in der Lage sind, jedes Gefängnis zu verlassen, in dem wir uns eingesperrt fühlen.

11. Führe dir täglich eine gewisse Dosis von Erfolgsgeschichten zu Gemüte.

Wenn wir uns wie ein Gefangener fühlen, basiert ein großer Teil unseres Leids auf der Annahme, dass wir nie mehr entkommen werden. Zu erkennen, welches Leid andere durchgemacht und welchen Weg sie eingeschlagen haben, um sich zu befreien, schenkt uns Hoffnung, Zuversicht und Wissen. 1440 Minuten pro Tag. Nutze einige davon, um die Ausbruchsgeschichten anderer zu erfahren. Dann wirst du deine Situation auf eine völlig andere Weise betrachten.

12. Verändere das Spiel.

Albert Einstein zufolge bedeutet Wahnsinn, immer wieder das Gleiche zu tun und andere Ergebnisse zu erwarten. Zum Teil rührt unser Gefühl des Gefangenseins daher, dass wir immer wieder die gleichen Dinge tun, aber auf andere Ergebnisse hoffen. Auf etwas zu hoffen, verändert nichts. Wenn wir Dinge verändern, verändert sich etwas.

In meinem Big-Five-for-Life-Kurs geht es bei einer Übung, die durch mich hindurchgeströmt ist und zu einigen wunderbar transformativen Momenten bei Teilnehmern geführt hat, darum, kleine Veränderungen im Alltag vorzunehmen. Zum Beispiel ein Restaurant zu besuchen, in dem wir noch nie waren, und ein Gericht zu bestellen, von dem wir noch nie etwas gehört haben. Oder einen anderen Weg von der Arbeit nach Hause zu gehen oder zu fahren, selbst wenn es etwas länger dauert. Oder Veranstaltungen rauszusuchen, die an den nächsten vier Wochenenden in unserer Region stattfinden, und an etwas teilzunehmen, was wir noch nie gemacht haben.

Diese kleinen Veränderungen erfordern wenig Einsatz. Aber mit der Zeit verändern sie unsere Wahrnehmung der Realität erheblich, da sie dafür sorgen, dass unsere neuronalen Netze sich neu konfigurieren und alle möglichen neuen Verbindungen aufbauen.

Erkunde in diesem Zusammenhang gerne auch Wege, das Leben auszuprobieren, das du dir wünschst. Wenn du frei wärst, was würde das bedeuten? Wenn es bedeuten würde, dass du ein Abenteurer wärst, was würde *das* wiederum bedeuten? Würdest du andere Gerichte essen und andere Kulturen kennenlernen? Großartig. Finde kleine Möglichkeiten, das jetzt zu tun. Würde es bedeuten, dass du viel draußen in der Natur wärst? Großartig. Finde kleine Möglichkeiten, das jetzt zu tun.

Vielleicht kommen dir diese Dinge unbedeutend vor. Aber das sind sie nicht. Diese Schritte werden dich dazu inspirieren, dich immer weiter von dem zu entfernen, was dir wie ein Gefängnis erscheint. Wenn wir jeden Tag dieselben vier Wände des Lebens betrachten, entspricht das unserer Wahrnehmung der Realität. Sobald wir unsere Wahrnehmung verändern, verändern wir auch das Spiel, und damit verändern wir unser Leben.

Die Freiheit ist unser natürlicher Zustand, unsere Berufung. Es ist absolut logisch, dass du dich danach sehnst. Setze die Tipps um, die dich in diesem Kapitel ansprechen, und verwirkliche deine Freiheit!

Wie definierst du Erfolg?

Am Ende des Kapitels »Was ist der Sinn des Lebens (Teil 1)« spreche ich darüber, dass ein Sieg im Spiel des Lebens bedeutet, so viele Minuten wie möglich damit zu verbringen, was uns begeistert, auf eine Weise, die uns begeistert, mit den Menschen, mit denen wir liebend gerne Zeit verbringen.

Das ist die übergeordnete Antwort, die sich auf uns alle bezieht, wenn wir das Leben insgesamt betrachten.

Für mich persönlich gibt es ein paar wichtige Kategorien für diese Minuten, die mir das Gefühl vermitteln, dass mein Leben ein Erfolg ist.

Ich mache zum Beispiel liebend gerne abenteuerliche Dinge. Erfolg bedeutet für mich daher, mindestens einmal pro Woche draußen in der Natur unterwegs zu sein. Ich könnte zum Beispiel an abgelegenen Flüssen entlangwandern und wilde Alligatoren beobachten, Kajak fahren und kleine Fische im Wasser betrachten, mit einer Taucherbrille freitauchen, um Korallenriffe zu sehen.

Für mich funktioniert es nicht, immer wieder das Gleiche am selben Ort zu machen. Ich verstehe, dass manchen Leuten die Beständigkeit und der Komfort gefallen, wenn sie häufig die gleichen Dinge tun, die sie begeistern. Aber für mich gilt das nicht. Wenn etwas sich zu oft wiederholt, fühlt es sich nicht mehr wie ein Abenteuer an.

Liegt jedoch etwas Zeit dazwischen, kann etwas, das eine gewisse Tradition hat, durchaus ein Abenteuer sein. So kann man zum Beispiel nicht weit von meinem Wohnort entfernt, im Golf von Mexiko, zu einer bestimmten Zeit im Jahr nach Jakobsmuscheln tauchen. Man setzt eine Schnorchelmaske auf, lässt sich mit den Meeresströmungen im Wasser treiben, und wenn man eine Jakobsmuschel erblickt, taucht man hinunter, um sie einzusammeln. Obwohl ich schon öfter nach Jakobsmuscheln getaucht bin, macht es mir immer noch Spaß, weil zwischen den Ausflügen jeweils ein ganzes Jahr liegt und weil bei Unternehmungen im Meer jeder Ausflug das Potenzial hat, einzigartig zu sein.

Eine weitere Kategorie ist für mich körperliche Aktivität. Etwas, wobei ich an meine Grenzen gehe. Interessanterweise ist es nicht besonders effektiv für mich, alleine Sport zu treiben. Ich mache das zwar als Teil meines Trainings, aber ich bevorzuge definitiv einen sportlichen Wettkampf. Das motiviert mich auf eine vollkommen andere Weise. Außerdem gehen damit Teamgeist und Kameradschaft einher. Mein Lieblingssport ist Beachvolleyball. In meinen Zwanzigern spielte ich auf höchstem Niveau in einem Zweierteam. Auf dem Level kann ich zwar nicht mehr spielen, aber ich bin immer noch gut und nach wie vor begeistert von dem Spiel.

Bei der dritten Kategorie geht es darum, einen positiven Beitrag für die Allgemeinheit zu leisten. Ich habe viele Jahre in Jobs gearbeitet, die mich nicht erfüllten und für die Welt nicht viel Positives beitrugen. Daher fühlte ich mich innerlich leer und hinterfragte den Sinn meines Lebens. Natürlich kann es in bestimmten Situationen sinnvoll sein, Minuten gegen Dollar einzutauschen. Manchmal lohnt es sich, wenn wir einen bestimmten Verwendungszweck für das Geld im Sinn haben, der zu vielen großartigen Minuten führen oder uns in die Lage versetzen wird, einen besonderen positiven Beitrag für die Welt zu leisten.

Am besten ist es allerdings, eine Arbeit zu machen, die wir als erfüllend empfinden. Wir erreichen den Punkt des Nirwana, wenn wir dafür bezahlt werden, unsere Big Five for Life zu verwirklichen. (Wenn dieses Konzept für dich neu ist, lies das Kapitel »Was sind die Big Five for Life?«.) In meiner aktuellen Lebensphase ist es enorm wichtig für mich, dass meine Arbeit eine positive Wirkung auf andere hat. Wenn das nicht gelingt, ist es für mich kein Erfolg.

Es gibt zwei weitere Kategorien, die ich erwähnen möchte. Es gibt noch andere, die mir ebenfalls wichtig sind, aber diese beiden stehen an der Spitze meiner Lebensliste.

Die erste ist: Zeit mit den Menschen verbringen, die mir etwas bedeuten. Und seltsamerweise können wir die gemeinsame Zeit überaus einfachen Dingen widmen. Zusammen eine Mahlzeit zubereiten, zusammensitzen und darüber sprechen, wie unser Tag war, gemeinsam spazieren gehen. Selbst spontan über etwas zu lachen, gehört dazu. Über lustige Dinge, wie etwa den Waschbären, der jeden Donnerstag durch unser Wohnviertel stromert, weil wir an diesem Tag die Mülltonnen rausstellen und er weiß, dass er etwas daraus räubern kann.

Ich mache auch sehr gerne große Dinge mit den Menschen, die mir etwas bedeuten. Aber bei den wichtigen Beziehungen sind es nach meinem Empfinden die kleinen Dinge, die uns wirklich tief miteinander verbinden, und die großen Dinge sind ein Bonus.

Meine zweite Kategorie ist das Reisen. Es ist Teil meines Abenteurergeistes, nur auf einem höheren Level. Mir ist stets bewusst, dass es keine Garantie für die menschliche Erfahrung gibt. Mir ist auch bewusst, dass ich 20 Leben oder mehr benötigen würde, um tatsächlich den größten Teil dieses großartigen Planeten zu sehen, auf dem wir leben. Diese beiden Aspekte zusammengenommen veranlassen mich dazu, ständig eine Weltkarte zu betrachten und dann zu verschiedenen Orten aufzubrechen.

Als ich meine ersten Abenteuer mit dem Rucksack erlebte und feststellte, dass ich beim Reisen mit weniger als 40 Dollar pro Tag auskam, definierte ich für mich neu, was möglich ist, wenn es darum geht, die Welt zu sehen. Ich bin so froh, dass ich diese Erfahrung eher früh als spät im Leben gemacht habe. Denn es öffnete mir die Türen zu Abenteuern, die mir zuvor absolut unerreichbar vorgekommen waren.

Das Reisen erfüllt meine Lust auf Abenteuer komplett, denn ich suche stets neue Ziele aus. Meistens reise ich mit Menschen, die mir etwas bedeuten. Daher ist dieser Aspekt ebenfalls erfüllt. Und erstaunlicherweise findet häufig etwas, das ich auf meinen Reisen erlebe, Eingang in Dinge, über die ich schreibe oder über die ich in meinen Kursen oder in meinem Podcast spreche. Somit helfen meine Reiseabenteuer mir letztlich dabei, einen positiven Beitrag für andere zu leisten. Und damit ist auch dieser Aspekt erfüllt.

Jeder hat seine eigene Definition für ein erfolgreiches Leben. Es ist einer der großartigsten Aspekte bei der gesamten Erfahrung, dass wir uns das Leben aussuchen können, das wir führen wollen.

Außerdem geht es darum, unsere Entscheidungen zu würdigen. Uns selbst treu zu bleiben. Die Dinge, für die wir uns entschieden haben, zuerst in unseren Kalender einzutragen statt als Letztes. Sie mindestens ebenso wichtig zu nehmen wie andere Dinge, die wir eintragen. Und sie idealerweise sogar wichtiger zu nehmen, weil sie tatsächlich wichtiger für uns sind.

Ich bin noch nie einer Person begegnet, die sich wünscht, am Ende ihres Lebens auf ihre gesamte Erfahrung zurückzublicken und zu denken: »Wow, was für ein unglaublicher ... Misserfolg.« Aber wenn wir uns nie die Zeit nehmen, herauszufinden, was Erfolg für uns bedeutet, und unser Leben entsprechend auszurichten, stehen die Chancen nicht gut, am Ende unseres Lebens das Gefühl zu haben, dass es tatsächlich ein Erfolg war.

Nicht zuletzt deshalb begeistern mich Konzepte wie der

Museumstag und die Big Five for Life. Sie helfen uns, all das Geplapper, den Lärm und die Ablenkungen des Lebens auszublenden und uns wirklich darauf zu konzentrieren, was Erfolg für uns bedeutet. (Mehr dazu findest du im Kapitel »Ist jeder Tag ein Museumstag?«.)

Was ist dein Lieblingsreiseziel?

Das ist schwer zu beantworten. Fast alle Orte, die ich bereist habe, waren aus dem einen oder anderen Grund besonders. Meine erste große Reise, bei der ich wirklich losgezogen bin, um neue Orte zu erkunden, habe ich mit Ende 20 gemacht. Sie bestand aus zwei Teilen. Ich reiste zuerst für zehn Tage nach Italien und dann für einen Monat nach Costa Rica. Damals hatte ich so wenig Ahnung vom Reisen im Ausland, dass ich mir nicht einmal einen Reiseführer kaufte.

Als ich in Rom ankam, wusste ich daher nicht, was ich als Nächstes tun sollte. Es war lange, bevor es Smartphones gab, daher hätte ich tatsächlich ein Buch, eine Karte oder irgendeinen Plan gebraucht. Doch ich hatte nichts dergleichen. Zum Glück reiste ich gemeinsam mit ein paar Freunden, von denen ich mir nach dem ersten Tag einen Reiseführer ausleihen konnte. Außerdem half es, dass ich in Rom war. Man kann in dieser Stadt eigentlich nicht weit laufen, ohne auf etwas Schönes oder historisch Relevantes zu stoßen.

Allerdings unterlief mir beinahe ein unfassbarer Anfängerfehler. Die Freunde, mit denen ich unterwegs war, interessierten sich mehr für Mode als für Geschichte. Daher wollten sie am ersten Tag zum Shoppen gehen. Das interessierte mich null, also beschlossen wir, jeweils unser eigenes Ding zu machen und uns zum Abendessen wieder zu treffen. Wir waren in einer kleinen Wohnung untergebracht, die einem Freund eines Freundes gehörte, der verreist war und uns umsonst dort wohnen ließ.

Wir brachen alle gemeinsam auf, und dann suchte ich mir eine riesige Kirche am Horizont aus und lief einfach los. Etwa 20 Minuten später fiel mir siedend heiß ein, dass ich die Adresse unserer Unterkunft nicht kannte. Ich wusste nicht einmal, in welcher Gegend sie sich befand. Wie gesagt, es war eine Zeit, in der es noch keine Smartphones gab, daher konnte ich meinen Freunden keine SMS oder E-Mail schicken.

Bis heute bin ich mir nicht sicher, wie ich die Unterkunft wiedergefunden habe. Ich nehme an, dass ich versucht habe, den Weg zurückzulaufen, den ich gekommen war, bis ich einige Dinge wiedererkannte. Manchmal hat der kosmische Algorithmus des Universums ein Auge auf uns und macht uns spontan ein Geschenk.

Diese Reise war ein Schlüsselerlebnis für mich. Ich lernte die Grundlagen für Abenteuerreisen, etwa, dass ich einen Rucksack mitnehmen sollte statt eines Seesacks oder eines Gepäckstücks ohne Räder. Dass ich einen Reiseführer über mein jeweiliges Reiseziel kaufen sollte. Und dass ich die Adresse meiner Unterkunft kennen sollte.

Außerdem lernte ich, wie anders die Welt war. Viele Dinge wurden in den Städten, die ich bereiste, anders gemacht als zu Hause. Manches war besser. Andere Dinge waren schlechter. Aber das gehörte insgesamt zur Erfahrung dazu. Die Dinge nicht zu vergleichen, sondern sie einfach zu erleben.

Ich war tief beeindruckt von der Tatsache, dass ich genau dort stehen konnte, wo sich historische Ereignisse abgespielt hatten. Es war nichts mehr, was lediglich in Schulbüchern stand. Ich war genau dort, im Kolosseum, wo zur Blütezeit des Römischen Reichs Tausende den Gladiatoren zugejubelt hatten. Ich konnte in der Sixtinischen Kapelle stehen, zur Decke hinaufsehen und die Fresken von Michelangelo bewundern. Ich konnte die kleinen Gassen entlanglaufen und die Überreste der antiken Stadt Pompeji sehen.

Eine große Erkenntnis aus meiner Zeit in Italien war, dass das Reisen die Geschichte lebendig werden lässt.

Meine Zeit in Costa Rica führte zu einer ganzen Reihe anderer Erkenntnisse. Dort war ich einen Monat mit einem Kumpel von mir unterwegs. Wir hatten uns ein Auto gemietet und kein festgelegtes Programm. Das wunderbar unbeschwerte Gefühl, mich über einen so langen Zeitraum treiben zu lassen, hatte ich bis dahin noch nicht erlebt. Wir hatten kein spezielles Reiseziel, außer dem Punkt, den wir im jeweiligen Moment ansteuerten. Und so arbeiteten wir uns langsam durch den dichten Regenwald vorwärts, der von Affen, Faultieren und Laubfröschen besiedelt war. Auf Wanderungen erkundeten wir tagsüber riesige Vulkane und beobachteten in der Nacht, wie aus diesen Kratern gewaltige Lavaexplosionen herausschossen.

Stundenlang bahnten wir uns unseren Weg auf schier unpassierbaren Straßen mit riesigen Schlaglöchern. Ich erinnere mich an einen besonders schrecklichen Abschnitt. Als es immer dunkler wurde, überlegten wir, ob wir einfach anhalten und im Auto übernachten sollten oder ob wir versuchen sollten, die nächste kleine Stadt zu erreichen.

Wir fuhren weiter und kamen nicht nur an unser Ziel, sondern gingen dort noch in einen Club, in dem wir mit ein paar Einheimischen bis drei Uhr morgens auf dem Tresen tanzten. Als wir am nächsten Morgen aufwachten und in unserer kleinen Unterkunft für Backpacker vor die Tür traten, erkannten wir, dass wir wahrlich im Paradies waren. Der Strand hatte eine unglaubliche Halbmondform, und kaum jemand war dort. Die Wellen waren perfekt, und man konnte ein Surfboard einen ganzen Tag lang für lediglich fünf Dollar ausleihen. Das Frühstück wurde von einer freundlichen älteren Frau zubereitet, die einen Dollar pro Pfannkuchen berechnete, der auf einem riesigen Teller serviert wurde und mit frischen Bananen und Mangos belegt war.

Hatte Italien mir die Augen dafür geöffnet, wie Geschichte lebendig wird, öffnete Costa Rica mir die Augen für die Wunder der Natur. Spektakuläre Exemplare von Laubfröschen, Agutis und Brüllaffen hatte ich bisher nur im Fernsehen und in der Zeitschrift *National Geographic* gesehen. Aber nun sah ich sie tatsächlich.

Nach meiner Rückkehr aus Costa Rica versprach ich mir selbst, nie mehr die Abenteuer zu vergessen, die es dort zu erleben gab. Aber in den nächsten fünf Jahren arbeitete ich jeweils 60 Stunden pro Woche und vergaß es leider doch. Wenn wir den Bezug zu den Dingen verlieren, die uns begeistern, wird es immer leichter, sie nicht zu tun. Diese wertvolle Lebenslehre musste ich mir überaus mühsam erschließen.

Mit Anfang 30 ließ ich dann alles hinter mir und stellte die Verbindung zu meiner Abenteuerlust wieder her. (Die ganze Geschichte dazu findest du im Kapitel »Wie bist du ein Autor geworden?«.) Dieses Mal zog ich für knapp ein Jahr los und reiste mit dem Rucksack um die Welt. Bei meinen Abenteuern in Italien und Costa Rica war ich sozusagen auf den Geschmack des Abenteuerreisens gekommen. Nun ließ ich mich komplett darauf ein und war begeistert.

In diesem Jahr las ich mehr Bücher als in den vorangegangenen zehn Jahren. Ich führte mehr spannende Gespräche mit fremden Menschen, als ich es in meinem gesamten Leben getan hatte. Ich erlebte mehr Höhepunktmomente, als ich es für den Zeitraum von zehn Leben für möglich gehalten hätte.

Bei einem langen Abenteuer geschieht etwa nach drei Wochen etwas Großartiges. Wir beginnen wunderbar abzuschalten. Es ist etwas vollkommen anderes als bei einem Urlaub, bei dem wir nur vorübergehend fort sind und die Aufgaben und Verpflichtungen lediglich etwas aufschieben. Wir sind frei. Tatsächlich frei, uns treiben zu lassen, zu erleben und zu erkunden.

Was diese Freiheit im Wesentlichen bedeutet und mit sich bringt, wird nach diesen drei Wochen deutlich, wenn uns bewusst wird, dass wir nicht damit beschäftigt sind, die Rückreise zu planen. Wir denken nicht an unsere To-do-Liste. Wir checken nicht unsere E-Mails, damit unser Postfach bei unserer Rückkehr nicht so voll ist. Wir haben keine Termine, keinen Stress und keine Verpflichtungen.

Ich würde mir wünschen, dass jeder Mensch diese Erfahrung wenigstens einmal im Leben machen kann. Denn sie definiert auf eine neue Weise, wie das Leben sein kann. Sie macht uns dankbar für alles, was wir haben, lässt uns Mitgefühl mit denen empfinden, die weniger haben, und vermittelt uns den Wert eines Tages aus einer vollkommen neuen Perspektive.

Wenn wir einmal auf einem weit abgelegenen Teil der Chinesischen Mauer entlanggelaufen oder durch antike Tempel in den Wüsten von Myanmar geschlendert sind oder den Sonnenaufgang über der afrikanischen Savanne gesehen haben, bekommt ein Tag eine neue Bedeutung. Es fällt uns viel schwerer, solche Tage an Aufgaben und Aktivitäten zu verschenken, die uns nicht wichtig sind.

Was die Reisenden betrifft, habe ich festgestellt, dass sie sich drei Kategorien zuordnen lassen. Da sind diejenigen, denen das Reisen Spaß macht. Dann gibt es diejenigen, die liebend gerne reisen. Und dann sind da noch diejenigen, die danach lechzen zu reisen. Ich gehöre zur letzten Kategorie. Ich sehne mich so intensiv danach wie kaum nach etwas anderem, was ich bisher erlebt habe. Es ist ein Bedürfnis, das tief in meiner Seele wurzelt.

Im Laufe der Zeit habe ich erkannt, dass mein abenteuerlustiges Herz, das in mir als Reisendem schlägt, stark mit meiner Berufung als Autor verknüpft ist. Beides geht quasi Hand in Hand. Von den afrikanischen Tieren, die ich in

Safari des Lebens beschreibe, und den Geschichten über das Surfen in *Wiedersehen im Café am Rande der Welt* bis zum gesamten Konzept der *Big Five for Life* – alle haben ihren Ursprung in meinen Reisen.

Wenn man die Abenteuer streichen würde, gäbe es die Bücher nicht. Wenn es die Bücher nicht gäbe, hätte ich kein Medium, um über die Abenteuer zu berichten.

Meine Reisen haben meine Sicht auf das Leben und auf den wunderschönen Planeten, auf dem wir vorübergehend leben dürfen, unauslöschlich geprägt. Sie haben meinen Blick für die Fragilität und Kostbarkeit unserer winzig kleinen menschlichen Erfahrung sowie für den Wahnsinn eines großen Teils unseres Verhaltens geschärft.

Daher bin ich unglaublich dankbar für all die Orte, an denen ich sein durfte. Und um die ursprüngliche Frage zu beantworten, ich denke, mein Lieblingsreiseziel ... ist das nächste Ziel, zu dem es mich hinzieht.

Wie finde ich heraus, was ich mit meinem Leben anfangen möchte?

- Tu das Gegenteil von dem, was du nicht machen möchtest.

- Probiere viele Dinge aus, bis du diejenigen findest, die du am liebsten magst. Und dann mach diese.

- Frag zehn wirklich glückliche Menschen, wie sie herausgefunden haben, was sie glücklich macht, und ahme einige ihrer Pfade nach.

- Stell dir mit echter Neugier und voller Begeisterung für das Leben die Frage: »Warum bin ich hier?« Frag dich das HÄUFIG. Am besten tust du das an einem Platz in der Natur, wo es keine Ablenkungen gibt. Leg dein Handy während dieser Erfahrung mindestens für 30 Minuten aus der Hand. Beobachte, was dir in den Sinn kommt, und schreib diese Dinge auf. Wenn du das an 20 aufeinanderfolgenden Tagen machst, wirst du immer häufiger Muster in deinen Antworten erkennen, die dir Hinweise darauf geben, was du tun möchtest.

- Ermittle fünf Menschen, die ein Leben führen, das deinem »Traumleben« entspricht. Bringe so viel wie möglich über sie in Erfahrung. Schreib auf, welche Aspekte in ihrem Leben es zu *deinem* Traumleben machen. Ist es der Ort, an dem sie wohnen, die Branche, in der sie tätig sind, ihr spezieller Job, sind es ihre Beziehungen, ist es ihr Einfluss auf die Welt, die Menge an Freizeit, das, wofür sie bekannt sind ...?

Vergleiche deine Antworten zu allen fünf Personen miteinander und suche nach gemeinsamen Mustern. Das vermittelt dir ein ziemlich gutes Gefühl für die Art des Lebens, das du führen willst, und warum es dich anspricht.

- Nimm am Big-Five-for-Live-Discovery-Seminar teil. (Es liefert dir die Antworten innerhalb von zwei Tagen.)

- Reise ein Jahr lang mit dem Rucksack um die Welt. (Das empfehle ich dir wärmstens. Für mich hat das großartig funktioniert, und außerdem hat es extrem viel Spaß gemacht.)

Übrigens gibt es einen wirklich guten Grund dafür, warum es sich lohnt, die Antwort darauf zu finden, was wir mit unserem Leben anfangen wollen. Ohne dieses Wissen demonstrieren wir gegenüber dem kosmischen Algorithmus des Universums Tag für Tag einen Mangel an Klarheit und Überzeugung sowie ein gewohnheitsmäßiges Chaos. (Wenn du nicht weißt, worum es bei diesem Algorithmus geht, lies das Kapitel »Was ist der kosmische Algorithmus des Universums?«.) Daher liefert der Algorithmus uns mehr davon. Nicht aus Boshaftigkeit. Er ist vielmehr verwirrt.

Das gilt auch für unsere Freunde, Familie und andere Menschen, die uns eventuell helfen könnten. Sie möchten uns gerne unterstützen. Sie würden es wirklich gerne tun. Aber sie wissen nicht, welche Verbindungen sie herstellen sollen, wie sie sich für uns einbringen können oder welche Geschichten sie uns erzählen sollen. Weil sie nicht wissen, wo wir hinwollen oder warum wir etwas tun möchten. Aber das kann sich schnell ändern, sobald wir uns darüber im Klaren sind.

Ich gebe dir ein Beispiel. Als ich mit Anfang 30 beschloss, aus dem Job auszusteigen und mit dem Rucksack um die Welt zu reisen, erzählte ich meinen Eltern davon. Ich sagte ihnen, wie wichtig es für mich sei und dass ich das Gefühl hätte, dass der Abenteurer in mir verkümmerte.

Ein paar Tage später rief mein Vater mich an. Er hatte gerade etwas in der Zeitung gelesen (das war zu der Zeit, als man Zeitung las). Die Fluggesellschaft Malaysian Airlines bot den sogenannten All Asia Pass an. Für 299 Dollar konnte man ein unbegrenztes Asienflugticket kaufen, das drei Monate gültig war. Bevor ich meinen Eltern erzählt hatte, dass ich die Welt bereisen wollte, einschließlich Asien, hatte mein Vater keinen Grund gehabt, auf Werbeanzeigen der Malaysian Airlines zu achten. Ganz im Gegenteil.

Doch da ich ihm davon erzählt hatte und es etwas sehr Wichtiges in meinem Leben war, hatte er es im Sinn. Seine Intuition und sein persönlicher Radar waren aktiviert und auf das Thema Weltreise ausgerichtet. Letztlich kaufte ich dieses Ticket und bekam somit einen viel kostengünstigeren Zugang zu den Ländern Thailand, Myanmar, Vietnam, Malaysia, Singapur und China, als es sonst der Fall gewesen wäre.

Außerdem eröffnete mir diese einjährige Reise eine Welt voller Optionen für mein Leben, von deren Existenz ich sonst keine Ahnung gehabt hätte.

Gib dir daher die Erlaubnis, die obengenannten Schritte zu machen. Du wirst froh darüber sein, dass du es getan hast.

Wie lange dauert es, ein Buch zu schreiben?

Das hängt vom Buch ab. Und vom Autor.

Die kürzeste Zeit, in der ich je ein Buch geschrieben habe, betrug zehn Tage. Es war *Safari des Lebens*. Es floss so schnell und mit einer solchen Intensität durch mich hindurch, dass ich fast nichts anderes gemacht habe, als zu schlafen, zu essen und zu schreiben. Ich weiß nicht, warum das Buch unbedingt so schnell in die Welt gelangen wollte, aber es hatte definitiv einen bestimmten Plan im Sinn.

Es ist eines meiner weniger bekannten Bücher, aber viele Menschen sagen mir, es sei ihr Lieblingsbuch. Mir selbst gefällt es sehr, weil es mich beim Lesen jedes Mal zurück nach Afrika versetzt und weil Ma Ma Gombe, eine der Hauptfiguren in der Geschichte, ein besonderes Wesen hat – sie ist weise, überaus geradlinig und hat eine aufbauende Art. Sie strahlt eine Präsenz und Führung aus, die ich mir in den schwierigeren Zeiten meines Lebens gewünscht hätte, als ich mich besonders orientierungslos fühlte.

Das Schreiben des Buchs *Das Café am Rande der Welt* hat 21 Tage gedauert. Es war mein erstes Buch, und eigentlich ist es eher durch mich hindurchgeflossen, als dass ich es geschrieben hätte. (Die Geschichte dazu findest du im Kapitel »Wie bist du ein Autor geworden?«.)

Für meine anderen Bücher habe ich unterschiedlich lange gebraucht. Bei *The Big Five for Life* waren es zwei Monate, aber das lag auch daran, dass ich die Hälfte der Zeit mit dem Rucksack in China herumreiste. Ich hielt meine Ideen in einem Notizbuch fest, weil ich jeden Tag zu Fuß unterwegs war. Abends schrieb ich dann Teile der Geschichte und schickte sie per E-Mail an mich selbst, um sie nicht zu verlieren, falls irgendetwas mit meinem Laptop gewesen wäre.

Wahrscheinlich ist es mir am schwersten gefallen, das Buch *Das Leben gestalten mit den Big Five for Life* zu schreiben. Es ist der Folgeband zu *The Big Five for Life*. Ich habe etwa eineinhalb Jahre mit Jacques Guenette daran gearbeitet, der großartigen Führungspersönlichkeit und eine der Hauptfiguren dieser Geschichte. Die Herausforderung bestand darin, die beiden Welten miteinander zu verschmelzen – diejenige, über die ich im ersten Buch über die Big Five for Life spreche, mit der von Jacques, der wahren Geschichte seines Unternehmens.

Wir haben uns einige Male getroffen, damit ich ihn, die Firmenkultur, die er geschaffen hat, sowie die Geschichte seines Unternehmens wirklich verstehen konnte. Unsere Begegnungen verliefen großartig, wenngleich ich dadurch so viel Material hatte, dass ich nicht genau wusste, wie ich das alles verwerten sollte. Ich wusste, dass die Geschichten zusammenpassten, ich kämpfte allerdings damit, die einzelnen Elemente richtig zusammenzusetzen.

Schließlich arbeitete ich mit Karteikarten und notierte auf jeder von ihnen lediglich ein paar Sätze dazu, was im jeweiligen Kapitel enthalten sein würde. Dann legte ich sie alle nebeneinander, um den Ablauf der Geschichte optisch vor mir zu haben. Sobald ich das getan hatte, nahm der Schreibprozess ordentlich Fahrt auf, und ich schrieb alles in weniger als zwei Monaten.

Was mich beim Schreiben stets fasziniert, ist die Art und Weise, wie ungeplante Dinge einfach passieren. Häufig manifestiert sich das, während die Geschichte sich entwickelt. Wenn ich anfange zu schreiben, habe ich im Sinn, wie das Buch anfängt, aber schon bald bewegt sich die Geschichte in eine Richtung, von der sie sich angezogen fühlt. Häufig entstehen so meine Lieblingszeilen in den Büchern.

In *Wiedersehen im Café am Rande der Welt* führt Casey

zum Beispiel ein sehr emotionales Gespräch mit Jessica, einer jungen Frau, die mit ihrem Leben zu kämpfen hat und auf das Café gestoßen ist. Casey erklärt ihr, wie unser inneres Leitsystem funktioniert und auf welche Weise es uns führt, wenn wir es uns selbst erlauben, eine Verbindung dazu aufzubauen. Jessica ist etwas skeptisch, und Casey weist sie darauf hin, dass sie genau auf diese Weise das Café gefunden hat. «Woher wissen Sie das?«, hakt Jessica nach. Und Casey antwortet: »Auf diese Weise findet jeder das Café.«

Wenn ich diese Zeile lese, bekomme ich jedes Mal eine Gänsehaut. Dieser kleine Austausch zwischen den beiden hat etwas so Eindringliches und Wahres. Als ich das Kapitel geschrieben habe – daran erinnere ich mich noch genau –, wurde mir bewusst, dass ich diese Zeile nicht selbst formuliert hatte. Ich sah, wie Casey und Jessica sich miteinander unterhielten. Ich hörte, wie Casey den Satz aussprach, und schrieb ihn genau so auf, wie sie ihn gesagt hatte.

Das meine ich mit den unvorhergesehenen Dingen.

Das beste Beispiel dafür ist vielleicht *Auszeit im Café am Rande der Welt*, der dritte Café-Band. Meinem ursprünglichen Plan zufolge sollte die Geschichte 160 Seiten umfassen. Ich hielt mir einen Zeitraum von vier Wochen für das Schreiben frei und stand jeden Morgen auf, um zwei bis drei Stunden am Manuskript zu arbeiten. Der Schreibprozess lief sehr reibungslos ab.

Jedes Mal, wenn ich vorhabe, ein neues Buch zu schreiben, nehme ich mir etwa zwei Monate Zeit, um meine Gedanken und Ideen festzuhalten. Ich sammle sie in einem einzigen Dokument, und bevor ich mit dem Schreiben beginne, lese ich es komplett durch. Eine der Ideen dazu, die auf eine große Resonanz bei mir stieß, war ein Brief von Johns Patenonkel an ihn.

Mir gefiel die Idee mit dem Brief zwar sehr gut, aber aus

irgendeinem Grund fand ich dafür keinen richtigen Platz in der Geschichte. Also schrieb ich sie ohne diesen Teil. Die letzte Seitenzählung ergab einen Umfang von 148 Seiten. Das war kürzer als geplant, aber ich hatte das Gefühl, dass die Geschichte in der Form sehr stimmig war, und wollte nichts hinzufügen, nur um sie länger zu machen.

Also schickte ich alles an meine Lektorin in Deutschland. Allen im Verlag gefiel das Buch, so wie es war, und der Veröffentlichungsprozess begann. Das war ein langwieriges Unterfangen. Das Buch musste übersetzt und anschließend lektoriert werden. Hinzu kamen Layout, Marketing, Umschlaggestaltung und Gestaltung des Innenteils, die Präsentation in der Verlagsvorschau sowie alle möglichen anderen Dinge, die erledigt werden mussten. Von der Fertigstellung des Manuskripts bis zur Veröffentlichung eines Buchs dauert es mehrere Monate.

Etwa sieben Monate, nachdem ich die Geschichte an meine Lektorin geschickt hatte, war ich in Asien auf Reisen. Ich war ein paar Tage zuvor angekommen und gleich krank geworden. Daher litt ich immer noch unter dem Jetlag und fühlte mich ziemlich elend, weil ich mir irgendwas eingefangen hatte. Jedenfalls war ich um drei Uhr morgens hellwach und konnte nicht einschlafen. Mir ging es insgesamt richtig mies.

Ich habe in meinem Leben gelernt, dass es sehr nützlich ist, das Ganze möglichst auf einer tieferen Ebene zu verstehen, wenn es mal nicht so läuft, wie ich es erwartet habe oder wie ich es mir wünsche. Das versuche ich, indem ich mir mit ehrlichem Interesse folgende Frage stelle: »Ich frage mich, warum das passiert?«

Als ich mir um drei Uhr morgens diese Frage stellte, erhielt ich tatsächlich eine Botschaft. Sie lautete: »Der Brief«. Irgendwie begriff ich, dass sich das auf den Brief bezog, den ich eigentlich in die Café-Geschichte hatte einbauen wollen. Ich weiß nicht genau, woher ich es wusste, es war mir einfach klar.

Am nächsten Morgen ging es mir etwas besser, und daher beschloss ich, wie geplant mit dem Zug weiterzureisen. Sobald ich meinen Sitzplatz eingenommen hatte, ging mir die Idee mit dem Brief erneut hartnäckig durch den Kopf. Also beschloss ich, sie festzuhalten. Ich weiß nicht, warum mich diese Gedanken nicht mehr losließen. Mir war nicht klar, was ich mit dem Brief anfangen sollte, denn das Buch stand kurz vor der Veröffentlichung. Aber ich versuchte dennoch, den Brief zu schreiben.

Der Prozess war mühelos und innerhalb von einer Stunde abgeschlossen. Dann öffnete ich das Manuskript und las es von vorn bis hinten durch. Hatte ich bisher nicht erkannt, an welcher Stelle der Brief hineinpasste, war es nun absolut offensichtlich für mich. Innerhalb von einer weiteren Stunde fügte ich ihn in das Manuskript ein. Als ich den letzten Absatz getippt und das Dokument gespeichert hatte, warf ich einen Blick auf die Seitenzählung. 160. Das war das Stichwort für eine Gänsehaut und ein elektrisierendes Gefühl, das mir den Rücken entlanglief.

Ich hatte WLAN im Zug, also schickte ich meiner Lektorin eine E-Mail, um ihr mitzuteilen, dass ich ihr die neue Version gerne zusenden wolle, auch wenn das Buch wahrscheinlich schon gedruckt worden sei. Ich berichtete ihr alles, was passiert war. Innerhalb von Minuten bekam ich eine E-Mail zurück. Die Druckerei sollte an dem Morgen eigentlich mit dem Druck des Buchs beginnen. Aber nachdem die Lektorin meine Nachricht bekommen hatte, stoppte sie den Auftrag.

Überdies war die Übersetzerin, die all meine Bücher ins Deutsche übersetzt, zufällig an diesem Morgen im Büro der

Lektorin. Sie verbringt ihre Zeit wechselweise in Irland und Deutschland sowie auf Abenteuerreisen. Sie hätte an diesem Tag sonst wo auf der Welt sein können, aber zufällig war sie im Büro der Lektorin! Der nächste Auslöser für noch mehr Gänsehaut und ein elektrisierendes Gefühl am Rücken.

Alle Beteiligten drückten in dieser Situation mächtig auf die Tube, und als das Buch etwa einen Monat später in den Regalen der Buchhandlungen stand, war es die Version mit dem Brief. Und obwohl das Buch meiner Meinung nach ohne den Brief bereits stimmig war, ist es nun *mit* dem Brief genau so, wie es sein sollte. Ich habe so viele wunderbare Botschaften von Fans erhalten, die mir berichtet haben, wie sehr der Brief ihr Herz berührt und sie an einen besonderen Menschen in ihrem Leben erinnert hat.

Ich habe viel darüber nachgedacht, warum alles auf diese Weise passiert ist. Und ich habe etwas sehr Bemerkenswertes erkannt. In der Geschichte kommt John gerade von der Beerdigung seines Patenonkels. Den Brief, den er erhält, hat sein Patenonkel kurz vor seinem Tod geschrieben.

Im meinem wirklichen Leben habe ich die ursprüngliche Version der Geschichte geschrieben, als mein Patenonkel noch lebte. Er litt unter Alzheimer und wusste leider nicht mehr, wer ich war. Er war sehr alt, und als seine Zeit sich dem Ende näherte, dachte ich beim Schreiben darüber nach, wie es sein würde, wenn er fort wäre.

Er verstarb kurz vor meiner Reise nach Asien. Und als ich überlegte, wie sich das Buch entwickelt hatte, kam mir der Gedanke, dass ich beim Schreiben zunächst vielleicht keinen Platz für den Brief gefunden hatte, weil ich noch nicht bereit gewesen war, ihn loszulassen.

Vielleicht erlangte mein Patenonkel, nachdem er die Welt verlassen hatte, aber auch die Energie des Mannes wieder, den ich gekannt und geliebt hatte. Und vielleicht war es die

Energie dieses Mannes, der mich kannte und liebte, die den Brief verfasste, und ich nahm dies wahr. Ich weiß es nicht. Ich spüre seit Langem, das habe ich in Interviews immer wieder gesagt, dass das Dasein als Autor mir deutlich zeigt, dass es so viel mehr gibt als die Ebenen, die wir als Realität wahrnehmen.

Was nun die Frage betrifft, wie lange ich brauche, um ein Buch zu schreiben, denke ich, die generelle Antwort lautet: Es dauert so lange, wie es die Geschichte entscheidet. Ich kann meinen Teil dazu beitragen. Und das ist wichtig. Allerdings spielt sich dabei manchmal vieles ab, was außerhalb meiner Kontrolle liegt, und meine Rolle dabei ist, einfach auf den Prozess zu vertrauen.

Wenn du der Welt nur einen Gedanken oder eine Idee hinterlassen könntest, was wäre das?

 Das ist eine schwere Frage. Ich habe schließlich ein ganzes Buch mit dem Titel *Was ich gelernt habe* geschrieben. Jeder einzelne Abschnitt darin dreht sich um ein Lebensthema, das ich für relevant genug hielt, um darüber zu schreiben.

Ich hoffe, der Inhalt dieses Buchs ist nützlich. Das war zweifelsohne das Ziel.

Ich gebe mein Bestes, um durch die Café-Geschichten – und tatsächlich alles, was ich schreibe – Ideen und Gedanken zu vermitteln, die das Potenzial haben, lebensverändernd zu wirken. Und das sage ich nicht von einer abgehobenen Warte aus. Ganz im Gegenteil. Was ich vermittle, basiert auf meinem eigenen Bestreben, die Vielschichtigkeit des Lebens zu begreifen. Auf meinem Bemühen, Probleme, Unsicherheiten und Leid zu überwinden, um ein Leben zu führen, das sich sinnvoll anfühlt.

Und gerade wenn wir denken, wir wüssten, wie das Leben funktioniert, verändert es sich, und es ist sehr klar, dass das, was wir nicht wissen, weit über das hinausgeht, was wir wissen.

Daher bin ich nicht sicher, ob ich die Antwort auf die Frage auf lediglich einen Gedanken oder eine Idee eingrenzen kann ...

(Ich überlege gerade ...)

Moment. Ich hab's.

Stell deine eigenen Regeln auf.

Das sollte das Problem lösen. Als Kind habe ich Geschichten über einen Flaschengeist gelesen, der Menschen drei Wünsche erfüllte. Ich konnte nie verstehen, warum sich die Helden beim letzten Wunsch nicht wünschten, automatisch 1000 weitere Wünsche frei zu haben.

Und da es mir schwerfällt, mich an die Regeln zu halten, werde ich einfach meine eigenen aufstellen. Hier sind einige Absätze mit Erkenntnissen, die für mich lebensverändernd waren, sobald ich sie verinnerlicht hatte und umsetzte. Manche werden an anderen Stellen im Buch behandelt. Aber ich liste sie hier auf, für den Fall, dass du sie noch nicht entdeckt hast. Wähle diejenigen aus, die dich am meisten ansprechen, und tu so, als existierten die anderen in diesem Kapitel nicht.

1. Stell deine eigenen Regeln auf.

2. Fang so früh wie möglich an, aber besser spät als nie. Und mach dir stets bewusst: Jeder Experte hat einmal an einem Punkt angefangen, an dem er noch nichts über das wusste, worin er ein Experte wurde. Wenn du daher ahnungslos bist, befindest du dich am perfekten Ausgangspunkt.

3. Einen einzigen Tag damit zu verbringen, was deinem Herzen entspricht, ist besser, als ein Jahrzehnt lang vollkommen auf die falschen Dinge ausgerichtet zu sein.

4. Hinterfrage jede deiner Überzeugungen, bis du sicher weißt, dass es deine eigene ist.

5. Deine Intuition ist stärker als deine Angst. Aber die führende Kraft in deinem Leben wird diejenige sein, der du Energie schenkst.

6. Es ist möglich, dass es das Gestern nie gab und heute der erste und vielleicht einzige Tag deines Lebens ist. (Diese Aussage kann deinen Kopf wahrlich zum Rauchen bringen, wenn du sie eine Weile gedanklich kreisen lässt.)

7. Deine Taten, Überzeugungen und Gedanken lassen deine Realität in jeder einzelnen Sekunde mitentstehen. Wenn du den Input veränderst, wirst du andere Ergebnisse erhalten.

8. Es geht nicht immer um uns. Manchmal spielen wir eine Nebenrolle oder sind sogar die Statisten im Spiel des Lebens.

9. Unsere Wahrnehmung davon, wie groß unsere Probleme sind, ist umgekehrt proportional zur Größe unserer Perspektive auf die Welt.

10. Werde in einem Bereich richtig gut. Es schenkt dir Selbstvertrauen bei allem anderen.

11. Das Leben geht mit genügend Herausforderungen einher, sodass du getrost dem Drang widerstehen kannst, unnötig weitere zu erzeugen.

12. Angesichts der Erhabenheit des Kosmos ist unser persönliches Dasein offensichtlich bedeutungslos. Bis zu dem Moment, in dem wir etwas Sinnstiftendes tun.

13. Erziehe deine Kinder so, wie du gerne erzogen worden wärst.

14. Verliebe dich mindestens ein Mal im Leben. Es wird wahrscheinlich irgendwann sehr wehtun. Aber es wird sich gelohnt haben.

15. Du bist der wichtigste Faktor in Bezug darauf, ob dein Leben letztlich all das für dich bereithält, was du dir wünschst.

Über den Autor Nach einem lebensverändernden Erlebnis im Alter von 33 Jahren war John inspiriert, die Geschichte des Cafés am Rande der Welt niederzuschreiben.

Innerhalb eines Jahres nach der Veröffentlichung hatte das Buch sich durch die Mundpropaganda der Leser auf dem gesamten Globus verbreitet und begeisterte Menschen auf jedem Kontinent, einschließlich Antarktika. In verschiedenen Ländern erreichte es den ersten Platz auf den Bestsellerlisten. Überdies wurde es in 44 Sprachen übersetzt.

Johns Bücher wurden weltweit über zehn Millionen Mal verkauft. Zu seinen Veröffentlichungen gehören: *Das Café am Rande der Welt; Wiedersehen im Café am Rande der Welt; Auszeit im Café am Rande der Welt; Überraschung im Café am Rande der Welt; Safari des Lebens; The Big Five for Life; Das Leben gestalten mit den Big Five for Life; Was ich gelernt habe; Wenn du Orangen willst, such nicht im Blaubeerfeld; Was nützt der schönste Ausblick, wenn du nicht aus dem Fenster schaust; Folge dem Rat deines Herzens und du wirst bei dir selbst ankommen.*

Wenn er nicht gerade schreibt, bereist er mit seiner Familie häufig die Welt.

Wenn Sie John kontaktieren oder mehr über den Autor erfahren möchten, können Sie die folgende Internetseite besuchen:
www.johnstrelecky.de

Folgen Sie John Strelecky auf:

@JohnStrelecky